本書出版獲得教育部人文社會科學重點研究基地河北大學宋史研究中心建設經費、河北大學中國史“雙一流”學科建設經費、河北大學燕趙高等研究院學科建設經費資助。

宋史研究叢書·第五輯

宗忠簡公遺事匯注

史泠歌　王曾瑜　校注

河北大學出版社·保定

出 版 人：劉相美
責任編輯：王紅梅
裝幀設計：王占梅
責任校對：蔡文濤
責任印製：常 凱

ZONGZHONGJIANGONG YISHI HUIZHU

圖書在版編目（CIP）數據

宗忠簡公遺事匯注 / 史泠歌，王曾瑜校注. -- 保定：河北大學出版社，2024.9
ISBN 978-7-5666-2131-3

Ⅰ. ①宗… Ⅱ. ①史… ②王… Ⅲ. ①宗澤（1060-1128）-生平事迹 Ⅳ. ①K827=44

中國國家版本館CIP數據核字(2023)第014565號

出版發行：河北大學出版社
地址：河北省保定市七一東路2666號 郵編：071000
電話：0312-5073003 0312-5073029
網址：www.hbdxcbs.com
郵箱：hbdxcbs818@163.com
經 銷：全國新華書店
印 刷：保定市宏箭彩印有限公司
幅面尺寸：148 mm × 210 mm
字 數：256 千字
印 張：11.25
版 次：2024 年 9 月第 1 版
印 次：2024 年 9 月第 1 次印刷
書 號：ISBN 978-7-5666-2131-3
定 價：68.00 元

《宋史研究叢書》（第五輯）編輯委員會

前言

王曾瑜

個人研究宋史積年，認爲「在兩宋的三百二十年間，也有如范仲淹、李綱、宗澤、岳飛、文天祥等一大批人，他們無疑是好的政治傳統的代表」。〔一〕宋代的优秀歷史人物肯定不止以上五位。例如王安石和司馬光，兩人政見相左，其從政經歷至今議論紛紜，但都是人品高尚、以天下爲己任者。但我以爲最有代表性者，只怕還是以上列舉的五位。以上五位，岳飛是武將，其他四人是文官。此種差别在今人看來，似不足道。然而在宋朝保守文官政治環境下，弥漫着崇文抑武的風尚，却是相當的重要。官場中藐視武將，如賈似道就拒絶授自己節度使，説：「節度使，粗人之極致爾！」〔二〕岳飛雖被視爲「粗人」，宋高宗说武將們「少能深识义理」。〔三〕其實，岳飛人格之卓絶，無疑遠在很多所谓「识义理」的文士大夫之上。宋時官場文武區分甚嚴，今人或稱宗澤爲「大將」與「名將」，係误，他是科舉制度下標準的文官，並且

〔一〕《中國古代主流政治傳統淺談——以宋代爲中心》，見《絲毫編》第3頁，河北大學出版社，2009年。

〔二〕《宋史》卷四七四《賈似道傳》。

〔三〕《建炎以來繫年要録》卷二八建炎三年九月丙午朔。

長期担任地方官，最終才接触軍事，應稱统兵文臣。

宗澤（一〇五九—一一二八）「質直好義」，是個「自奉甚薄」的清官，[一]却長期屈沉下僚。他仕途坎坷，「涉世多齟齬，失官久龍鍾」[二]，「正色立朝不顧死，半生長在謫籍中」[三]。如果没有宋金戰爭，他在後世的史册中決然是湮没無聞。一場特大的慘烈浩劫，終於使一個行將七十而致仕者，在其人生晚期最後的兩年多，生命大放異彩，却又是慘烈的異彩。所向無敵、横行無忌的金軍，終究遇上了真正的敵手，而且是個奇迹般的速成軍事家，兩宋最優秀的统兵文臣。金軍「尊憚」，「不敢以名呼者」，前有「宗爺爺」，後有「岳爺爺」。[四]但偉大的抗金英雄宗澤，最終猶如一顆斗大流星，突然發出耀目的强光，燭照着黑暗无垠的夜空，使受盡劫難的人們仰望，視同救星，却又隨即熄滅，人間隨之爆發出極度的悲歎和哀泣：「梁摧大厦傾，誰與扶穹窿？」[五]

一位西方哲學家説：「産生英雄的民族是不幸的。」歷史的造物主似乎就是如此無情，如此捉弄人，真正不幸的民族，迫切需要英雄，却往往没有英雄，或是用各種手段磨滅或扼殺英雄。宗澤「嘗竊言」，

[一]《宋史》卷三六〇《宗澤傳》。
[二]《梁谿全集》卷三二《哭宗留守汝霖》。
[三]《湖山集》卷四《哭元帥宗公澤》。
[四]《宋宗忠簡公全集》卷九《宗忠簡公事狀》，《宋史》卷三六〇《宗澤傳》，《鄂國金佗稡編》卷八《鄂王行實編年》。
[五]《梁谿全集》卷三二《哭宗留守汝霖》。

南宋初年，用各種手段磨滅或扼殺這個抗金英雄者，正是宋高宗和黄潛善、汪伯彦。這無疑是個最簡單的事實，然而囿於中國古代君臣倫理的宋人，不僅不能挑明，還必須曲加隱諱，反而贊揚皇帝對宗澤「眷倚如此」。〔二〕

中國古代的愛國主義，大致是自秦漢以來，由於統一的多民族國家的建立、鞏固和發展，而長期形成的對祖國的最深厚的感情。中華古今的愛國主義當然有重大差别，但北京大學林昭烈士提出「祖國至上」四字，實爲對古今愛國主義共同本質最精辟的概括。

爲了瞭解、研究和宣傳宗澤，繼承中華民族優秀傳統，發揚愛國正氣，編録此部宗澤事迹的滙編與考證，甚爲必要。

以下須先將今存的宗澤史料做些介紹。宗澤原有「文集五十卷，藏於家」。〔三〕《宋史》卷二〇三《藝文志》著録有「吴柔勝《宗澤行實》十卷」。元人吴師道則説宗澤「孫如圭纂公《行實》十卷行世」，〔四〕《宗澤行實》在紹興初年已問世，〔五〕今已佚亡。如今常見的《宗忠簡公集》有《四庫全書》本、《金華叢

〔一〕《宗忠簡公墓誌銘》。
〔二〕《宗忠簡公墓誌銘》。
〔三〕《宗忠簡公墓誌銘》。
〔四〕《敬鄉録》卷四。
〔五〕《建炎以來繫年要録》卷九三紹興五年九月戊子。

書》本、清刊本等。臺北漢華文化事業股份有限公司《宋名家集彙刊》影印清康熙刊本《宋宗忠簡公全集》，其文字悉經清人篡改，如「虜」改爲「敵」，「女真」改爲「金人」之類。此類文集與原始的「文集五十卷」相較，其實僅存殘本，倒是《歷代名臣奏議》所載宗澤奏，實爲今存最早之明永樂本。《三朝北盟會編》常見之上海古籍出版社影印本與清光緒刊本，文字亦未經清人篡改。《建炎以來繫年要録》常見版本源自《四庫全書》，近出之中華書局標點本雖然錯誤较多，但也訂正頗多清人篡改文字。華藝出版社所出黄碧華、徐和雍編校《宗澤全集》，用力不少，其文字大致保存了未經清人篡改之原貌，可惜是用簡體字排版。

關於宗澤傳記等，主要有以下六篇：（一）清光緒《盤溪宗氏宗譜》卷一所載曾楙《宗忠簡公墓誌銘》。據墓誌銘説，宗澤子「潁知有雅，故以狀來請銘文，我不辭」，又宗澤《遺事》説「顯謨閣學士曾楙銘公墓」。建炎四年二月或三月，「以禮部尚書曾楙爲顯謨閣學士、知洪州」，〔一〕紹興三年十月，「以龍圖閣學士曾楙爲禮部尚書。既而殿中侍御史常同言楙不當除，遂寢前命」。〔二〕但另一説則爲曾楙自紹興三年到紹興十四年死，都仍是顯謨閣學士。〔三〕由此看來，曾楙撰宗澤墓誌銘的時間可確定爲建炎末到紹興

〔一〕《中興小纪》卷八建炎四年三月己未。《建炎以來繫年要録》卷三一相同記事爲建炎四年二月乙亥，此書將「曾楙」一律改「曾楙」。

〔二〕《中興小纪》卷一五紹興三年十月壬寅。

〔三〕《建炎以來繫年要録》卷六九紹興三年十月甲辰，卷一五一紹興十四年四月丙戌。

十四年前。在宗澤生前，曾懋其實非其摯交，宗澤救援開封時，還專門寫信，責備曾懋「不仁不孝」。〔一〕至於合適的作者，自然非李綱莫屬，李綱死於紹興十年。估計宗穎最終選擇曾懋寫墓誌銘，時間可能晚於紹興十年，也無非是舉朝皆奸黨，萬不得已之事。朱熹給長子朱塾信中說：「吾問宗留守家子弟，聞多有在婺州者。其家記録留守公事頗詳，不知可托借傳一本否？墓志亦是曾侍中作，吕家必有本也。」〔二〕可知曾懋的墓志有一定程度的流傳。

（二）清康熙刊本《宋宗忠簡公全集》卷九《宗忠簡公事狀》。此篇末尾作「承議郎、知婺州金華余翺拜手狀」，宗澤《遺事》也説「婿左承議郎、知婺州金華余翺狀」。據曾懋《宗忠简公墓誌銘》，宗澤「女四人」，「四適知婺州金華縣事余翺」。《事狀》説：「公一子穎，官終兵部郎中。」紹興和議後的黑暗年代，宗穎也受迫害和打擊。紹興二十年，發生秦檜政敵李光父子違禁修私史案。宗穎也「坐嘗寄光書云：孤寒寡援，方賴鈞庇，忽聞遠適，豈勝惶駭。本欲追路一見，失於探伺，不果如願。」，因而「降三官」。〔三〕紹興二十五年十二月，時秦檜剛死，「右朝散大夫、直秘閣宗穎行尚書兵部郎中」。〔四〕依此推算，則《宗忠簡公事狀》尚是宗穎死後之作，其時至少在曾懋撰宗澤墓志銘後二三十年，余翺不可能仍任知

〔一〕《宗忠簡公集》卷四《與知興仁府曾懋約入援京城書》。
〔二〕《朱文公續集》卷八《與長子受之》。
〔三〕《建炎以来繫年要録》卷一六一紹興二十年三月丙申。
〔四〕《建炎以来繫年要録》卷一七〇紹興二十五年十二月甲申。

婺州金華縣事。故可推測余翱的文字應經後人增益。此書載建炎二年二月，「詔進禦鎮江，爲統領、都統、元帥」，無疑是後人作僞。

（三）明崇禎刊本等《宗忠簡公集》卷七《遺事》。或以爲宗穎所作，但《遺事》説：「公一子穎，官終兵部郎中。」應可排除爲宗穎所作，至多是他生前有草稿，經後人改定。《遺事》到南宋中期，即已流傳。《朱子語類》卷一三〇説：「明州近印《忠簡遺事》，讀之使人感憤流涕。」《直齋書録解題》卷七著録：「《宗忠簡遺事》三卷：不著名氏，録留守開封宗澤汝霖事，亦其家子孫所爲也。」認爲是「其家子孫所爲」。李心傳撰《建炎以来繫年要録》，已參據「澤《遺事》」。〔一〕南宋晚期，劉克莊説：「公《遺事》行世已久，今連帥賓謨王公鎔，公外孫也，〔復〕稍采摭舊聞，以傅益之。」〔二〕可知確是經後人不斷修訂。《遺事》記述宗澤事迹最詳。故本書以《遺事》作正文，而以其他史料滙注。《遺事》與《宗忠簡公事狀》記載與文字都有差異，其重要差異之一，是後者記載宗澤與岳飛討論陣法，岳飛在宗澤臨終前，單獨聆聽宗澤吟哦杜甫「出師未捷身先死，長使英雄泪滿襟」的名句，後又護送宗澤靈柩歸葬鎮江，而前者不載。又如《宗忠簡公事狀》説：「虜人甚尊憚之，對南人言必稱宗爺爺。」此爲重要史實，證明宗澤威名揚天下，却爲《遺事》所無。但按前面考證，此兩份傳記都定稿於秦檜死後，故不可能以紹興文字獄，而爲迴避宗澤和岳飛的關係作解釋。前引朱熹之説，「其家記録留守公事頗詳」，今存主要就是以上兩種。

〔一〕《建炎以来繫年要録》卷三建炎元年三月壬寅注。
〔二〕《後村先生大全集》卷九八《宗忠簡遺事》，《文獻通考》卷一九九《經籍考》。

（四）清康熙刊本《宋宗忠簡公全集》卷七喬行簡《忠簡公年譜》。四川大學出版社《宋人年譜叢刊》第六册《忠簡公年譜》采用清同治刊本《宋宗忠簡公集》卷首。點校者認爲：「此譜或爲清人所編，托名喬氏。」〔一〕對照前引三篇傳記，尚有在其他傳記叙事之外，如確認宗澤丁父憂爲崇寧五年，宣和四年宗澤「經郊恩」，方得「叙宣教郎」之類，似不能排除爲南宋晚期喬行簡之作。但從《忠簡公年譜》行文稱「敵」而不稱「虜」等，可知其文字已經清人簒改。又如此書載建炎二年二月，「詔進禦鎮江，爲統領、都統、元帥」，同樣也無疑是後人作僞。清朝宗嘉謨《宗忠簡公年譜》雖晚出，但它依據《家譜》等，也有所補充，本書也酌情摘録。

（五）《續金華叢書》本王柏《魯齋王文憲公文集》卷一四《宗忠簡公傳》，其文字未經清人簒改。

（六）《宋史》卷三六〇《宗澤傳》，應大致抄録南宋晚期之《中興四朝國史》〔二〕之《宗澤傳》。

在中國古代專制主義中央集權的等級授職制政體下，欲求實録，即客觀而公正的歷史記録，不亦難乎！前引六篇傳記都不能免，首先是掩飾宋高宗的劣迹醜行，迴避宗澤與宋高宗的尖鋭矛盾。北宋末，身任大元帥的康王趙構一行率兵東逃，卻命宗澤孤軍南進，以吸引金人兵鋒，而掩護自己逃跑。但前引傳記却曲意掩飾康王的劣迹，諱避宗澤和康王的矛盾。康王即位後，立即重用原河北兵馬元帥府的黃潛

〔一〕《宋人年譜叢刊》第六册《忠簡公年譜》第三四九四頁。

〔二〕據《宋史》卷四四《理宗紀》，卷一〇二《禮志》，寶祐五年，宰相程元鳳進《中興四朝志傳》，並舉行隆重的「告禮」，則此書大致完成。

善和汪伯彦，其他帥府人員也一律晉升，而宗澤身爲副元帥，即所謂「霸府舊僚」，〔一〕又是唯一與金軍奮戰者，依他的地位和名望，却完全被排擯在朝廷之外，這難道是「眷倚」吗？宗澤在開封府，關押了金使牛慶昌等人。此事嚇壞了宋高宗的小朝廷。下嚴令强迫宗澤釋放金使。宗澤嚴辭拒絶。後宋使宇文虚中途經開封，正值宗澤病危，方由他下令將金使釋放。〔二〕然而《遺事》却曲意篡改史實，説：「公奉詔，即出八人，縱之。」《宗忠簡公事狀》也説：「公上疏。再奉詔，因出金人，縱之。」其次如宗澤率軍破李固渡金寨，乃其偏師，而稱金方「留兵數萬，屯西岸，有寨數百」。宗澤孤軍救援開封時，曾败於南華縣，〔三〕以上記録也有曲意虚誇或隱諱的成分。特別是建炎元年冬至二年春的對金激戰，這是南宋首次一變消極的城市防守戰，在城市爭奪戰和野戰中獲勝，遺憾的是此類史料缺乏詳細而全面的記録。

《遺事》雖文字较多，原僅爲《宗忠簡公集》的一卷，我們編《滙注》，就必須分卷。今將《遺事滙注》厘爲六卷：第一卷叙述宗澤事迹，迄止宣和六年；第二卷叙述宗澤出任知磁州前後事迹；第三卷叙述宗澤出任河北兵馬副元帥，救援開封事迹，到北宋亡國；第四卷叙述康王登基前後之宗澤事迹；第五卷叙述宗澤出任開封尹，與金軍大戰事迹；第六卷叙述宗澤籌劃北伐，賫志以殁，並附有其家世的考訂、宋人的评論、緬懷詩等。

〔一〕《後村先生大全集》卷九八《序・宗忠簡遺事》。

〔二〕《建炎以来繫年要録》卷一六建炎二年七月癸未朔。

〔三〕參見《靖康稗史箋證》《南征録彙》。

爲避免注釋煩瑣，凡是《宗忠簡公墓誌銘》《宗忠簡公事狀》《宗忠簡公傳》，以及《三朝北盟會編》《建炎以來繫年要録》《宋史》《金史》和《宋會要輯稿》中有關宗澤的記事，原則上都作注釋。至於如《忠簡公年譜》《宋名臣言行録》别集上卷五《宗澤》，《敬鄉録》卷四宗澤小傳、《中興小紀》《皇朝中興紀事本末》《皇宋十朝綱要》《續宋中興編年資治通鑑》《宋史全文續資治通鑑》等，酌情注釋。或如《大金國志校證》及後代史籍，則不作注釋。今人編著的《全宋詩》中，所搜録的宗澤詩明顯有僞作。對於今存的宗澤詩，也依其平生事迹，酌情注釋。至於元、明、清代有關宗澤的詩文一般不作滙注。《兩宋名賢小集》卷一百四十三所録宗澤詩二十首，其中《又賦一律》不見於文集。今人編著的

對比自己以前所編的《鄂國金佗稡編續編校注》，此書的工作條件確有很大進步。當時雖已有複印技術，但由於價格較貴，没有經費，故全憑手抄。現在有了電腦及古籍軟件，就可以大量複製，節約了很多時間和精力，速度快多了。但自己年逾七十，方才懂得，世上不可能有完善的長篇學術作品。此書肯定有不足之處，衷心歡迎行家們批評。將來再版時，就只能由史泠歌先生一人負責修訂了，也深信她會認真做好此事。

目録

卷之一

公姓宗氏，諱澤，字汝霖。系出南陽漢汝南太守資之裔。五代之亂，避地江南，居婺之義烏。生嘉祐四年十二月十四日巳時。公生而趣尚不凡，長有大志，讀書過目不忘，游學四方，籍籍有聲。〔一〕

〔一〕《忠簡公年譜》：「公姓宗氏，諱澤，字汝霖。系出南陽漢汝南太守資公之裔。五代之亂，其祖避地江南，居婺州義烏，世爲義烏縣人。母夫人劉氏夢天大雷，電光燭其身而生公，有金麟現於縣治二都宗堂，時宋嘉祐四年己亥十二月十四日巳時也。公爲人端方質直，平居不妄笑語，律己其嚴。事悖於禮，雖毫髮不犯；義所當爲，鼎鑊在前不恤。爲文不事雕琢，渾然天成。於書無所不讀，尤邃《左氏》。親故貧者，多依以爲活，而自奉甚薄。」《宗忠簡公墓誌銘》：「公諱澤，字汝霖，南陽諸宗之後，七世祖徙居婺之義烏，因家焉。曾祖惠，祖拱之，隱居不仕。考舜卿，累贈太中大夫，妣劉氏。太令人誕公之夕，夢紅光照腹。自爲兒時，趨向不凡，誦書過目輒不忘，逮長，游學四方，籍籍有聲。」

《宗忠簡公事狀》：「公姓宗氏，諱澤，字汝霖。系出南陽漢汝南大守資之裔。五代之亂，避地江南，居婺之義烏。生宋嘉祐四年己亥十二月十四日巳時。生而趣尚不凡，有大志，讀書過目不忘，游學四方，籍籍有聲。」

《宗忠簡公傳》：「宗澤字汝霖，婺之義烏人。天姿沈毅，識度深遠，才敏而用周，至大至剛之氣，始終不屈，讀書過目不忘，尤邃於《春秋左氏》。」

《宋史》卷三六〇《宗澤傳》：「宗澤字汝霖，婺州義烏人。母劉夢天大雷，電光燭其身，翌日而澤生。澤自幼豪爽，有大志。」

《敬鄉録》卷一〇陳炳《宗忠簡公畫像贊》：「喜誦《左氏春秋》，少嘗盡以《左氏》事綴粘壁間，以便朝夕觀覽。爲文章，直寫其肺腑，無飾辭。」

《宗忠簡公集》卷三《宗汝賢墓志銘》：「先大夫四子，嶧、灝二弟皆少亡，惟兄與某自幼歷艱辛。某既忝一命，惟兄服勤力穡，肯播肯穫，以克幹裕厥家。……兄諱沃，字汝賢，世爲婺州義烏縣人。曾祖惠、祖拱皆不仕，父舜卿，贈朝散大夫，母劉氏，贈太宜人。……五子：曰愈，兩貢於禮部；曰三六，少俊爽，皆先兄卒；曰稷，謹愿有志趣，能訖大事；曰皋，曰夔，皆勉學。」

《金華黄先生文集》卷三《記先世墓誌銘》：「黄夫人宗氏，於溍爲七世祖妣，實故京城留守、兼開封尹、贈觀文殿學士忠簡公澤之堂妹，作銘者夫人之姪穎，忠簡子也。」

又同書附録《金華黄先生行狀》：「先生諱溍，字晉卿，姓黄氏，黄爲婺名族。至宋，太史公庭堅族望尤著。太史之從父昉，生景珪，俱来浦江。景珪生琳，娶忠簡宗公澤之女弟，始還於義烏。」

《日損齋筆記》附録《大元故翰林侍講學士中奉大夫知制誥同修國史同知經筵事贈中奉大夫江西等處行中書省參知政事護軍追封江夏郡公謚文獻黄公神道碑》：「公諱溍，字晉卿，姓黄氏，世居婺。至集賢校理文節公著于分寧。集賢之從父昉，生景珪，家浦江。景珪生琳，娶宗忠簡公之女弟，始徙義烏。」

《宗忠簡公集》卷四《求教書》：「某未冠時，持先人遺書一車，他無所攜，悲吟梗概，懔然去國，求師承于四方。閲十餘年矣，崇筵絳帳，所歷數十，取道一無所得。莫悟其繇，因悵然以歸。……某終乃拊髀而增嘆，且至是乎！必求大具以要大魚者，皆見笑於詹何氏者也。亟走以歸，屏前日之俗勞，一其慮，養其氣，盡精白而無巧僞，所幾亦有取道之質矣。今則行之彌年，果獲造先生之門焉。恭惟先生道學淵微，智識高妙，登天庭而拾科第，揚仕路而展材略，皆其緒餘耳。然則所至則士皆歸嚮，所言則世必傳載，凡游門下者，其於求教而取道，無不厭其所欲。某前時過江來，鄉曲知識皆寄聲相賀曰：『知子用鄰漁術，攜荆篠針鈎，往遊龍伯宫矣！盍勉之！』干冒師嚴。」

《寶真齋法書贊》卷二一《宗忠簡留守司二劄家書吾友三帖》：「叔澤書寄民師四一姪承務，暑熟計時，奉姨姨、太孺人安佳，偕十六娘、四一親婦、七二秀才以次一一平書。老叔自十二月十二日，奔走將兵，無毫髮補，俯仰天地，尤可差媿也。今誤蒙朝廷録用，皆翁翁、婆婆與三哥積善所芘，但增慚愧而已。七五名目已奏上，并樓三六走到南京，得鄉中消息，亦補與一承信郎。吾姪但願老叔活得三五年，次第亦可霑及骨肉。但願有功有德，有以仰報國恩耳。婆婆墳頭，柴山與田地亦買些，所有價錢，老叔自還。翁翁墳已託觀民爲買，四面山種松也。投老了，得這些事，死亦瞑目。五三已差二十兵士并兩使臣去取之矣。七五纔得敕，便遺歸，拜嫂嫂也。洪都行，略此報安，不一不一。叔澤書寄民師四一姪承務，七二姪、五一哥更不別書。好看孩兒。澤批。」此信應寫於建炎元年宋高宗南京應天府登基後，可知宗氏宗族人數不少。按當時習俗，親屬、熟人之間，用排行稱呼，信中「翁翁、婆婆與三哥」，應是指宗澤父宗舜卿、母劉氏和其兄宗沃，宗沃應按親屬大排行，爲三。「民師四一姪承務」，應是宗沃之子，字民師，官從九品文官承務郎。按《宗汝賢墓志銘》，宗沃有五子，當時尚在世者大約有宗稷、宗皋和宗夔，「民師四一姪」也難以判斷是三人中之何人。

登元祐六年進士第。時宣仁聖烈皇后垂簾，詔廷對策限以字數。同輩相告曰：「必如詔，可以中程。」公曰：「事君盡忠，自今日始。豈可圖前列，而效寒蟬乎？」遂力陳時病，幾萬餘言，且及吳處厚、蔡確事，曰：「自古興衰治亂，悉由人材，人材之困，厄於朋黨。今處厚箋註詩章，臣恐朋黨之禍自此始。」主文者以其言直，恐忤旨，置公末科，賜同進士出身。〔一〕

〔一〕《忠簡公年譜》：「元祐六年辛未，公年三十三。登馬涓榜進士。廷對，直陳時病，幾萬餘言。主文者惡其直，置末甲。」

《宗忠簡公事狀》：「登元祐六年辛未馬涓榜進士。時宣仁聖烈皇后垂簾，詔廷對策限以字數。同輩相告曰：『必如詔，可以中程。』公曰：『事君盡忠，自今日始。豈可圖前列，而效寒蟬乎？』遂力陳時病，幾萬餘言，且及吳處厚、蔡確事，曰：『自古興衰治亂，悉由人材，人材之困，厄於朋黨。今處厚箋註詩章，臣恐朋黨之禍自此始。』主文者以其言直，恐忤旨，置公末科。」

《宗忠簡公傳》：「程文有『心不可欺』之説，有司喜曰：『吾爲朝廷得人矣！』登元祐六年第。宣仁聖烈垂簾，有詔對策限以字數。同輩相告：『必如詔，可中程。』公曰：『事君自今日始，豈可希前列，效寒蟬乎？』遂力陳時病，幾萬餘言。」

《宋史》卷三六〇《宗澤傳》：「登元祐六年進士第，廷對極陳時弊，考官惡直，寘末甲。」

《續資治通鑑長編》卷四五四：「（元祐六年正月）己巳，命翰林學士、兼侍講范百禄權知貢舉，天章閣待制、吏部侍郎、兼侍讀顧臨，國子司業、兼侍講孔武仲同權知貢舉。」

又同書卷四五六：「（元祐六年三月）壬午，御集英殿，賜進士、諸科馬涓以下及第、出身、同出身假承務郎、文學總六百有二人。……蘇頌有孫象先在三甲，王巖叟有子摭在四甲，二人并諸宗室皆下殿謝。故事，兩制以上方謝也。」宗澤「同進士出身」，爲第三等，「寘末甲」，「末甲」即第五甲。

《宋會要輯稿》選舉一之一二—一三：「（元祐）六年正月九日，以翰林學士、知制誥范百禄權知貢舉，天章閣待制、吏部侍郎顧臨，國子司業孔武仲權同知貢舉，合格奏名進士五百一十九人。」

《敬鄉録》卷一〇陳炳《宗忠簡公畫像贊》：「公，吾里人也，其故居去予家無百步。世或知其大者，而其爲人之詳，則予實親得之父兄。公久連蹇場屋，初似無意功名，四十餘年，始以進士末科，在選調，爲州縣小官將二十年。……公狀貌樸奇，瞳子黑白瞭然，髯疎而勁，磔磔蝟立。常語子弟曰：『人誰不死，等死耳，有補于國，吾榮多矣！』其忠壯〔蓋天性〕。惟每出兵，必屈指計勝期。」

八年，以將仕郎調大名府館陶縣尉，攝邑事。吏多以年少，易之，及牒訴還至，剖析曲直，迎刃而解，不奄月，訟庭闃然。〔一〕

〔一〕《忠簡公年譜》：「元祐八年癸酉，公年三十五。以將仕郎調大名府館陶縣尉，攝邑事。不奄月，訟庭闃然。」

《宗忠簡公墓誌銘》：「元祐六年，中進士第。調大名府館陶縣尉，嘗攝邑事。吏以其年少，易之，及牒訴迭至，剖析曲直，迎刃而解，不期月，健訟闃然。」

《宗忠簡公事狀》：「八年，以將仕郎調大名府館陶縣尉，攝邑事。牒訴還至，剖析曲直，迎刃而解，不奄月，訟庭闃然。」

《宗忠簡公傳》：「八年，以將仕郎調大名府館陶縣尉，嘗攝邑事。吏以少年，易之，及聽訟，迎刃而決，不淹月，大治。」

《泊宅編》卷上：「宗澤，婺州農家子，登進士科，任館陶尉。凡獲逃軍，即殺之，邑境爲之無盜。

時呂大資惠卿帥大名，聞其舉職，因召與語，仍薦之，且誡云：『此雖警盜賊之一策，恨子未閱佛書，人命難得，安可輕殺，況國有常刑乎！』」

《甕牖閒評》卷八：「《泊宅編》載宗澤初爲館陶尉，每獲逃軍，即殺之，邑境爲之無盜。呂吉甫嘗戒之曰：『此雖除盜之策，恨子未曾觀佛書，人命難得，不可妄殺，況國有常刑乎！』其後澤子五人，三人既已顯官，皆死於澤前，未必非妄殺之報也。」

紹聖二年冬，呂參政惠卿自大名移帥鄜延，欲辟公置幕府，固辭不就。即檄公與邑令視河堤。檄到，值喪長子，捧檄遽行。惠卿聞之，曰：「可謂憂國忘家者也！」適朝廷大開御河，隆冬，役夫僵仆於道，中使不以申奏，監董甚急。公上書帥司，略曰：「某非有避也，時方凝寒，鍤钁一舉，冰凍已合，徒苦民而功未易集。少需之，至初春，可不擾而辦。當身任其責。」卒用公言，上奏，朝廷從之。明年，河成，所活甚衆。會秩滿，去官。〔一〕

〔一〕《忠簡公年譜》：「紹聖二年乙亥，公年三十七。呂惠卿帥鄜延，辟公置幕府，辭。即檄與邑令視河壖。公適喪長子，捧檄遽行。惠卿曰：『可謂國爾忘家者！』適朝廷大開御河，時方隆冬，役夫僵仆於道，中使監督甚急。公上書帥司，身任其責，乞需之至初春。上聞，從之。

紹聖四年丁丑，公年三十九。河浚成，所活甚衆。」

《續資治通鑑長編》卷四八八紹聖四年五月乙亥注：「紹聖三年四月十七日，前都水丞李仲提舉開導御河。」

《宋史》卷九五《河渠志》：「哲宗紹聖三年四月，河北都轉運使吴安持始奏，大河東流，御河復出。詔委前都水丞李仲提舉開導。」可知「大開御河」爲紹聖三年事。

《宗忠簡公墓誌銘》：「朝廷遣中使，督浚御河，公實董役。時方冱寒，役夫僵仆於道。公曰：『浚河細事耳，非有避也。顧冰方堅，徒勞民而未必集。少需之，可不擾而辦。』卒用公説，明年奏功。秩滿，父老遮道留之。凡宰四邑，所至可紀，其爲政條簡而不煩。」

《宗忠簡公事狀》：「紹聖二年冬，呂參政惠卿自大名移帥鄜延，辟公置幕府，固辭不就。即檄公與邑令視河堤。檄到，值喪長子，奉檄遽行。惠卿聞之，曰：『可謂憂國忘家者也！』適朝廷大開御河，隆冬，役夫僵仆於道，中使不以申奏，監董甚急。公上書帥司曰：『某非有避也，時方凝寒，鍤钁一舉，冰凍已合，徒苦民而功未易集。少需之，至初春，可不擾而易辦。』卒用公言，上奏，朝廷從之。明年，河成，所活甚衆。」

《宗忠簡公傳》：「呂惠卿移帥鄜延，以幕屬辟，公力辭不受。」

《宋史》卷三六〇《宗澤傳》：「調大名館陶尉。呂惠卿帥鄜延，檄澤與邑令視河埽。檄至，澤適喪長子，奉檄遽行。惠卿聞之，曰：『可謂國爾忘家者！』適朝廷大開御河，時方隆冬，役夫僵仆于道，中使督之急。澤曰：『浚河細事。』乃上書其帥曰：『時方凝寒，徒苦民而功未易集。少需之，至初春，可不擾而辦。』卒用其言，上聞，從之。惠卿辟爲屬，辭。」

《續資治通鑑長編紀事本末》卷一三〇《不用吕惠卿》：「（紹聖元年）十月己巳，資政殿學士、知江寧府吕惠卿知大名府。……（二年）十月甲申，資政殿學士、知大名府吕惠卿爲觀文殿學士、知延安府。」《琬琰集删存》卷三《吕參政惠卿傳》：「紹聖元年，知蘇州，改江寧，以資政殿學士知大名。二年，復資政殿大學士，以觀文殿學士、知延安府。」

《甕牖閒評》卷八：「澤子五人，三人既已顯官，皆死於澤前。」

《宗忠簡公年譜》卷上：「（紹聖）二年乙亥，公年三十七歲。……喪長子（名順）。」

五年，循通仕郎，遷衢州龍游〔一〕令。邑小，民未知學。公爲建庠序，設師儒，延見諸生，講論經術，自此登科者相繼起。里閭惡少嘗十百爲群，持蛇虺，擾民以規利，稍不如意，輒鼓譟，擲瓦礫，碎屋壁。前令不能禁。公密白之州，籍其壯者爲軍，日得百餘人，風遂革。未幾，丁淑人劉氏憂。〔二〕

〔一〕龍游，《宋史》卷八八《地理志》作「龍遊」，而《元豐九域志》卷五作「龍游」。

〔二〕《忠簡公年譜》：「元符元年戊寅，公年四十。

循通仕郎，遷衢州龍游令。民未知學。公爲建庠序，設師儒，講論經術，風俗一變，擢科者相繼起。里閭惡少嘗十百爲群，持蛇虺，擾民以規利。前令不能禁，公密白之州，籍其壯者爲軍，風遂革。

元符三年庚辰，公年四十二。

調文登令。未幾，丁母淑人贈夫人劉氏憂。

《宗忠簡公年譜》卷上：「（元符）三年庚辰，公年四十二歲。是年夏五月，撰《龍游縣義學記》。」

《宗忠簡公集》卷四《上鄭龍圖求船書》：「全家百指，如飄蓬斷梗，一在天之涯，一在地之角。其當時，太守、縣令脱或見此，豈不伐南山之木而濟之哉！某諱窮久矣，家徒四壁立矣。平生不喜爲吏，寒窘犯人，挈挈然迫之，使出宦遊東方，聚室待餉。獨祖母老矣，重棄故鄉，而客遠官，遂留不行。乃者家君得幕金陵，去鄉邦跬步，白髮之老亦既願往，低回商略，勢不可久於此。昔攜家中半而遊東方，今又攜家之半而歸江南矣。然自密取道，得車則至朐山，帆則至江左。」按宗舜卿卒於崇寧五年，此前元符元年宗澤歸南方任龍游令，元符三年任文登令，此信大約是自文登縣南歸所寫。

《宗忠簡公墓誌銘》：「龍游小邑，未知學。公爲建庠序，設師儒，延見諸生，講論儒術，學者寖盛。里閭惡少年嘗持蛇虺擾民，前此令疲懦，置而不問。公以事白州，籍其壯者，刺爲軍，其風遂革。」

《宗忠簡公事狀》：「五年，循通仕郎，遷衢州龍游令。民未知學。公爲建庠序，設師儒，講論經術，風俗一變，自此擢科者相繼起。里閭惡少嘗十百爲群，持蛇虺，擾民以規利，稍不如意，輒鼓譟，擲瓦礫，碎屋壁。前令不能禁。公密白之州，籍其壯者爲軍，日得百餘人，風遂革。調文登令。未幾，丁母淑人劉氏憂。」按《遺事》失載「調文登令」事。

《宗忠簡公傳》：「調衢之龍游令，丁内艱。」

《宋史》卷三六〇《宗澤傳》：「調衢州龍游令。民未知學，澤爲建庠序，設師儒，講論經術，風俗一變，自此擢科者相繼。」

《春渚紀聞》卷四《宗威愍政事》：「宗尹汝霖，其遇事雖用權智，而濟難於談笑之間，士大夫多能道之。建中靖國間，爲文登令。同年青州教授黄策上書，自姑蘇編置文登，州遣牙校押赴貶所。過縣，而黄適感寒疾，不能前進。牙校督行，雖加厚賂，祈爲一日之留，堅不可得。不得已，使人致殷勤於公。公即具供帳於行館，及命醫診候，至調理安完，而了不知牙校所在。密訊其從行者，云『自至縣，即爲縣之胥魁約飲於營妓，而以次胥史，日更主席。此校嗜酒而貪色，至今不肯出户。』屢迫促之，乃始同進。」

崇寧二年，服除，調萊州膠水令。膠水號劇邑，豪姦宿蠹，挾勢虐民，習以成風。有温包者，恃陰告人，率不實。公案前後犯治之。州别駕與包連姻，以位臨曰：「令敢爾邪！」公曰：「包犯法，某以法治，不知其他也。」有强賊百餘人，侵縣境，率僚屬親捕之，且約曰：「獲盜，公等受賞，不然，身獨任罰，幸無退志。」一士族女被掠，匿旁郡，久之不能獲。公廉得其跡，越境徑造賊壘，取女以出，斬首五十餘級，焚其廬。州奏功于朝，官屬皆

被賞，公亦進文林郎。〔一〕

〔一〕《宗忠簡公墓誌銘》：「膠水素號劇邑，豪族恃勢植黨，無敢誰何。公摘其尤桀，黥一人，置之法，聞者股慄。有士族之女爲盜所掠，事連旁郡，久之不能獲。公探知巢穴，越境捕之，徑造其室，取女以出，斬群盜，焚廬舍。由是威譽大著。」

《宗忠簡公事狀》：「崇寧二年，服除，調萊州膠水令。膠水號劇邑，豪姦宿蠹，挾勢虐民，習以成風。有温包者，恃險告人，率不實。公案前後犯治之。州别駕與包連姻，以位臨曰：『令敢爾耶！』公曰：『包犯法，某以法治，不知其他也。』有强賊百餘人，侵縣境，率僚屬親捕之。一士族女被掠，匿旁郡，久不能獲。公廉得其跡，越境造賊壘，取女以出，斬首五十餘，焚其廬。州奏功於朝，進文林郎。」

《宗忠簡公傳》：「除服，調膠〔水〕令。按治宿姦，不畏强禦，捕群盜數十，焚其廬，威譽赫然。」

同舍生林迪者，先公登第，音問不相及者累年，官萊之别邑。公始至也，迪挈家詣公，經旬而去。迪以病告，公赴之，垂革，尚能語，曰：「迪身如何？」公曰：「某任後事。」「室人、子女如何？」公曰：「嫂當養，子當教，女當適佳士。」後以迪女妻修職郎康森，且慮居處南北，再以親女妻森之弟協，申愛好焉。迪子懋後從公討賊，得官，爲文登令，卒于官。貧不能歸，公詣弔之，厚以俸津遣其行。職甫滿，丁父憂。〔一〕

〔一〕丁父憂，原作「丁大父憂」，據諸書記載，應爲「丁父憂」，並非丁祖父憂，「大」字衍，今删。

《忠簡公年譜》：「崇寧二年癸未，公年四十五。

調萊州膠水令。有温包者，挾勢害民，公案前後犯，法治之。有强賊百餘人，侵縣境，公率僚屬親捕之。一士族女被掠，匿旁郡，不能獲。公徑造賊壘，取女以出，斬首五十餘，焚其廬。州奏功於朝，進文林郎。同社生林迪者，先公登第，官萊之别邑，以病告。公親往視之，力任後事，以迪女妻康森，親女妻森之弟劦，申愛好焉。迪子懋從公討賊，得官，爲文登令，卒於官，公厚以俸資其行。

崇寧五年丙戌，公年四十八。

丁父贈朝散大夫公憂。」

《宗忠簡公墓誌銘》：「同舍生林迪先公登第，音問不通者累年，一日携家謁公，繼以疾告。公往視，尚能言，以後事囑公。既卒，公惜其家備至，以其女妻修職郎康森，且以己女妻其弟協，以申親親之好。其子從公討賊，補官，爲文登令。公之急義如此，士大夫莫不服公之清，憐公之貧，壯公之勇也。」

《宗忠簡公集》卷三《陳公墓志銘》：「先人中疫氣，病幾死，至親無肯過門者。惟公（陳允昌）不忍離側，凡藥餌，必嘗而後進。某護先人喪，歸自膠水。公迎之路，撫棺號慟，哀感行路人。先人諱日，公躬走佛刹薦奠，以叙追悼意。公與先人自幼至老，自老至死，已死且不忘，每語及，必梗塞泣下。」

《宗忠簡公事狀》：「同社生林迪者，先公登第，音問不相及者累年，官萊之别邑。迪挈家詣公，經旬而去。繼以病告，公親視之，迪垂革，尚能語，曰：『迪身如何？』公曰：『某任後事。』『室人、子女如何？』公曰：『嫂當養，子當教，女當適佳士。』後以迪女妻修職郎康森，且慮居處南北，再以親女妻森之弟劢，申愛好焉。迪子懋從公討賊，得官，爲文登令，卒於官。貧不能歸，公厚以俸資其行。職甫滿，丁父贈朝散大夫公憂。」

《宗忠簡公傳》：「同舍生林迪先公登第，音問不通者累年。一日，挈家謁公，繼以疾告。公往視，尚能以後事屬公。既卒，公恤其家備至，以其女妻修職郎康森，且以己女妻森弟劢，以申親好。其子從公討賊，補官爲文登令。」

大觀三年，循承直郎，再調晉州趙城令，下車，修媧皇祠，新趙簡子廟，且請于朝曰：「趙城前有并河、汾陽之固，後當晉、絳蒙阬之險，〔一〕左依霍邑，右阻太行，沃野百里，可以種植，寔河東用武之地。願陞縣爲軍，如楚之漣水，開德之德清，命以軍額，實治縣事，且大養軍士，以備不虞。」復言：「慶源乃國家興王之本，趙城又慶源之本也。」書聞，不盡如所請，公曰：「方今承平之久，固無慮；他日有警，當有知吾言者矣！」〔二〕

〔一〕《资治通鑑》卷二六七：「（開平三年八月辛酉）詔楊師厚將兵救晉州，周德威以騎扼蒙阬之險。（蒙阬在汾水東，東西三百餘里，蹊徑不通。）」

〔二〕《忠簡公年譜》：「大觀三年己丑，公年五十一。循承直郎，再調晉州趙城令，修媧皇祠，新趙簡子廟。上書於朝，請陞縣爲軍。書聞，不盡如所請，公曰：『今承平時，固無慮；他日有警，當知吾言矣！』」《宗忠簡公墓誌銘》：「在趙城時，嘗請於朝曰：『趙城前有并河、汾陽之固，後有晉、絳蒙坑之險，左依霍邑，右阻〔太行〕，沃野百里，實用武之地。願陞縣爲軍，仍養兵，以備不虞。』書上，不報，公歎曰：『今承平，固無慮；他日有警，當有知吾言者！』」《宗忠簡公事狀》：「大觀三年，循承直郎，再調晉州趙城令，下車，修媧皇祠，新趙簡子廟，且請於朝，陞縣爲軍。（書見一卷）書聞，不盡如所請，公曰：『方今承平時，固無慮；他日有警，當知吾言矣！』」按《遺事》所載，宗澤上書應有兩份，今存《請陞趙城縣爲軍書》乃將《遺事》所載兩書節略合併，應非原文，今不贅録。《宗忠簡公傳》：「丁外艱。服除，調晉州趙城令。言於朝曰：『趙城前有并河、汾陽之險，後有晉、絳蒙坑之固，左霍邑，右太行，沃野百里，實用武之地。乞援楚之漣水，澶之德清，命以軍額，屯兵以備不虞。』不報，公曰：『今固承平無虞，他日當有知吾言者！』」《宋史》卷三六〇《宗澤傳》：「調晉州趙城令。下車，請升縣爲軍，書聞，不盡如所請，澤曰：『承平時，固無慮。它日有警，當知吾言矣！』」《昌谷集》卷二〇《秘閣修撰吴勝之墓誌銘》：「崇、觀中，有諱時者，應制舉，爲宗忠簡公澤所深識。」

《宋元詩會》卷三四《題獨樂園》：「范公之樂後天下，維師温公乃獨樂。二老致意出處間，殊塗同歸兩不惡。鄙夫杖藜訪公隱，步無石砌登無閣。堂卑不受有美奪，地僻寧遭景華拓。始知前輩稽古力，晏子蕭何非妄作。細讀隸碑增慷慨，端正似之甘再拜。種藥作畦醫國手，澆花成林膏澤大。見山臺上飛〔嵩高〕，高山仰止如公在。」

《宗忠簡公集》卷五《至洛》：「都人士女各紛華，列肆飛樓事事嘉。政恐皇都無此致，萬家流水一城花。」以上兩詩應爲趙城縣赴任或離任時，途經洛陽所作。

政和三年，以薦，改奉議郎，知萊州掖縣。一日，當路需牛黄，縣坐數百兩，吏民惶懼，無以應。公條具，報部使者曰：「方時疫癘，牛飲其毒，凝爲黄。當此太平，和氣横流，牛無傷者，黄何自得？」部使者怒，取邑官名位，欲劾奏之。公曰：「此意自某出，同僚何預？」獨書銜以上，牛黄竟免，亦不加罪。〔一〕

〔一〕《忠簡公年譜》：「政和三年癸巳，公年五十五。以薦，改奉議郎，知萊州掖縣。部使者得旨市牛黄，督責急，州縣惶懼，相與斂錢，賂上下胥吏。公獨具狀申提舉，部使者怒，欲劾邑官，公曰：『此澤意也。』獨書銜以上，獲免。爲青帥王甹所知，辟置幕府。」

《宗忠簡公事狀》：「政和三年，以薦，改奉議郎，知萊州掖縣。當路者市牛黄，縣坐數百兩，吏民惶懼。公條具，報部使者曰：『方時疫癘，牛飲其毒，病結爲黄。當此太平，和氣橫流，牛無傷者，黄何自得？』部使者怒，欲劾邑官，公曰：『意自某出，同僚何預？』獨書銜以上，牛黄竟免。」

《宗忠簡公傳》：「政和三年，知萊州掖縣。部使者以朝命，科取牛黄。公力拒，得免。」

《宋史》卷三六〇《宗澤傳》：「知萊州掖縣。部使者得旨，市牛黄。澤報曰：『方時疫癘，牛飲其毒，則結爲黄。今和氣橫流，牛安得黄？』使者怒，欲劾邑官，澤曰：『此澤意也。』獨銜以聞。」

《御定淵鑑類函》卷四三五《牛二》：「《燕閒常談》曰『宗汝霖澤政和初知萊州掖縣，時户部下提舉司，科買牛黄，督責甚急，州縣百姓競屠牛以取黄，既不登所科之數，則相與斂錢，以賄上下胥吏丐免。汝霖獨以狀申提舉司，言：牛遇歲疫，則多病，有黄。今太平之久，和氣充塞，縣境牛皆充腯，無黄可取。使者不能詰，一縣獲免。』」據《遂初堂書目》、《直齋書録解題》卷一一、《説郛》卷三七，《燕閒常談》似應作《閒燕常談》，作者董弅。

公前後宰四邑，〔一〕其綱條簡而不煩，所至稱治。嘗語人曰：「某之作邑，其始以信，濟之以威，信既孚矣，威亦何用。」直龍圖閣范公純粹知公深，每對客語及作縣，則曰：「如宗君，所至有去思，雖古循吏，未見其比。」〔二〕

〔一〕按，宗澤前後任龍游、文登、膠水、趙城令，知掖縣，應爲五任，此處當爲任文登令，旋即丁憂而不計。

〔二〕《宗忠簡公事狀》：「公前後宰四邑，其綱條簡而不煩，所至稱治。嘗語人曰：『某之作邑，其始以信，濟之以威，信既孚矣，威亦何用。』所至有去思。直龍圖閣范公純粹知公深，每對客語及作縣，則曰：『如宗君，雖古循吏，未見其比。』」《宗忠簡公傳》：「公曰：『吾之爲邑，始之以信，濟之以威，信既孚矣，威亦何用。』」《宋朝諸臣奏議》卷一四〇范纯粹《上徽宗論進築非便》注：「建中靖國元年五月上，時以龍圖閣學士、知延安府，尋移知永興軍。十月，坐朝廷方選將治邊，而不能飭兵務穀，克謹邊備，數於奏章有沮壞之議，落職，知金州。」《宋史》卷三一四《范纯粹传》：「元祐中，除寶文閣待制，再任，召爲户部侍郎，又出知延州。紹聖初，哲宗親政，用事者欲開邊釁，御史郭知章遂論純粹元祐棄地事，降直龍圖閣。明年，復以寶文閣待制、知熙州。章惇、蔡卞經略西夏，疑純粹不與共事，改知鄧州。歷河南府、滑州，旋以元祐黨人奪職，知均州。徽宗立，起知信州，復故職，知太原，加龍圖閣直學士，再臨延州。改知永興軍。尋以言者落職，知金州，提舉鴻慶宫。又責常州别駕，鄂州安置，錮子弟不得擅入都。」從范纯粹的仕歷看，他與宗澤似無接觸。

在掖縣，甫及考，尤爲青帥王公萼所知，辟置幕下。未幾，萼罷，中書梁公子美繼來，公投檄，丐去，子美驚曰：「聞公名舊矣，何疑而遽去也。」公力辭，不獲。子美欲新青城壁，擬拆齊之樓櫓，以助增修，檄公往相視。公曰：「齊亦吾地，損彼益此，人必以公爲隘，願勿毀。」子美忻然從之。〔一〕

〔一〕《宗忠簡公墓誌銘》：「知掖，尤爲帥王萼所知，辟置幕府。未幾，梁子美至，投檄丐罷。梁公驚曰：『聞公名舊矣，何疑而遽去也。』」《宗忠簡公事狀》：「尤爲青帥王公萼所知，辟置幕府。未幾，萼罷，中書梁公子美繼來，公投檄，丐去，子美驚曰：『聞公名舊矣，何疑而遽去也。』公力辭，不獲。子美欲新青城壁，擬拆齊之樓櫓，以助增修，檄公往視。公曰：『齊亦吾地，損彼益此，人必以公爲隘，願勿毀。』子美忻然從之。」

五年，有旨，陞登、萊、濰、密四州爲次邊，遴選能吏可任守貳者。子美以公名應選，差通判登州。郡邑有宗室財用田數百頃，皆磽瘠不毛之地，歲輸萬餘緡，無所收，率取于民以應辦。公條奏，得除免。黄縣有大俠，與河上居人有隙，請於朝，言治河事，下部使者，大起夫役。公曰：「是役也，吾未見其利，而徒擾于民。」條具申乞寢罷，朝廷從之。道士高延昭者，恃勢犯法，無復以州縣爲意。公窮治之，不顧。已而朝廷遣使結女真，爲海上之

盟，公語所知曰：「軍興多事，自兹始矣！」磨勘承議郎。〔一〕

〔一〕《忠簡公年譜》：「政和五年乙未，公年五十七。有旨遴選能吏，差通判登州。有宗室財用田數百頃，皆不毛之地，歲輸萬餘緡，率横取於民，公條奏除免。黄縣有大俠，請於朝，大起夫役，治河事，公條具申乞寢罷。道士高延昭者，恃勢犯法。公窮治之，不少貸。朝廷遣使結女真，爲海上之盟，公語所知曰：『軍興多事，自兹始矣！』磨勘承議郎。」《宗忠簡公墓誌銘》：「時有旨，陞登、萊、濰、密州爲次邊，擇能吏可任守貳者，乃以公名應選，差通判登州。郡境有宗室財用田數百頃，悉不毛之地，歲輸萬緡，取辦於民。公奏免之。」《宗忠簡公事狀》：「五年，有旨，升登、萊、濰、密四州爲次邊，遴選能吏可任守貳者。子美以公名應選，差通判登州。郡邑有宗室財用田數百頃，皆不毛之地，歲輸萬餘緡，率取於民以應辦。公條奏，得免。黄縣有大俠，與河上居人有隙，請於朝，大起夫役，治河事。公曰：『是役也，吾未見其利，而徒擾於民。』條具申乞請罷，朝廷從之。道士高延昭者，恃勢犯法。公窮治之，不少貸。朝廷遣使結女直，爲海上之盟，公語所知曰：『軍興多事，自兹始矣！』磨勘承議郎。」《宗忠簡公傳》：「五年，通判登州。時朝廷遣使由海道與女真結盟，公憂形於色，曰：『軍衅自此始矣！』有道士高延招，倚林靈素，凌蔑郡邑。公窮治其罪，不顧。」《宋史》卷三六〇《宗澤傳》：「通判登州。境内官田數百頃，皆不毛之地，歲輸萬餘緡，率横取於民，澤奏免之。朝廷遣使由登州結女真，盟海上，謀夾攻契丹，澤語所親曰：『天下自是多事矣！』」

宣和元年，丐祠，得主管南京鴻慶宮，方退居東陽，結廬山谷間，著書自適，有終焉之志。會延昭訴于朝，以公改建神霄宮不當，林靈素主之，褫職，羈置鎮江府。公聞命，曰：「罪大責輕，丹徒善地。」即日就道。坐廢四年。公娶陳氏，至是疾卒，卜葬京峴山之陽，就居丹徒。經郊恩，得自便。〔一〕

〔一〕《忠簡公年譜》：「宣和元年己亥，公年六十一。丐祠，得主管南京鴻慶宮，退居東陽，結廬山谷間，著書自適，有終老之志。會延昭幸用，訴公改建霄宮不當，林靈素主坐，褫職，編置潤州，居丹徒。

宣和三年辛丑，公年六十三。兄汝賢卒。」

《宗忠簡公墓誌銘》：「宣和元年，主管鴻慶宮，退歸東陽，結廬山谷間，有終焉之志。會倅登日，嘗窮治奸人，有司觀望，坐此褫秩。羈置鎮江府四年，就起爲酒官。……公爲人端方質直，平居不妄笑語，律己甚嚴，苟悖於禮，雖毫髮不犯，義所當爲，鼎鑊在前不恤。中間坐廢數年，杜門却掃，賦詩自娱，或清坐終日，啜菽飲水，澹如也。」

《宗忠簡公事狀》：「宣和元年，丐祠，得主管南京鴻慶宮，退居東陽，結廬山谷間，著書自適，有終老之志。會延昭至京師，得倖用事，訴公改建神霄宮不當，林靈素主坐，褫職，羈置鎮江府。公聞命，曰：『罪大責輕，丹徒善地。』即日就道。坐廢四年。夫人陳氏，至是疾卒，卜葬京峴山，就居丹徒。經郊恩，得自便。」

《宗忠簡公傳》：「及公丐祠而歸，結廬山水間，有終焉之志。道士以公改建神霄宮不當，訴于朝，而靈素主之，遂褫秩，羈置鎮江。公聞命就道，無纖芥愠。」

《敬鄉録》卷一〇陳炳《宗忠簡公畫像贊》：「晚倅登州，黄冠師以俠犯禁，同官相愕然，爲好語謝遣之，公曰『何至是！』獨攝取，杖其背。訴之朝，謫監鎮江酒。」

《宋史》卷二二《徽宗紀》：「（宣和元年三月）甲子，知登州宗澤坐建神霄宫不虔，除名，編管。」諸書皆説宗澤「通判登州」，此處稱「知登州」，是否此時已陞知州，抑或《徽宗紀》有誤，難以確證。

又同書卷三六〇《宗澤傳》：「退居東陽，結廬山谷間。」

《建炎以來繫年要録》一六：「（建炎二年七月癸未朔）澤自奉甚薄，方謫居時，饘粥不繼，吟嘯自如。」

《宗忠簡公集》卷三《宗汝賢墓志銘》：「睦寇竊發，横肆焚劫，衣冠良善尤被害。兄逼凶焰，遑遽挈妻孥，奔避山林間，昏夜迷誤，因溺死。實宣和辛丑二月二十四日也。是時路尚梗，迨閏五月始聞訃。」

四年，差監鎮江府酒税，敘宣教郎。公盡心逎職，課入倍加。六年，復判巴州。〔一〕

〔一〕《忠簡公年譜》：「宣和四年壬寅，公年六十四。夫人陳氏卒，藁葬丹徒京峴山，結廬龙目湖上。經郊恩，叙宣教郎，就差監潤州都酒税，盡心逎職。宣和六年甲辰，公年六十六。除通判巴州事。」

《葬妻京峴山结廬龍目湖》：「一對龍湖青眼開，乾坤倚劍獨徘徊。白雲是處堪埋骨，京峴山頭夢未迴。」

《宗忠簡公事狀》：「四年，差監鎮江府酒税，敘宣教郎，盡心逎職。六年，復判巴州。」

《宗忠簡公傳》：「宣和三年，始復承事郎，就差鎮江府酒官。」

《宗忠簡公集》卷五《曉渡》：「小雨疎風轉薄寒，駝裘貂帽過秦關。道逢一澗兵徒涉，赤脛相扶獨厚顏。」另有《過潼關》《華下》《謁華嶽》《華陰道中》等詩，《宗忠簡公集》卷六《閿鄉麻衣寺瘦佛畫像贊》《爲華州作延請書老疏》等，都應是宗澤赴官巴州途中之作。

《宗忠簡公集》卷三《賢樂堂記》：「巴別乘治廨之北，有地數畝，荒穢不治，其日久矣。……宣和六年春，朝廷以僕承乏郡貳，視事屢月，日有暇矣，因一訪焉。」

又同书卷三《重修英惠侯義濟廟記》：「巴子之國，遠在西南一隅，封爵卑而土地廣……故州有巴郡太守嚴將軍，事劉璋，名顔，没千有餘載，巴人事之如存，歲月追祀而歌舞之。……僕每讀《張飛傳》，見侯行事，未嘗不廢卷太息，而爲之横涕也。抑世之士大夫，有以柔聲媚色，期就軟熟，巧爲進取，冒躐華要，或不得已而補外，猶竊名藩巨鎮，坐尸寵禄。一旦事出非意，神氣駭奪，莫知爲計。甚至於變服雜庸，匿田舍中，以幸苟生，俾一方生靈魚肉賊手，國家果何賴於鼠輩爲哉！然則嚴侯之忠誼，誠可尚也，宜乎血食巴土，萬世而無替。」此爲借嚴顔之事迹，而批判北宋末之「士大夫」。就「一旦事出非意，神氣駭奪，莫知爲計。甚至於變服雜庸，匿田舍中，以幸苟生，俾一方生靈魚肉賊手，國家果何賴於鼠輩爲哉」之語看來，此文應寫於得知金軍南侵之後。

《梁谿全集》卷三二《哭宗留守汝霖》：「宗澤字汝霖，浙東人，自爲小官，卓犖不群，能自立，以故屢被罪。」

又同書卷一七五《建炎進退志總叙》上之下：「澤，浙東人，自爲小官，即卓犖有氣節，敢爲，不詭隨於世，以故屢失官。」

《湖山集》卷四《哭元帥宗公澤》：「嗚呼哀哉元帥公，百世一人不易逢。堂堂天下想風采，心如鐵石氣如虹。正色立朝不顧死，半生長在謫籍中。真金百鍊愈不變，流水萬折歸必東。」

卷之二

靖康元年，有詔侍從官各舉所知，御史中丞陳過庭等薦公可任臺諫，召赴闕。公奏對三策，上嘉之。時粘没喝、斡離不再犯河朔，王師一再失利，廷議遣使。八月甲寅，假公宗正少卿，奉使斡離不，李公若水假秘書少監，使粘没喝，副使令選差，七日起發。公曰：「此行不生還矣！」或問其故，公曰：「某豈能屈節虜庭，上辱君命邪！彼如悔過退師，固善；否則，與之力争，必死虜手！」初以和議使爲名，公力奏，言名不正，請改曰計議使，從之。議者謂公剛方難合，且徒死何補。時朝廷意主和，遂改命著作郎劉岑。〔二〕

〔一〕《忠簡公年譜》：「靖康元年丙午，公年六十八。御史中丞陳過庭等列薦，召赴闕。奏對三策，上嘉之。假宗正少卿，充和議使。公力奏名不正，請改計議使。議者謂公剛方不屈，恐害和議，不遣。公抗章，論列宰相非其人。」

《宗忠簡公墓誌銘》：「靖康元年，虜寇奄至，既盟而退，當叮嚀太息，鋭於圖治。詔侍從各舉所知，御史中丞陳過庭等薦公可任臺諫。時方議遣使，以公爲宗正少卿，充和議使。公以名不正，請改爲計議使，從之。論者謂公剛方難合，必不屈，且徒死無補，不若擇河朔一要郡付之。」

《宗忠簡公事狀》：「靖康元年，有詔侍從官各舉所知，御史中丞陳過庭等薦公可任臺諫，召赴闕。公奏對三策，上嘉之。時粘没喝、斡離不再犯河朔，王師一再失利，廷議遣使。八月甲寅，假公宗正少卿，奉使斡離不。公曰：『此行不生還矣！』公曰：『彼能悔過退師，固善；否則，豈能屈節虜庭，上辱君命乎！』初以和議使爲名，公力奏，言名不正，請改爲計議使，上從之。議者謂公剛方難合，恐害和議。且時朝廷意主和，遂改命。」

《宗忠簡公傳》：「靖康元年，北虜犯闕，既退，詔侍從舉知，御史中丞陳過庭以公薦。八月，召擢宗正少卿，使虜以和議名，公曰：『虜情不可測，名不正，則徒取辱耳！』請改爲計議使。且謂人曰：『此行必不返。』問其故，則曰：『某豈能屈節虜廷，上辱君命邪！必死賊。』議者以公太剛，改命劉岑。」

《宋史》卷三六〇《宗澤傳》：「靖康元年，中丞陳過庭等列薦，假宗正少卿，充和議使。澤曰：『是行不生還矣！』或問之，澤曰：『敵能悔過退師，固善；否則，安能屈節虜庭以辱君命乎！』議者謂澤剛方不屈，恐害和議，上不遣，命知磁州。」

《湖山集》卷四《哭元帥宗公澤》：「靖康元年冬，胡虜正披猖，廟堂驚失色，愁睹赤白囊。公首慨然乞奉使，欲以口伐定擾攘，朝廷是時未知公，公之素志不獲償。」

《宗忠簡公集》卷五《感時》：「北虜長驅，京邑阽危，此忠臣義士痛心疾首，勤王報國之秋也。而宰臣遷家，郡守踰垣，縉紳士大夫陸竄水奔，使人主嬰孤城以自守，無一犯難者。事小定矣，而上書獻策之人，亦未有慨然以諫者。世道之衰，一至此乎！太息之餘，以詩自道。

卿士辱多壘，天王憤蒙塵。禦戎要虓將，謀國須雋臣。百戰取封侯，未必亡其身。懷姦廢忠義，胡顔以爲人？吁嗟世道衰，大僇加縉紳。平居事奔競，梁汴分雲屯。一旦國步艱，四迸如星繁。輔相已擇棲，守令仍踰籓。冠蓋陸西竄，舳艫水南奔。鄙夫用慨然，策馬趨修門。勤王羞尺柄，悟主期片言。時來倘雲龍，峨冠拜臨軒。逶迤上玉除，造膝伸元元。措世於泰寧，歸來守丘樊。」

《宗忠簡公集》卷五《題盘豆鋪南李翁园》：「李翁臥亭午，春深掩柴荆。忽聞風雨響，疑是勤王兵。」

《宗泽全集》《感時》：「王黼已投遠裔，而（蔡京、（童）貫未蒙顯戮，官、士、兵、民憤懣填臆，疑典刑之有未暇也。上方孝治，必大正二賊之罪惡，而痛昭太上之慈聖。翹首跂足，日月以冀。謹作此詩，以俟來者。

四罪不誅舜不聖，兩觀不誅魯不盛。先王諱殺懼淫逞，懲一警百乃仁政。滔天之罪姦臣黼，儇佞無知竊魁柄。敗盟結禍致憑陵，虐民斂怨仍凶横。罪當菹醢賊閹貫，億萬蒼生隕其命。力開湟鄯取空虚，妄買燕雲稱撫定。渠魁巨蠹京其首，啟亂懷姦窺我姓。星文示變折其謀，固寵招權邦以罄。結盤滋蔓二十載，衮繡金珠古無并。金賊犯闕主嬰城，挈寶攜孥欻星迸。黼投遠裔禦螭魅，郵置風傳士相慶。貫要輿駕渡重江，未臠閹軀禍方孕。西京宴然號陳魯，尚戴頭顱徂視聽。怨連北虜怒西兵，曷日具聞典刑正。願天亟下咫尺詔，斬首以梟仍以狥。始初清明必孝治，昭洗上皇仁且聖。怨銷怒解各歡呼，國勢自强兵自勁。」

《宗忠簡公集》卷五《道逢散卒述怀》：「道逢散遣之卒，云講和退师，無所用之矣。辄以二十六句道胸臆。

翁擁麾幢我爲兒，剽聞竊睹皆兵機。其中襲擊不容瞬，飆行電掣猶逶迤。戎人長驅越大河，天下震驚觀闕危。肉食之謀殊未臧，我憤切骨其誰知？慨然奏疏金馬門，力陳盟賂損國威。嚴尤下策尤可笑，晁錯上書亦奚爲？道路荆棘初剪除，花如步障吾東之。八年閉户尺蠖屈，一旦渡關匹馬馳。行行側身聽戎捷，忽聞募士詔遺歸。濃書大墨榜教詔，曰敵悔過今退師。羽檄向來召貔虎，乃詠出車歌杕杜。櫜兵銷刃兵猶怒，却把鋤犂農鼓舞。君王神武今藝祖，爾賊不歸污我斧。」

《宗泽全集》《述怀》：「憂國心如奔馬，勤王筆有奇兵。一旦立誅禍亂，千載坐視太平。黄屋肇新巍巍，四方豪傑雲來。片言之誤天也，一見而決時哉！」

《全宋詩》第二十册卷一二〇六載有宗澤《渭南道中逢二蜀兵出印本手詔司馬温公范文正公贈太師外祖丞相贈太保悲喜交集慨然賦詩》一首。《宋史》卷二三《欽宗紀》与卷三五一《張商英傳》載：「（靖康元年二月）壬寅，追封范仲淹魏國公，贈司馬光太師，張商英太保，除元祐黨籍學術之禁。」可知詩題中之「外祖丞相贈太保」，乃指張商英。按張商英爲蜀州新津人，而宗澤自其七世祖居婺州義烏縣，其母劉氏，則張商英不可能是其外祖，足證其僞。

《靖康要録笺注》卷一〇：「（靖康元年八月十九日）聖旨：『著作佐郎劉岑借太常少卿，充計議使，差奉使大金國，閤門宣贊舍人馬識远副之。宗澤借宗正少卿，奉使斡离不軍前。李若水借秘書少監，奉使粘罕軍前。副使並令選差，限七日起發。』李若冰改名若水，劉岑日下先次出試院，並請緩師故也。」《東都事略》卷一二《欽宗紀》：「（靖康元年八月）甲辰，以宗澤使斡离不軍，李若水使粘罕軍。」所載有缺略。

《敬鄉録》卷四：「靖康初，御史中丞陳過庭薦之，召赴闕。時金人再陷河朔，假宗正少卿奉使，以公剛方難合而止。」

初，王雲使虜歸，過磁、相，謂守臣曰：「虜聲勢非前日比，且善因糧，若清野，則無所得矣。」兩州如其言。公抗章，論列宰相非其人，及宣撫使、副提大軍，逗遛不進，〔一〕并劾雲張皇賊勢，迫脅人主。及請河北西路清野，聲東應西，恐從東路入寇。雲墮賊計，先自困西路耳。上以章示雲，雲于是憾公切骨。

〔一〕《遺事》後載宗澤説：「自宣撫使、副劉韐等，某無不劾之。」則自宰相唐恪等，宣撫使李綱以下皆劾，乃不明李綱身處困境，被宋欽宗與投降派掣肘和争議之内情。雖有此小誤會，但宗澤與李綱終成志同道合之忘年交。

《梁谿全集》卷一一二《桂州與吴元中書·别幅》：「初，某既總師指揮，繼命劉韐爲副，及其後乃知（唐）恪所薦也。解潛初與韐合，會議於隆德，韐志甚鋭。及潛出兵，韐忽中變，按兵不行，故失期會，而潛有南、北關之潰。適所遺屬官張叔獻者，自韐軍中來，能道其詳。乃知韐將出兵，而得恪書，遂有緩師之謀，雖書辭不可知，而意則可料也。其後韐之子子羽道其書辭於人，果如所料。此二人者，今皆見存，他日可詢也。淵聖又御札付韐，而誤付宣撫司，其戒敕之語，與本司所禀受不同，亦必恪意。解潛爲制置使，折彦質爲河東勾當公事，張灝爲轉運使，折可求爲都統制，皆各受御前處分，進退自如。因報公罷相，遂援此爲言，以謂節制不專，難以責成功，必致誤事。非使節制歸一，以謀萬全之舉，則太原之圍，必無可解之理。不然，願丐罷去，遂得請。夫恪之意，不過欲作相耳，而妨功害國。其巧如此！」此爲致前宰相吴敏信。

《宋史》卷四四六《劉韐傳》：「是時，諸將救太原，种師中、姚古敗。以韐爲宣撫副使，至遼州，招集糾募，得兵四萬人，與解潛、折可求約期俱進，兩人又繼敗。初，韐遣别將賈瓊自代州出敵背，且許義軍以爵禄，得首領數十，既復五臺，而潛、可求敗聞，遂不果進。」

《三朝北盟會編》卷六一：「（靖康元年十一月）五日丙寅，王雲自斡離不軍前回，次于相州。斡離不遣王雲回京師奏事，雲馳驛至相州，語知州汪伯彦曰：『金人情狀甚乖，本州宜多積粮斛，過作備禦計，雲竊聞金寨人語言：「此回渡河至京城下，恐須盤薄至來年夏初回師。」雲丁寧辭去，且云：「亦以此白磁守宗澤。」已而，澤果謂：「雲奉使賣國，徒與金人張大聲勢。」以此奏聞，乞勿信雲説。』」

又同書卷六四：「（靖康元年十一月二十日辛巳）康王至磁州。先是王雲自虜中使回，過磁、相，謂守臣云：『虜人因粮，若清野則困矣。』磁、相從之。邀近城居民，且教運積穀米入城，相、磁人皆怨雲。既而虜人果以磁、相清野，不由是路，乃由邢、洺、李固渡渡河。磁、相人曰：『虜人不從此路來，徒清野毁我墻屋，籍我草粮，雲真細作耳！』及是見雲侍王將入虜庭，皆罵，厲聲呼曰：『王雲細作，欲以大王獻虜人，大王勿行！不如起兵。』先是，宗澤上章，言：『雲往返虜中習熟，恐爲虜人謀賣國，宜勿信诞言。』上以其章付雲。雲至磁，乃出是章示澤，且言曰：『何故如此！』因責之，且訐其誕，云：『萬五千人下寨，僞取修撰，到此實無一事。』澤憾之。因磁人之怒，乃聲言：『雲果細作，明日將邀親王入虜庭矣。』衆怒，遂有殺雲意。」

九月，會詔選易河北帥臣等。辛未，除公朝奉郎、直秘閣、知磁州，訓詞曰：「河朔列城，每謹擇守，矧兹滏陽，當兩衝會，寄委之重，尤在得人。以爾才術敏强，裕於從政，宣力中外，克著風績，俾膺是選，寔允僉言。往其悉爾心力，惟事事乃克有備，則罔後艱，可不懋哉！」時太原新失守，真定攻圍甚急，河北、河東州縣多闕官，被命者率託故不行。公曰：「食君之禄，而臨事畏避，吾君何賴焉！」遂單騎即日就道，從羸卒十餘人。至河上，自北來者盡驚曰：「虜已犯真定矣，雖往何益。」笑不納。〔一〕

〔一〕《忠簡公年譜》：「除朝奉郎、直秘閣、知磁州。」《宗忠簡公墓誌銘》：「除直秘閣、知磁州。」

《宗忠簡公事狀》：「九月，會詔選易河北帥臣，除公朝奉郎、直秘閣、知磁州。時太原失守，真定攻圍甚急，河北、河東州縣率托故不行。公曰：『食君之禄，而臨事畏避，吾君何賴焉！』遂即日單騎就道，從羸卒十餘人。至河上，自北來者盡驚曰：『虜已犯真定矣，雖往何益。』笑不納。」《宗忠簡公傳》：「九月，出知磁州。」《宋史》卷三六〇《宗澤傳》：「命知磁州。時太原失守，官兩河者率託故不行。澤曰：『食禄而避難，不可也。』即日單騎就道，從羸卒十餘人。磁經敵騎蹂躪之餘，人民逃徙，帑廩枵然。」《湖山集》卷四《哭元帥宗公澤》：「憂國耿耿思自效，再乞守土河之旁。命下得磁州，翌日徑束裝，下車未三日，邊騎已及疆。虜人聞之亟退舍，匹馬不敢臨城隍。」

庚辰，至郡。前此磁經虜騎往來，人民流徙，帑藏枵然，不復可守。公至，則繕城壁，浚隍池，治兵器，募豪傑，爲必守計，不逾月而辦。唯糗糧不足，視帑中所有，盡以高價糴米數萬斛。然後廣募義兵，應者雲集。公度所儲尚不能久贍，又出俸助之，由是民間争獻金穀。公上疏，乞邢、洺、磁、趙、相五州各養精兵二萬，虜攻一郡，四郡應援，則一路常有十萬兵。上嘉之，嘗以語康王。〔二〕其後諸郡議，卒不用。

〔一〕《忠簡公年譜》：「磁經虜騎蹂躪，人民逃徙，不復可守。公出俸募義勇，爲固守計，不逾月而辦。時太原失守，官兩河者率托故不行。公單騎就道，從羸卒十餘人往援。加河北義兵都總管。」

《宗忠簡公墓誌銘》：「既受命，從羸卒十數人，倍道之官，修器械，廣積儲，募豪傑，爲必守不去之計，民恃以安。」

《宗忠簡公事狀》：「庚辰，至磁州。磁經虜騎往來，人民流徙，帑藏枵然，不復可守。公至，則繕城壁，浚隍池，治器械，募义勇，爲固守計，不逾月而辦。唯糗糧不足，視帑中所有，盡以高價糴米數萬斛。广募豪杰，應者雲集。公度所儲尚不能久贍，又出俸助之，由是民間爭獻金穀。公上疏，乞邢、洺、磁、趙、相五州各養精兵二萬，虜攻一郡，四郡應援。上嘉之。」

《宗忠簡公傳》：「時太原失守，真定被圍，即日單騎渡河，繕城浚隍，治器械，募義兵，增價入粟，爲必守計，不逾月而備。上疏乞邢、洺、磁、相、趙各募精兵二萬，教習之，使常有十萬兵，遞相爲援。上嘉之。諸郡議不合。」

《宋史》卷三六〇《宗澤傳》：「澤至，繕城壁，浚隍池，治器械，募義勇，始爲固守不移之計。上言：『邢、洺、磁、趙、相五州各蓄精兵二萬人，敵攻一郡則四郡皆應，是一郡之兵常有十萬人。』」

《湖山集》卷四《哭元帥宗公澤》：「頃之得兵數十萬，康邸賴公王業昌。」

《梁谿全集》卷三二《哭宗留守汝霖》：「宗澤，字汝霖，浙東人。……靖康（元年）冬，用爲磁守。」

《宋史》卷八六《地理志》：「慶曆八年，初置真定府路安撫使，統真定府、磁、相、邢、趙、洺六州。」

又同書卷四七三《汪伯彦傳》：「（靖康元年）是冬，金人陷真定，詔徙真定帥司于相，俾伯彦領之。」《三朝北盟會編》卷一二九《林泉野記》：「汪伯彦，字廷俊。……靖康元年，進河北防邊十策，擢直龍圖閣、知相州，伯彦兼主管真定府路安撫使公事。……怯懦無謀，無勤王之念，常勸謀往東南，自保而已。」宗澤知磁州時，須受主管真定府路安撫使公事汪伯彦節制，自然對宗澤之策「卒不用」。

《皇朝編年綱目備要》卷三〇：「（靖康元年十一月）初，（王）雲使虜，過磁、相，勸二郡爲清野計，二郡從之，撤近城民居，令運穀入城。磁人以是怨雲。宗正少卿宗澤嘗論列宰相非其人，宣撫副使提兵不進，并劾雲使虜，張皇賊勢。命知磁州，澤上疏，乞邢、洺、磁、趙、相五州各養精兵二萬，寇至一郡，則四郡相應，凡一路當有十萬兵。上喜之，嘗以語康王，其後議卒不合。」

時虜人再犯河朔，攻堡寨不克，遂治兵壘中山，大會酋長、諸番部於真定，晝夜急攻。壬辰，上親劄賜公曰：「知卿糾集軍民，共濟國難，今遣吕剛中、侯章團練起發，想當即日就道，以效忠義之節。苟可立功，一面施行，高爵厚禄，朕所不愛也。」繼除公河北義兵都總管。有招安强寇，號第十三將首令者，恣横凶暴，不改故態，馳騁市肆間，公命斬之。公領所練義兵，直抵真定，屢與虜接戰，兵力單弱，圍不可解。十月丁酉，真定陷，河北居民震恐。公條畫邊防要策與勤王之議，併上之。（策、議佚。）〔一〕

〔一〕《忠簡公年譜》：「十月，真定陷，河北居民震恐。公條畫邊防要策與勤王之議，併上之。」《宗忠簡公墓誌銘》：「因條畫邊防要策與勤王之議，併上之，御批曰：『知卿糾集軍民，共濟國艱，高爵厚禄，朕所不愛也。』授秘閣修撰、河北義兵都總管。」

《宗忠簡公事狀》：「時虜騎再犯河朔，攻堡寨不克，遂治兵中山，大會酋長、諸番部於真定，晝夜急攻。上親劄賜公，除河北義兵都總管。有招安強寇，號第十三將首令者，恣横凶暴，不改故態，馳騁市肆間，公命斬之。公領所練義兵，直抵真定，屢與虜戰，兵力單弱，圍不可解。十月丁酉，真定陷，河北居民震恐。公條畫邊防要策與勤王之議，併上之。」

《宋史》卷二三《欽宗紀》：「（靖康元年八月）丁未，復攻廣信軍、保州，不克，遂犯真定。……（十月）丁酉，金人陷真定，都鈐轄劉竧（翊？靖？）死之。」

又同書卷三六〇《宗澤傳》：「上嘉之，除河北義兵都總管。」

十一月，詔曰：「知磁州宗澤措置邊防利害可採，除秘閣修撰。」訓詞曰：「朕以疆埸多虞，干戈未息，咨擇能吏，以扞一方。而滏陽近藩，寔當要衝，爾條畫邊務，洞達戎機，剡牘上聞，朕用嘉歎。中秘論譔之職，其選甚高，非爾之才，不以輕授。益恢遠略，紓我顧憂。」斡離不自真定引兵南進，陷慶源。宣撫使范訥率兵五萬，守滑、濬以扞之。公亦大治甲兵，聲振河朔。斡離不知有備，乃東趨大名，歷魏縣。乙亥，自李固渡渡河。恐公兵躡其後，乃分遣數千騎，直叩磁州城下。公披甲乘城，令壯士以神臂弓射之，矢下如雨，虜退走，開門，縱兵追擊之，斬首數百級。所得牛、馬、金、帛，盡以賞軍，其城上用神臂弓者，又厚賞之。自是義兵人人奮勵，迭出擊虜，或守要害，日有克捷。〔一〕

〔一〕《忠簡公年譜》：「十一月，詔加秘閣修撰。斡離不扣磁州，公以神臂弓射走，追击大败之。」《宗忠簡公墓誌銘》：「是時，真定已失守，虜騎自李固渡渡河，慮磁之躡其後也，分遣千騎，直搗城下。公披甲登城，令力士挽強弩射之，矢下如雨，虜皆反走，開門縱擊，所獲金、帛，盡以賞軍。而李固列寨幾百處，以精兵夜搗之，破三十餘寨，奪取被擄女子不可勝計。」《宗忠簡公事狀》：「十一月，詔：『知磁州宗澤措置邊防利害可採，除秘閣修撰。』斡離不自真定引兵南進，陷慶源。公大治甲兵，聲振河朔。斡離不知有備，乃東趨大名，歷魏縣，自李固渡渡河。恐公兵躡其後，乃分遣數千騎，直叩磁州。公披甲乘城，令壯士以神臂弓射之，虜退走，開門，縱兵追擊之，斬首數百級。所得牛、馬、金、帛，盡以賞軍士，其城上用神臂弓者，厚賞之。自是人人奮勵，迭出擊虜，或守要害，日有克捷。」《宋史》卷三六〇《宗澤傳》：「金人破真定，引兵南取慶源，自李固渡渡河，恐澤兵躡其後，遣數千騎直扣磁州城。澤擐甲登城，令壯士以神臂弓射走之，開門縱擊，斬首數百級。所獲羊、馬、金、帛，悉以賞軍士。」

《敬鄉録》卷一〇陳炳《宗忠簡公畫像贊》：「久之，金渝盟，得知磁州。磁正遭困攻，危甚。守城具百無一有，公大開門，以計譎之，宵遁。」

初，刑部尚書王雲遣從吏李裕間道馳歸，傳斡離不語，若得親王、兩府奉使議和，兵庶可解。康王頃嘗與斡離不周旋，虜人畏服，乞遣康王。朝廷從之。公抗章，乞輟康王之行（章佚）。朝廷猶豫，會雲繼至，請益堅，上曰：「肅王既留，又遣康王，萬一盡爲所留，奈何？」雲曰：「康王行，則和議可成，和議成，必無留康王之理。臣以百口保之。」上用雲計，於是王被旨出使，以中書舍人耿延禧、觀察使高世則爲參議官，延禧、世則見王，即召雲共語，王曰：「國步艱難，臣子當盡心竭節，苟可以安社稷，何辭使萬里。」顧謂雲曰：「尚書謂此行和議必成，至以百口保之，豈別得斡離不之語乎？」雲爭曰：「未嘗敢爲此説。」王曰：「尚書奏事時，適在御屏後，盡聞所言。」康謜亦侍立榻旁。」呼謜出，問之，如王語，雲無以對。〔一〕

〔一〕《宗忠簡公事狀》：「初，刑部尚書王雲遣從吏李裕間道馳歸，傳斡離不語，若得親王、兩府奉使議和，兵庶可解。康王頃嘗與斡離不周旋，虜人畏服，乞遣康王。朝廷從之。公抗章，乞輟康王之行（章佚）。」

《宗忠簡公傳》：「時王雲請康王使虜〔議〕和，至磁，公迎謁曰：『聞虜已由李固渡渡河矣，萬一如肅王爲虜所留，雖悔何及。』請輟行。會百姓亦怨王雲邀王徇虜，殺王雲，遮馬留王，王遂還相州。」

《三朝北盟會編》卷六三《宣和録》：「先是，王雲奏：『李裕自真定府虜寨歸，道二太子語，得親王、兩府奉使求和，庶可解。康王英武，舊與二太子結懽，虜人畏服，令取聖裁。』事下宰臣、執政，門下侍郎耿南仲曰：『李裕道皇子之言，欲得康王之重請和，蓋已報渠。康王欲去皇子處，不可偏重，須與粘罕處相同，在聖情度之。只用王雲如何？粘罕處莫儔如何？』是時，粘罕在河東南，只乞差王雲、莫儔，庶不偏重于二太子處。』御批云：『如此事，不須取旨，但與少宰評議，從常施行。』南仲又奏劄曰：『臣得李裕劄記文字一紙，謹去進呈，差康王，須得聖旨乃可。但以臣觀之，只令李若水、王雲亦可，乞降聖旨付王雲，更不差康王前去，所貴不敢喋喋。取進止。』御批云：『卿一面諭王雲，若兵退後，親王謝，不妨。』南仲召王雲至府第，諭以德意。雲不以爲然，即求對，請必令康王奉使，事遂定。康王劄子奏：『乞差文臣耿延禧、武臣高世則二員充參議官。』」

《宋史》卷二四《高宗紀》：「（靖康元年）冬十月，王雲從吏自金先還，言金人須帝再至乃議和。雲歸，言金人堅欲得地，不然，進兵取汴都。」

又同書卷三五七《王雲傳》：「金人陷太原，召拜刑部尚書，再出使，許以三鎮賦入之數。雲至真定，遣從吏李裕還言：『金人不復求地，但索五輅及上尊號，且須康王來，和好乃成。』欽宗悉從之，且命王及馮澥往。未行，而車輅至長垣，爲所卻，雲亦還。澥奏言雲誕妄誤國，雲言：『事勢中變，金人必欲得爲所留，雲曰：『和議既成，必無留王之理，臣敢以百口保之。』王遂受命，而雲以資政殿學士爲之副。」帝慮三鎮，不然，則進兵取汴都。』中外震駭，詔集百官議，雲固言：『康王舊與斡離不結歡，宜將命。』

丁丑，發京師。辛巳，至磁。公率官吏迎謁，王撫勞甚至。公曰：「大王乃欲親使虜中乎？」王曰：「奉皇帝之命，不可不行。」〔一〕公曰：「更熟議之。聞虜人由大名已渡河矣，恐不可遣。萬一更如肅王，爲虜所留，又將如之何？以澤觀虜情，豈有肯和之理哉！特設詭詞，欲挽致大王耳，可不察乎？」會郊外飛塵亘天，公密遣裨將張宗領騎數百覘之，甫至三十里，果遇虜騎，遥望，問張宗曰：「是非康王與王尚書乎？」宗應聲云：「是！」復傳語：「尚書可速來。」宗回，以告，公密戒城中爲備，且以宗所見白之康王，曰：「虜情灼然可見，願大王勿行。」王因問所養兵，公曰：「民兵可及萬人，皆在近地，有急則呼之，饋不費糧。趙、洺、邢、相則無有也。」雲因面責公，曰：「公前日見劾，何也？」公曰：「如公固不足劾，自宣撫使、副劉鞈等，某無不劾之。大抵張皇虜勢者，天下所共疾，何獨某哉！」〔二〕

〔一〕《三朝北盟會編》卷六四：「（靖康元年十一月）十九日庚辰，康王至相州。……（汪）伯彦以相人願欲，乃詣王稟曰：『斡离不已于十四日，由大名府魏縣李固渡〔渡〕河矣，恐不得追，願大王暫留，審議國計。』王曰：『受命前去，不敢止於中道。』王雲、耿彦禧、高世則等謂曰：『兼程前去，渡河猶可及。』詰朝遂行。」按康王使命，既然得知完顏斡離不軍已渡河南下，則理應繼踵南行。但一行使者雖口稱「渡河」，康王對宗澤亦稱：「奉皇帝之命，不可不行。」其實卻與金軍之行反方向，北上磁州，足見他們假出使之名，行畏怯避敵之實。康王之卑劣行徑，宋代史籍自然諱莫如深。

〔二〕《三朝北盟會編》卷六四：「（靖康元年十一月）二十日辛巳，康王至磁州。康王發相州，至磁州，顧謂耿延禧曰：『陛辭日，皇帝云：宗澤在磁州，以萬五千人披城下寨，次第奏勸除，已進修撰。卿〔至磁〕，可看宗澤下寨次第，奏來。今日可見矣。』至磁州城下六、七里，宗澤率郡僚迎謁道左。王問澤下寨并道上語，澤云：『請假歸，澣濯，虜騎至，則點集。』王顧左右笑，知澤妄言矣。磁州城外，望見百餘人，執兵，文身，青紗爲衣，以傘遮馬，繡其鞍韉，如市里小兒迎鬼神之狀者。王顧怪之，磁人謂『應王出迎康王』耳。應王者，磁人所事崔府君，封嘉應侯者。頃刻，馬相就，有吏呼『應王揖』者。澤請王舉鞭答之，又呼曰：『應王請康王行馬入。』至府舍正寢，猶未進食，吏特謁入，云：『應王參見！』澤已於正廳設兩位，具賓主儀，澤懇王曰：『應王甚靈，邦人聽之，如慈父母。唯願大王信之勿疑。』王不得已，戎服而出，吏攝應王就位，二廟吏緋衣，其一手相持，各一手平展外向，若擁應王之狀，既云就坐，茶湯如常禮，吏贊：『應王不肯就廳上馬。』澤前，請應王上馬，即退。少頃，應王廟二將軍入謁，如前儀。王徇澤之請，從之。

先是王雲自虜中使回，過磁、相，謂守臣云：『虜人因粮，若清野，則困矣。』磁、相從之，邀近城居民，且教運積穀米入城，相、磁人皆怨雲。既而虜人果以磁、相清野，不由是路，乃由邢、洺李固渡渡河。磁、相人曰：『虜人不從此路來，徒清野，毀我墻屋，籍我草糧，雲真細作耳！』及是見雲侍王，將入虜庭，皆罵，厲聲呼曰：『王雲細作，欲以大王獻虜人，大王勿行！不如起兵。』先是，宗澤上章言：『雲往返虜中習熟，恐爲虜人謀賣國，宜勿信誕言。』上以其章付雲。雲至磁，乃出是章示澤，且言曰：『何故如此！』因責之，且訐其誕云萬五千人下寨，僞取修撰，到此實無一事。澤憾之，因磁人之怒，乃聲言：『雲果細作，明日，將邀親王入虜庭矣！』衆怒，遂有殺雲意。

王行期未決。磁有嘉應侯祠，州人事之甚謹，請康王與王尚書共謁祠下。公從旁贊可之，曰：「卜以決疑。」時有被虜婦人從魏縣寨中脱走，至磁，言見斡離不掠太平車，由李固渡〔一〕相銜如浮橋，過南隄，又以船載魏縣官妓，吹笙簫月下而渡，人心聞此，殊不寧，且怨曰：「虜不由磁、相，乃從李固渡，前用雲計，徒毀我牆屋，籍我糧草。」壬午，會王謁廟，州民遮馬，諫曰：「不可去，肅王已爲人誤，送入燕山。初言至河，必曰斡離不重信義，大臣亦保無他，今果何如？」雲乘馬在後，語之曰：「大王謁廟即歸，非北去也。」民不以雲言爲信，曰：「已有萬人守北門，雖欲行，不可。」延禧、世則諭雲，勿與辨，雲曰：「人言何足恤乎！」竟進，至廟，民心益忿激，厲聲指雲曰：「此清野之人，爲虜計，真細作也！」謁神畢，民如山擁，公語雲曰：「外頗喧亂。」約與偕行，雲易之，與延禧、世則先出，小吏附耳語延禧曰：「外已失王尚書馬。」延禧約世則速行，百姓皆露刃怒目，因迫視曰：「此非王尚書耶？」雲乘小吏馬，相繼出，遂遇害。及王出廟門，父老前擁，言曰：「今離此門五、六十里，即有虜騎，王雲迺細作也！」王諭以不復北去，衆始引退。王諭公取首亂者一人斬之，梟首廟前，收雲從吏隸王府，内外迺定。從馬識遠取國書，識遠曰：「雖云副使，實曰小吏，國書未嘗見也。」迺發雲行李，索得國書并上賜肅王、肅王夫人書，長主與都尉曹晟書，咸已發封，知前後未嘗達也。又得皂裘一，番巾三，羅、綾、錦各一，王曰：「必有人見此，故謂雲爲細作也。」衆因謂磁不可留。又初過河之明日，巡警使臣任永爲虜騎所掠，問王所在，永不以實告，後得脱，告王。癸未，王留相州。〔二〕

〔一〕李固渡，當時李固渡有兩處：一處在大名府魏縣，《元豐九域志》卷一載，北京大名府魏縣有「李固一鎮」。《宋會要輯稿》食貨一五之二：「北京：舊在城及清平、成安、……魏縣、莘、……南樂縣、韓張、李固……曹仁鎮。」《三朝北盟會編》卷六三：「（靖康元年十一月十五日）斡离不自大名府由魏縣李固渡過大河。」

另一處在滑州。《宋會要輯稿》食貨一五之九商税：「滑州：就在城及韋城、胙城、靈河縣、大翟村、李固、白皐七務」；《黄氏日抄》卷六七引《攬轡録》：「北使時所見也。……四十五里至封丘縣，二十五里至胙城縣，去河尚五、六十里，而漸水已侵過胙城十里矣。自縣四十五里至黄河李固渡，渡浮橋，用船百八十艘，半閣沙上，河最狹處也。四十五里至滑州，二十五里至濬州」。

〔二〕《忠簡公年譜》：「康王再使虜，行至磁。公力陳虜情，諫阻勿從，因假神以留，請謁嘉應祠，夜以神馬銜車輦以塞其路，王遂回相州。」

《宗忠簡公事狀》：「丁丑，王至磁。公率官吏迎謁，王撫勞甚至。公曰：『大王乃欲親使虜中乎？』王曰：『奉皇帝之命，不可不行。』公曰：『聞虜由大名已渡河矣，恐不可遣。萬一更如肅王爲虜所留，又將如之何？以澤觀虜情，特設詭詞，欲挽致大王耳！』會郊外飛塵亘天，公密遣裨將張宗領騎數百覘之，宗甫至三十里，果遇虜騎，遥望，問張宗曰：『是非康王與王尚書乎？』宗應聲云：『是！』復傳語：『尚書可速來。』宗回，以告，公密戒城中爲備，且以宗所見白之康王，曰：『虜情灼見，願大王勿行。』王因問所養兵，公曰：『民兵可及萬人，皆在近地，有急則呼之，饋不費糧。』雲因責公，曰：『公前日見劾，何也？』公曰：『如公固不足劾，張皇虜勢者，天下所疾，何獨某哉！』」

《宗忠簡公傳》：「時王雲請康王使虜和，至磁，公迎謁曰：『聞虜已由李固渡渡河矣，萬一如肅王爲虜所留，雖悔何及。』請綴行。會百姓亦怨王雲邀王徇虜，殺王雲，遮馬留王，王遂還相州。」

《宋史》卷二四《高宗紀》：「帝由滑、濬至磁州，守臣宗澤請曰：『肅王去不返，金兵已迫，復去何益？請留磁。』磁人以雲將挾帝入金，遂殺雲。時粘罕已率兵渡河，相繼圍京師。從者以磁不可留，知相州汪伯彦亦以蠟書請，帝還相州。」

又同書卷三五七《王雲傳》：「頃雲奉使過磁、相，勸兩郡徹近城民舍，運粟入保，爲清野之計，民怨之。及是，次磁州，又與守臣宗澤有憾。於是王出謁嘉應神祠，雲在後，民遮道諫曰：『肅王已爲金人所留，王不宜北去。』厲聲指雲曰：『清野之人，真姦賊也。』王出廟行，或發雲笥，得烏絁短巾，蓋雲夙有風眩疾，寢則以護首者。民益信其爲姦，譟而殺之。王見事勢洶洶，乃南還相州。是役也，雲不死，王必北行，議者以是驗天命。」按「雲不死，王必北行」自然源自南宋《中興四朝國史》爲宋高宗諱惡之飾詞。王雲無疑是康王名爲出使，實則畏怯避敵之同謀。

又同書卷三六〇《宗澤傳》：「康王再使金，行至磁，澤迎謁曰：『肅王一去不反，今敵又詭辭以致大王，願勿行。』王遂回相州。」

又同書卷三七九《韓公裔傳》：「次磁州，軍民戕奉使王雲，隨王車入州廨，公裔復諭退之。王之將南也，與公裔謀，間道潛師夜起。遲明，至相，磁人無知者，自是親愛愈篤。」

《東都事略》卷一〇九《王雲傳》：「欽宗用雲計，遂以康王使斡离不軍，雲以資政殿學士副之，耿延禧、高世則爲參議官。康王自滑州過河，至濬州。守臣李仲洵者，善相人，謂延禧、世則曰：『大王，天人相也。二參議從之，皆保無他。獨王尚書色殊不佳耳。』康王次磁州。先是，雲奉使歸，過磁、相，勸二郡爲清野計，二郡從之，撤近城民舍，令運粟入城，磁人以是怨雲。宗澤爲宗正少卿，嘗論列宰相非其人，宣撫使、副提兵不進，并劾雲使虜，張皇賊勢，迫脅人主。雲至京師，欽宗示以澤章，雲憾之。及澤守磁，康王至，澤出迎謁，雲因責澤曰：『公前日見劾，何也？』澤曰：『如公固不足劾，大抵張皇虜勢者，天下所共疾，何獨我哉！』康王謁嘉應侯廟，雲在後，百姓遮道諫曰：『大王不可北去，肅王已爲人所誤矣。』厲聲指雲曰：『清野之人，真姦回也。』康王祠神畢，出廟門，百姓已蟻聚鼓譟。雲最後出，馬不及跨，遂見殺。康王復南還相州。」

《三朝北盟會編》卷六四：「（靖康元年十一月壬午）磁人殺王雲。康王徇宗澤之請，乃謁應王廟，當州之北，乃入邢、洺之路也。磁人疑王遂欲北去，遮馬號呼泣涕，勸勿往，且言：『虜人自李固渡過河矣，不如起兵，援京師。』馬不能前，王懼，使人告諭百姓曰：『大王謁廟耳，非北去也。』衆不聽，王使諭澤告之，乃開道謁廟。澤奉珓於王，王勉爲一擲，而得吉，迺退。謁二將軍訖，王就小次，澤使贊呼本廟諸案吏參，澤所使人又贊云：『謝到。』頃之，王欲乘馬歸，有紫衣吏二十人，舁應王所乘轎，神馬在後，擁而前曰：『應王乞大王乘此，以就館舍。』王顧視其轎，則朱間金裝座椅，及竿螭首，施紅褥，王斥之，云：『親王奉使出都，焉用此！』廟吏不退，延禧、世則同曰：『王已用宗澤乘轎，黑漆紫褥，郡守小官得用，大王何嫌，以慰邦人心。』王登轎還。

有頃，王雲有親信人入廟，告雲曰：『郡人欲殺尚書，宜匿廟中，勿出。』雲就澤懇告，祈哀甚切。延禧、世則先出廟，見百姓、軍人持兵立兩旁，延禧、世則使人傳呼『兩參議官耿舍人、高觀察』，磁人怒睨，徐辨識，云：『非王尚書也。』即退。延禧、世則得出，下馬回視之，見雲之馬已爲磁人牽去。雲使人陳恩，以所乘馬與雲，雲遽登，俯據鞍，人扶下之，即脱雲巾幘，擲空中。頃之，雲虀粉矣。是日，磁人入州治，取雲行橐，及所賜禮物劫掠一空，執雲一行吏縛捶。磁人譁不已，王遣取〔首〕作亂者一人，斬之，梟首廟前，始定。雲所持國書等及肅王府家書，長主遺曹都尉書，皆失之。王命收雲一行吏，爲王府屬，內外方定。……

建炎元年十二月，臣寮等奏：『伏見故刑部尚書王雲，於靖康元年冬，從主上北使金人。行至磁州，爲磁州人所害。自此主上復南入相州，集兵爲入援之計。向使無王雲之變，必北去。蓋天所眷，遂使社稷有奉，神人有依。伏望朝廷察其累次奉使之勞，身死非辜，枯骨不返，實可憫憐，特加褒贈，推恩子孫，以爲死事之勸。』後十二月，三省同奉聖旨，令諸處尋訪王雲家屬，如未曾推恩，特賜觀文殿學士，與八資恩澤。右劄付故王觀文家。

汪伯彦《時政紀》曰：『建炎二年，朝廷遣劉誨等奉使，誨至京師，逗留不進。汪伯彦、黄潛善進呈催發，上曰：朕今日看誨等奉使，稽遲如此，益知王雲是忠義，自被命奉使，星夜出京，兼程前去，難得！難得！』」

《建炎以来朝野雜記》甲集卷三《百官肩輿蓋》：「靖康末，高宗奉使至磁，磁守宗汝霖以所乘轎進，黑漆紫褥而已。上猶卻之。蓋在京百官不用肩輿，所以避至尊也。」此條又見《文獻通考》卷一一九《王禮考》。

《雲谷雜紀》卷三：「靖康元年冬，高宗發京師，將至斡离不軍前議事。及至磁州，州有崔府君祠。府君，或云唐人，其名不傳，或云乃後漢崔子玉也，封嘉應侯，號應王。上至州，人擁神馬，謂『應王出迎』。守臣宗澤啓上，謁其廟。上謁廟出，磁人力請上無北去，乃還泊於相州。明年，遂即大位。高宗之應天，兆于此。」

《續資治通鑑長編紀事本末》卷一四五《金兵下》：「（靖康元年十一月）壬午，康王次磁州，州人殺副使王雲。先是，雲奉使歸，過磁、相，言〔虜〕人聲勢非前日比，勸二郡爲清野計。二郡從之，撤近城民居，命運積穀入城。磁人以是怨雲。王至，懇謁嘉應侯廟，百姓遮道，諫曰：『不可北去，肅王已爲人誤。初言二太子重信義，肅王至河，必還。大臣亦保無他。今果如何？』雲乘馬在後，語百姓曰：『大王謁廟即歸，非去也。』或曰：『已有萬人守北關，雖欲行，不可。』耿延禧、高世則諭雲，勿與辯，雲曰：『人言何足恤！』徐進至廟，民心益忿，至厲聲指雲曰：『清野之人，真姦細也！』祠神畢，雲出，遂被害。及王出廟門，父老百姓前擁，言曰：『大王不可北去，今離北門五六十里，即有番兵。尚書是細作，適已打疊了。』王遣人諭以不復北行，衆乃引還。初，過河之明日，巡警任永爲〔虜〕騎所掩，問王所在，永不答。後得脱，因請王回相州。會汪伯彥亦以蠟書來，言〔虜〕遣五百餘兵，沿路訪問，欲邀襄王。王即回，具奏河北民心不寧，磁人殺王雲，不令北去。且聞〔虜〕已南渡，故復回相，以俟聖裁。王令韩公裔访得他道，潛师夜起，迟明，至相，磁人无一知者。」

《宋史全文續資治通鑑》卷一五：「（靖康元年十一月）壬午，康王次磁州，州人殺副使王雲。先是，雲奉使歸，過磁、相，言虜人聲勢非前日比，勸二郡爲清野計。二郡從之，撤近城民居，令運積穀入城。磁人以是怨雲。王至，懇謁嘉應侯廟，百姓遮馬，諫曰：『不可北去，肅王已爲人誤。初言二太子重信義，肅王至河，必還。大臣亦保無他。今果如何？』雲乘馬在後，語百姓曰：『大王謁廟即歸，非去也。』或曰：『已有萬人守北〔關〕，雖欲行，不可。』耿延禧、高世則諭雲，勿與辯，雲曰：『人言何足恤！』徐進至廟，民心益忿，至厲聲指雲曰：『清野之人，真姦細也！』祠神畢，雲出，遂被害。及王出廟門，父老百姓前擁，言曰：『大王不可北去，今離北門五六十里，即有蕃兵。王尚書是細作，適已打疊了。』王遣人諭以不復北行，衆乃引退。初，過河之明日，巡警任永爲虜騎所掩，問王所在，永不答。後得脱，因請王回相州。會汪伯彦亦以蠟書來，言虜遣五百餘騎，沿路訪問，欲邀襲王。王即回，具奏河北民心不寧，磁人殺王雲，不令北去。且聞虜已南渡，故復回相，以俟聖裁。王令韓公裔訪得他道，潛師夜起，遲明，至相，磁人無一知者。」以上兩段史料都抄自李燾《續資治通鑑長編》，隻字不提宗澤，籍以表明宗澤與王雲被殺無關，似又刻意諱避宗澤與康王之齟齬。然又説康王離磁州，「潛師夜起」，「磁人無一知者」，承認與宗澤不辭而别，與前引《宋史·韓公裔傳》所載同。

《中興小紀》卷一：「（靖康元年十一月）辛巳，至磁州。初，王雲使金歸，過磁、相，勸二郡爲清野計，二郡從之，悉撤近城民居，運粟入城。洎金人再至，果以磁、相無糧，由他路入。二郡人怨雲，以爲雲通於敵。磁有崔府君祠，乃東漢之崔子玉也，封嘉應侯，號曰應王。上至，州人擁神馬，謂應王出迎。守臣、秘閣修撰義烏宗澤啟上，宜謁其廟。雲從上入，上既出，雲爲百姓所害。上檄澤，捕得害雲者，斬之，乃定。磁人力請上毋北去，謂離北門五六十里，即有敵兵。知相州、直龍圖閣祁門汪伯彦蠟書至，亦言金遣五百餘騎，沿路問上所在。於是延禧等皆勸上回相州。」

《皇朝中興紀事本末》卷一之上：「（靖康元年十一月）辛巳，至磁州。初，王雲使虜歸，過磁、相，勸二郡爲清野計，二郡從之，悉徹近城民居，運粟入城。洎虜再至，果以磁、相無糧，由他路入。二郡人怨雲，以爲雲通於虜。磁有崔府君祠，乃東漢之崔子玉也，封嘉應侯，號曰應王。上至，州人擁神馬，謂應王出迎。守臣、秘閣修撰義烏宗澤啟上，謁其廟。雲從上入，上既出，雲爲百姓所害。上檄澤，捕得害雲者，斬之，乃定。磁人力請上毋北去，謂離北門五六十里，即有虜兵。知相州、直龍圖閣祁門汪伯彥蠟書至，亦言虜五百餘騎，沿路問上所在。於是延禧等皆勸上回相州。」

《建炎以來繫年要録》卷一：「（靖康元年十一月）辛巳，王行至磁，磁守義烏宗澤曰：『肅王一去不返，今敵騎已迫，大王去，無益於事，不如且留。』王未之聽。磁人以王雲爲不誠，將奉王入金。壬午，執雲殺之。（汪伯彥《建炎中興日曆》云：『磁守宗澤與王雲有隙，誣奏雲奉使賣國，及是又以細作誣雲。都（郡）人承風旨，作亂，澤略不弹壓。雲愬澤甚哀，澤弗顧，及出，遇害。』耿延禧《中興記》云：『雲至磁，訐宗澤之誕。澤憾，因磁人之怨，聲言雲果細作，將邀親王入金。磁人遂有殺雲之謀。』宗澤《遺事》云：『公語雲曰：外頗喧亂。約與之同行，雲易之，及出，遂遇害。發雲行橐，得皂裘一，番巾三，綾、羅、〔錦〕各一，王曰：必有人見此，故謂雲爲細作也。』《遺事》與二書所記不同，《欽宗實録》全據澤《遺事》。案澤雖與雲不協，然是時特不欲雲奉王入金，故邦人殺之而不救，恐非以私憾故也。伯彥、延禧與澤議論不同，辭多毁澤。今但云磁人殺雲，庶不失實。）」

又同書卷九三：「（紹興五年九月）戊子，史館奏，乞將《宗澤行實》與汪伯彥等所編《元帥府事蹟》參照，具録進呈，斷自聖意，付之史官。上曰：『朕昨以使事至河北，逮今十年，當時事歷歷可記也。』趙鼎等曰：『臣聞澤嘗勸陛下勿爲河朔之行，信否？』上曰：『誠有之，然王雲之死，乃邦人疑其爲姦細而殺之，澤不爲無過。』鼎曰：『使澤一言以留陛下，此天意也。至於澤不能救雲之死，豈得無過？然事有重輕。』

又同書卷九九：「（紹興六年三月）癸巳，趙鼎言：『近史院編類《元帥府事蹟》，有可疑者，如言王雲行李中有短項頭巾，百姓知其果叛。』上曰：『雲死後，宗澤方遣客司齎兩項番頭巾来，云得之雲行李中。是時耿延禧、高世則皆在坐。雲亦孜孜爲國，豈可誣衊以此。』」

《皇朝編年綱目備要》卷三〇：「（靖康元年十一月）王至磁，澤出迎謁，王問之，澤曰：『兵皆在山村，急則召至，殊不費糧。』百姓遮王馬，諫曰：『不可北去，肅王已爲人誤。』因指雲曰：『清野之人，皆姦細也！』雲遂被害。」

《梁谿全集》卷一七五《建炎進退志總叙》上之下：「靖康間，知磁州，上以康邸持節使虜中。時金人已再犯河北，澤力挽留，以爲不可行。」

《朱子語類》卷一二七：「太上出使時至磁州，磁人不欲其往，諫不從。宗忠簡欲假神以拒之，曰：『此有崔府君廟甚靈，可以卜珓，仍其廟有馬能如何。』遂入燒香。其馬銜、車輦等物塞了去路，宗曰：『此可以見神之意矣。』遂止不往。」

卷之三

乙酉，斡離不軍劉家寺，京城戒嚴。〔一〕閏十一月癸巳，粘没喝亦至，軍青城。〔二〕己酉，朝廷遣忠訓郎、閤門祗候秦仔等，賫蠟書詣王：「康王可充兵馬大元帥，陳亨伯可充兵馬元帥，〔三〕宗澤、汪伯彦可充副元帥。」〔四〕丙辰，京城失守。戊午，王語僚屬曰：「吾夕夢皇帝脱衣賜我，我服之，此何徵也？」〔五〕有頃，仔至，再拜，以蠟書進。王涕泣，望闕謝恩，軍民感動。仔曰：「虜圍城甚急，方大雪，皇帝御遥津亭，遣仔等請王起兵入衛。」〔六〕

〔一〕《皇朝編年綱目備要》卷三〇：「（靖康元年十一月）乙酉，斡離不犯京師。朝廷以虜去歲駐牟駝岡，乃決汴水，灌其地，且置塘濼。斡離不軍至城下，遂屯劉家寺。」《三朝北盟會編》卷一二〇：「（建炎三年正月十六日乙未）（王）善屯於京城之東劉家寺。」據《靖康要録箋注》卷一：「（靖康元年正月十日）斡離不移軍牟駞岡，都城外西北隅地也。」可知斡離不率金軍兩攻開封，駐營方位與地點不同。

〔二〕《靖康要録箋注》卷一三：「（靖康元年閏十一月二日）是日，粘罕軍至城下。……賊帥骨盧你移賚勃極列、左副元帥曰國相粘罕者屯青城，粘罕，自河東入者也；太子、副元帥曰二太子阿里不者屯劉家寺，阿里不，自河北入者也。其餘賊寨多在東南。」

《宋史》卷九九《禮志》：「南郊壇制。梁及後唐郊壇皆在洛陽。宋初，始作壇於東都南薰門外。……仁宗天聖六年，始築外壝，周以短垣，置靈星門。親郊則立表于青城，表三壝。神宗熙寧七年，詔中書、門下參定青城殿宇門名。先是，每郊撰進，至是始定名，前門曰泰禋，東偏門曰〔承和，西偏門〕曰迎禧，正東門曰祥曦，正西門曰景曜，後三門曰拱極，內東側門曰寅明，西側門曰肅成，殿曰端誠，殿前東、西門曰左、右嘉德，便殿曰熙成，後園門寶華，著爲定式。」

〔三〕《宋史》卷四四七《陳遘傳》：「陳遘，字亨伯，其先自江寧徙永州。……又徙中山。金人再至，遘冒圍入城，堅壁拒守。詔康王領天下大元帥，命遘爲兵馬元帥。受圍半年，外無援師。京都既陷，割兩河求和。遘弟光禄卿適至中山，臨城諭旨，遘遥語之曰：『主辱臣死，吾兄弟平居以名義自處，寧當賣國家，爲囚孥乎！』適泣曰：『兄但盡力，勿以弟爲念！』遘呼總管，使盡括城中兵，擊賊，總管辭，遂斬以徇。又呼步將沙振往。振素有勇名，亦固辭，遘固遣之。振怒且懼，潛衷刃入府。遘妾定奴責其輒入，振立殺之，遂害遘於堂，及其子錫并僕妾十七人。長子鉅以官淮南，獲免。振出，帳下卒譟而前，曰：『大敵臨城，汝安得殺吾父？』執而捽裂之，身首無餘。城中無主，乃開門出降。」據《建炎以來繫年要録》卷一：「亨伯，零陵人也。亨伯名與上同音，按史名遘。」按陳遘生前未改名，身後避宋高宗趙構御諱，以字行。

〔四〕《宋宰輔編年録校補》卷一四引《中興遺史》：「閏十一月己酉，詔命上爲大元帥，汪伯彦、宗澤副元帥，速領兵入衛。」

《三朝北盟會編》卷六八：「（靖康元年閏十一月二十日辛亥）上御瑶津亭，遣使秦仔往河北，尋康王，奉聖旨：『訪知州郡糾軍民兵，欲起義，此祖宗百年涵養忠孝之報，天地神祇，所當佑助。書到日，康王可充兵馬大元帥，陳亨伯充兵馬元帥，宗澤、汪伯彦充副元帥，同力協謀，以濟大功。』」

又同書卷七〇：「（靖康元年閏十一月二十七日戊午）秦仔賫蠟書，除康王河北兵馬大元帥，陳亨伯兵馬元帥，宗澤、汪伯彦兵馬副元帥。

《中興日曆》曰：『是日，有湯陰縣走騎報，京城遣秦舍人至。是時，京城消息久不通，一軍皆驚。王遣騎迎之，既到，命藍珪審察得實，引入，乃武學進士秦仔，授中翊郎、閤門祇候而來，曰：此月二十日，皇帝遣仔賫蠟彈來。拆敝衣以出之，王命（韓）公裔破蠟，得黄絹，方四寸許，親筆細字：知卿起義勤王，可除卿兵馬大元帥，陳亨伯元帥，汪伯彦、宗澤副元帥，應辟官行事，並從便宜。後空處：家中安樂，無異前日，賜錢五千緡。王讀訖，憂形於色，涕泣繼之。後一、二日，先後至者七人，蠟彈詔旨悉如前。王問，仔等曰：金人圍城甚急，正大雪，皇帝御瑶津亭，遣仔等請大王起兵入衛。皇帝慮其不達，故一日同遣八人，乘間縋城，冒風雪，犯險阻，路中間逢金人，次第躲避，先後由間道渡河前來。王喜八人皆到。王出帥衙南，望闕謝恩，軍民大歡悦。』

《建炎録》曰：『閏月某日，大元帥劄子：准忠訓郎、閤門祇候秦仔賫到蠟封，奉聖旨：訪知州郡糾合軍民，共欲起義，此皆祖宗百年涵養忠孝之報，天地神祇，所當佑助。檄到日，康王可充兵馬大元帥，陳遘充兵馬元帥，宗澤、汪伯彦充兵馬副元帥，同力協謀，以濟大功。』」

《續資治通鑑長編紀事本末》卷一四五《金兵下》：「（靖康元年閏十一月戊申）是日，命康王爲兵馬大元帥。先是，武學生秦仔及張九成、馮朝英、甄邦傑四人應募齎詔，皆假閤門祗候，惟仔先至，於頂髪中出宸翰黄絹三寸，云：『檄書到日，康王充兵馬大元帥，陳遘充兵馬元帥，宗澤、汪伯彦副元帥，速領兵入衛王室。應辟官行事，並從便宜。』王捧詔嗚咽，望闕拜恩，軍民感動。」

《靖康要録箋注》卷一三：「（靖康元年閏十一月十八日）遣忠訓郎、閤門祗候秦仔賫蠟封文字，詣康王，奉聖旨：『訪知州郡糾合軍民，共欲起義，此皆祖宗涵養百年忠孝之士，天地神〔祇〕，所當祐助。檄到日，康王可充兵馬大元帥，陳遘充兵馬元帥，宗澤、汪伯彦充副元帥，同力合謀，以濟大功。』」

《中興小紀》卷一：「（靖康元年閏十一月）己酉，上與幕府從容語曰：『夜来夢皇帝脱所御袍賜吾，吾解舊衣，而服所賜，此何祥也？』頃之，報京師使臣来，乃武學生借閤門祇候秦仔賫蠟詔，命上爲大元帥，陳亨伯元帥，汪伯彦、宗澤副元帥，速領兵入衛。上捧詔嗚咽，軍民感動。上乃命耿南仲同預軍謀。」

《皇朝中興紀事本末》卷一之上：「（靖康元年閏十一月）己酉，上與幕府從容語曰：『夜来夢皇帝脱所御袍賜吾，吾解舊衣，而服所賜，此何祥也？』頃之，報京師使臣来，乃武學生借閤門祇候秦仔賫蠟詔，命上爲大元帥，汪伯彦、宗澤副元帥，速領兵入衛。上捧詔嗚咽，軍民感動。上乃命耿南仲同預軍謀。」

《皇宋十朝綱要校正》卷一九：「（靖康元年閏十一月）己酉，命康王爲天下兵馬大元帥，以延康殿學士、知中山府陳遇（遘），秘閣修撰、知磁州宗澤，集英殿修撰汪伯彦副之。」

《建炎以來繫年要録》卷一：「（靖康元年閏十一月）己酉，遣閤門祇候秦仔等八人，持親筆蠟書，縋城，詣相州，拜王河北兵馬大元帥，（趙甡之《遺史》載帛書云：『奉聖旨，訪知州郡糾合軍民，共欲起義，此祖宗涵養之俗，天地神祇，所當佑助。檄到日，康王可充兵馬大元帥，同力協謀，以濟大功。』其辭與汪伯彦《日曆》不同。淳熙十三年九月壬申，翰林學士、兼修國史洪邁奏：『竊以靖康之難，諸王皆留京師，唯太上皇帝持節受使，獨在河北，用能光啟中興，符一馬化龍之兆。然霸府肇開，事出倉卒，一時潛藩諸臣不能得其始末。近忽傳欽宗遺翰石刻一紙，於故相何㮚家，然後當時事蹟皦如日星，可以垂示天下後世。蓋靖康元年閏十一月，胡騎攻都城，中外不復可通。太上奉使斡離不軍，至磁州，而有王雲之變。中夕還相州，迤邐東如濟、鄆。當是時，㮚爲開封尹，首建元帥之請，及在相位，遂擬進書之文。其語云：訪知州郡糾合軍民，共欲起義，此皆祖宗百年涵養忠厚之俗，天地神祇，所當佑助。檄到日，康王可充兵馬大元帥，陳亨伯充元帥，宗澤、汪伯彦充副元帥，同力協謀，以濟大功。欽宗批云：依奏施行。又批云：康王指揮已黃帛書訖。又批云：康王指揮已付卿，係黃帛書，必已到。蓋閏月十三日所行也。欽宗真蹟，今猶在㮚弟榘之子處，欲乞聖慈行下蜀中，于隆州何㮚家取索以上，布之史館，編于《太上中天日曆》，以彰示萬世，爲火德復輝之符。』奉聖旨依。案此與甡之所云全同，然是時汪伯彦同被除，且耿延禧爲參議，不知二人何以乃不見此御筆，或者㮚雖擬入，而後來淵聖又自删潤也。兵馬大元帥上有『河北』字，亦與㮚所擬不同。今並附此，以備參考。）資政殿學士、中山府路安撫使、知中山府陳亨伯爲元帥，直龍圖閣、知相州、主管真定府路安撫司公事汪伯彦，秘閣修撰、知磁州、河北義兵總管宗澤爲副元帥，俾率兵入援。」

又同書卷二七：「（建炎三年閏八月）庚寅，起居郎胡寅上疏曰：『……昨陛下以親王介弟，受淵聖皇帝之命，出帥河北。……。』」《歷代名臣奏議》卷八六胡寅奏文字同。胡寅諍臣，此爲直述時事。

《皇朝編年綱目備要》卷三〇：「（靖康元年閏月）以康王構爲天下兵馬大元帥。初，虜攻城日急，殿中侍御史胡唐老言：『聞康邸奉使至磁、相間，爲士民所遏，不得進。此天意也！乞就拜大元帥，俾率天下兵入援。』宰臣視奏，猶以『大』字爲難，唐老力爭曰：『今社稷危矣！仰其拯國，顧惜一大字，非計也。』於是募敢死士，得武學生秦仔等四人，皆假閤門祗候，齎蠟詔，命康王爲大元帥，陳遘元帥，宗澤、汪伯彦副元帥，速領兵入衛。己酉，仔至相州，王捧詔拜泣，軍民感動。是日，開府。」

《文獻通考》卷五九《元帥》：「宋靖康元年冬，金虜圍京師。康王奉使至磁、相間，爲士民所遏，不得進。乃拜王爲天下兵馬大元帥，陳遘元帥，宗澤、汪伯彦副元帥，速領兵入衛。」

《宋史》卷二三《欽宗紀》：「（靖康元年閏十一月己酉）命康王爲天下兵馬大元帥，速領兵入衛。」

又同書卷二四《高宗紀》：「欽宗遣閤門祗候秦仔持蠟詔至相，拜帝爲河北兵馬大元帥，知中山府陳亨伯爲元帥，汪伯彦、宗澤爲副元帥。仔於頂髪中出詔，帝讀之嗚咽，兵民感動。」以上記載之日期稍異，但主要差别是「兵馬大元帥」、「天下兵馬大元帥」與「河北兵馬大元帥」之異。《欽宗紀》應照抄宋《四朝國史》，編修於宋高宗紹興至宋孝宗淳熙時。《高宗紀》應照抄宋《中興四朝國史》，編修於宋寧宗嘉泰至宋理宗寶祐時。晚出之國史否定此前國史之成説，説明真相自不可掩。《宗忠簡公集》卷七《遺事》載宗澤知襄陽府制，稱「朕元帥開府，總兵朔方」，而不稱總兵天下，説明即使在宋高宗登基之初，亦尚是承認史實。

又同書卷三五三《何㮚傳》：「時康王在河北，信使不通，㮚建議請以爲元帥，密草詔藁上之。乃以康王充天下兵馬大元帥，陳遘充兵馬元帥，宗澤、汪伯彦充副元帥。」

〔五〕《宋史全文續資治通鑑》卷一六：「靖康元年閏十一月，上在相州，與幕府從容語曰：『夜来夢皇帝脱所御袍賜吾，吾解舊衣，而服所賜，此何祥也？』」前引《中興小紀》卷一和《皇朝中興紀事本末》卷一之上繫此事於靖康元年閏十一月己酉，於得秦仔蠟詔之前。康王説夢，正流露其窺測時機，覬覦黄袍加身。

又同書卷二七：「（淳熙十三年九月）壬申，翰林學士、兼修國史洪邁奏：『竊以靖康之難，諸王皆留京師，唯太上皇帝持節河北，用能光啓中興，符一馬化龍之兆。近者忽得欽宗遺翰石刻一紙，於故相何㮚家。蓋靖康元年閏十一月，胡騎攻都城，中外不可復通。太上奉使至磁州，而有王雲之變。中夕還相州，迤邐東如濟、鄆。當是時，㮚爲開封尹，首建元帥之議，及在相位，遂擬進蠟書之文。其語云：訪知州郡糾合軍民，共欲起義，此皆祖宗百年涵養忠孝之俗，天地神祇所當佑助。檄到日，康王可充兵馬大元帥，陳亨伯充兵馬元帥，宗澤、汪伯彦充副元帥，同力協謀，以濟大功。欽宗批云：依奏施行。又批云：康王指揮已黄帛書訖。又批云：康王指揮已付卿，係黄帛書，必已到。蓋閏月十三日所行也。欲乞行下何㮚家取索，布之史館，以彰示萬世，爲炎德復輝之符。』詔從之。」

〔六〕《宗忠簡公墓誌銘》：「康王爲大元帥，公副之。」

《宗忠簡公事狀》：「閏十一月，朝廷遣忠訓郎、閤門祇候秦仔等，賫蠟書詣王，康王可充兵馬大元帥，宗澤充副元帥，起兵入衛。」

《宗忠簡公傳》：「虜已圍京城。〔閏〕十一月，上除王爲兵馬大元帥，公與汪伯彦爲副元帥，以師入援。」

《宋史》卷三六〇《宗澤傳》：「有詔以澤爲副元帥，從王起兵入援。」

《京口耆舊傳》卷六《張慤傳》：「先是，除慤延康殿學士、大名尹、兼北京留守，郵置不通。〔趙〕野行旬日，命始下。欽宗蠟書趣兵解圍，而野將兵去已遠。乃約知磁州宗澤舉兵入援，得義兵三千人，卒萬人，部勒啟行。魏之父老遮道，泣涕請留，曰：『百姓恃公以生，忍棄之耶？』慤不可，則請於大元帥府，府檄慤復留。」

十二月壬戌朔，王開大元帥府於相州，備御劄行下。丁卯，准大元帥府備坐：「詔曰：『迺知州郡糾合軍民，共起義兵，此皆祖宗百年涵養忠孝之士，天地神祇，所當佑助，同力

叶謀，以濟大功。應辟置官屬，兹從便益〔一〕。』劄下知磁州、秘閣修撰宗澤，准此。」公拜命感泣。〔二〕

〔一〕益，《三朝北盟會編》卷七〇《中興日曆》，《續資治通鑑長編紀事本末》卷一四五《金兵下》作「宜」，按宋時公文，似應以「宜」爲準。

〔二〕《宗忠簡公事狀》：「十二月壬戌朔，王開大元帥府於相州（劄見前），公拜命感泣。」

甲子，御前再遣閤門祗候侯章至大元帥府，出蠟書曰：「京城圍閉日久，康王真朕心腹手足之託，已除兵馬大元帥，更無疑惑，可星夜前來入援。」章曰：「皇帝遣章十輩來，唯章一人得達，陛辭日，宣諭臣曰：『王辟中書舍人，得可令便益〔一〕草詔，盡起河北精兵入援。』又曰：『恐諸郡留精兵自衛，當使守臣自將，庶盡得精鋭之兵。』」或難章曰：「審如此，則河朔兵一空，他日虜人歸師，列城何恃？」章曰：「方京城事急，未遑他議，况此出皇帝之意。」王迺命延禧草詔如章言，頒之。〔二〕

〔一〕益，《三朝北盟會編》卷七一作「宜」，按宋時公文，似應以「宜」爲準。

〔二〕《三朝北盟會編》卷七一：「（靖康元年十二月三日甲子）侯章齎蠟書，至大元帥府，催發勤王兵。修武郎、閤門祇候侯章自京城賫蠟書，催發勤王人馬甚急。甲子，到元帥府，王問章，章對曰：『皇帝遣章等十人，擦城北來，趣大王領兵入援，惟章一人得達。臨陛辭日，皇帝宣諭云：康王辟中書舍人隨行，可以便宜傳諭，令草詔書，可盡起河北官兵入援。』時夜入初更，即令耿延禧草詔，盡起河北諸郡官兵，令守臣自將。草詔成，已夜分矣，呼集吏列燭分寫，翌旦行下。」

乙丑，大元帥府迺傳檄諸郡，其檄曰：「契勘閏十一月二十七日，康王於相州被受御前蠟封皇帝親筆，除兵馬大元帥，已於今月一日開府。三日，又准閤門祇候侯章賫詔書來，催促起兵。當府除已備坐詔書行下外，仰逐州依詔書，守臣自將。竊惟虜人猖獗，再犯京城，攻圍未解，君父憂危。臣子之心，義當效死，矧凡在職，世受國恩，當此艱危，豈應坐視？宜勉忠義，戮力勤王。仰逐州守臣如指揮到日，依已降詔旨，不移時〔一〕刻，措置起兵。除量留本處募到土豪，分擺地方守禦外，盡數刻刷官兵精鋭，招集强壯堪充出戰人，逐色團結，并堅利器械，隨隊附帶，差得力人，如〔二〕官兵以將、佐、部〔三〕、隊將、押隊內選差，民兵以知縣、丞、簿、巡、尉內選差，逐州守〔四〕臣更切措置糧料、輕賫，以防沿路次舍艱食，隨宜供億。本府已選定十二月十七日〔五〕以後，正月三十日以前，節次到大名府會合，聽候指揮，審度前進。右劄送知中山府陳延康亨伯〔六〕、知河間府黄待制潛善、知冀州權修撰邦彦、知信德府梁〔七〕徽猷揚祖、知洺州王寶文麟、知深州姚直閣鵬、知磁州宗修撰澤、知德州滑大夫彦齡、知棣州趙大夫（闕）、知博州孫大夫振、知慶源府裴刺史汝明、知保州葛刺史逢、知霸州辛刺史彦宗、知安肅軍王大夫徹等，〔八〕准此。」〔九〕唯中山、慶源受圍，不得通，餘悉被受。

〔一〕時，據《三朝北盟會編》卷七一補。

〔二〕如，據《三朝北盟會編》卷七一補。

〔三〕部，據《三朝北盟會編》卷七一補。

〔四〕守，原作「使」，據《三朝北盟會編》卷七一改。

〔五〕十七日，《三朝北盟會編》卷七一作「二十日」。

〔六〕知中山府陳延康亨伯，「知」，據《三朝北盟會編》卷七一補。「亨伯」，原作「享伯」，據陳遘之字改，《三朝北盟會編》卷七一作「遘」，乃原文。

〔七〕信德府，原作「德信州」，據《三朝北盟會編》卷七一、《建炎以來繫年要録》卷一改。

〔八〕知霸州辛刺史彦宗、知安肅軍王大夫徹，《三朝北盟會編》卷七一作「知霸州辛刺史彦宗、知保定軍高刺史公翰、知廣信軍張刺史喚、知濱州董大夫誼、知安肅軍王大夫澈、知恩州、知滄州、知漠（莫？）州、知永靖（静）軍、知清州等」。

〔九〕此檄又見《三朝北盟會編》卷七一，文字稍多而略異。據高紀春先生考證，康王任大元帥後，只能調動和號令河北軍馬，而不能調動和號令全國軍馬，此檄爲證。可知康王所任，應以「河北兵馬大元帥」爲準。

丁卯，上遣僉書樞密院事曹輔同虜使迎王，且密爲蠟封及礬書付之，因令齎詔撫諭河北。詔曰：「大金軍已登城，斂兵不下。朕親出郊，見兩元〔一〕帥，和議遂定。宗社自安，生靈獲全，恩厚德深。恐四方隔絶日久，未免疑惑，仰諸路監司、守臣速行撫諭，及移文鄰路，各令安業。故兹詔示，想宜知悉。」〔二〕乙亥，王發相州。丁丑，至大名。〔三〕

〔一〕元，原作「院」，據《三朝北盟會編》卷七二改。

〔二〕《三朝北盟會編》卷七一：「（靖康元年十二月三日甲子）先是，康王出使，駐於相州。粘罕遣使持書來，喚回朝廷，乃議遣樞密曹輔行。《要盟録》曰：『是時朝廷使人每出，金人必搜索蠟書。上乃與曹輔衣襟用礬書詔，以詔康王曰：京城將吏士卒失守，幾至宗社傾危，尚賴金人講和，止于割地而已。仰大元帥康王將天下勤王兵總領分屯近甸，以伺變難，無得輕動，恐誤國事。四方將帥亦宜詳此。』」

又同書卷七二：「（靖康元年十二月）九日庚午，遣使臣六人往諸路撫諭。詔曰：『大金軍已登城，斂兵不下。朕親出郊，見兩元帥，和議遂定。宗社再安，生靈獲全，恩德甚厚。仰諸帥守、監司各令軍民安業。』仍先往軍前請號以行，粘罕在青城，曾言及之也，竟拘留不發。」可知曹輔所携詔書乃另一詔。此段記事與後曹輔携詔書至興仁府之記事自相矛盾，係誤，可參後段記事。

〔三〕《三朝北盟會編》卷七二：「（靖康元年十二月）十四日乙亥，大元帥起兵發相州。《日曆》曰：『大元帥承御前蠟書，促援甚急，乃輒離相州入援。或者以汪伯彦守相州嚴備，且宜住相州。假如虜人至，必不可犯。王叱之。於是集諸將於世恩堂，議入援之路。秦仔、劉定、侯章請從濬、滑，徑赴京師。諸將皆曰：河冰未合，濬州渡無船，一不可也。滑州即虜人寨，其次長源、韋城皆大寨，豈能徑往，二不可也。秦仔等曰：以帛縴横絶河中，兵馬攀援以渡，彼滑州韋城大寨，可轉戰而南耳。諸將曰：虜人在滑，帛縴在南岸者，其誰維之？借使半渡，虜人斷維，則何以轉戰而南？戰士則可，大元帥、大王將如何？即轉戰不勝，退，安得帛縴復渡乎？仔等不能對。諸將欲回邢、洺，自恩州渡往北京。王語之曰：曷不徑趍澶淵？諸將曰：爲其逼李固賊寨，萬一驚擾，非萬全耳。會孟世寧自北京遣人來投文字，自元水鎮過子城渡，適北冰合可行，乃定議。然陰陽官選日，猶欲二十五日起發，耿南仲请以十四日行。前期差劉浩爲先鋒，領人馬南趨濬、滑，以疑虜騎。又移檄大名府路帥司，差兩將人馬，分遣前去舊魏縣駐劄，暨吾軍到岸之際，庶幾防新魏縣虜寨之金人，一將於内黄縣駐劄，以防滑州虜寨之金人。大名府路都總管司差閤門祗候孟世寧領兵二千，屯内黄縣，大名府路兵馬都監王彦領兵二千人，屯舊魏縣。乙亥，進發。』」

初，相人及五軍止知軍行，南湯陰，由濬、滑路。至是出北門，申刻次臨漳縣。伯彦以相州及兼權真定府路安撫司公事、馬、步軍都總管職事，前一日交割與通判趙不試，遂侍王行。……

十六日丁丑，大元帥至北京。」按此處所引《日曆》，乃汪伯彦《建炎中興日曆》。長源即開封府長垣縣，蓋避宋欽宗趙桓御諱而改，爲時甚短。另據《元豐九域志》卷一，大名府成安縣有「洹水一鎮」，亦爲避宋欽宗趙桓御諱，而改名元水鎮。

《中興小紀》卷一：「（靖康元年十二月）丁卯，上欲領兵渡河，與幕屬謀所向。或請出濬、滑，或請渡王俞，或請趨魏縣，言人人殊，猶豫未決。汪伯彦獨曰：『非出北門，濟子城不可。』衆莫能奪，上從之。仍遣前軍統制劉浩統兵出南門，陽爲濬、滑之行以疑〔虜〕。乙亥，上發相州，使臣馳報，黄河未凍，衆失色。上禱于天地、河神，至子城渡，報河凍已合。丙子，上總師渡河，至大名，都漕、權府事張慤與北道副總管奉符顔岐率衆郊迓。」此條以《皇朝中興紀事本末》卷一之上參校。據《三朝北盟會編》卷六四：「或自磁而東北，趍王俞渡。」可知王俞渡之方位。

《建炎以來繫年要録》卷一：「（靖康元年十二月）王與諸將議引兵渡河，康履等言：『相州守禦嚴備，宜留相。』王叱之。秦仔、侯章、劉定請自濬州以帛索攀援渡河，轉載而南。汪伯彦以李固渡賊壘可虞，乃議往北京，會兵而進。乙亥，王率五軍離相。丙子，履冰渡河。丁丑，發元水鎮，迷失道。汪伯彦得羊羹，炊餅而進，晚泊大名府。」秦仔、侯章與劉定之議，是救援東京開封府之路綫，而康王不取。

《宋史》卷四六九《藍珪傳》：「藍珪、康履，初皆爲康王府都監、入内東頭供奉官，嘗從康王使金人行營。及開元帥府，並主管機宜文字。朝廷遣人趣師入援，履等請王留相州，王叱之而行。」此傳故作曲筆，「叱之而行」，易於誤解爲「入援」，實則逃往北京大名府。所謂「王叱之」，是不能「留相州」，而須逃跑。

又同書卷四七三《汪伯彦傳》：「王奉蠟書，開天下兵馬大元帥府，以伯彦爲副將。王引兵渡河，謀所向，言人人殊，伯彦獨曰：『非出北門，濟子城不可。』王喜曰：『廷俊言是也。』既濟，繇大名歷鄆、濟，達于南京。」康王任大元帥後，不去救援東京開封府，而「繇大名歷鄆、濟」，避敵逃跑，主要是聽取汪伯彦之議；而汪伯彦也得以乘機抛棄守土之責，伴隨康王逃離相州。

《宗忠簡公事狀》：「乙亥，王發相州，至大名。」

先是，公屢言，宜會兵奪李固渡，斷賊歸路，衆議不可。公聞李固渡虜騎往來不斷，自將秦光弼，出東、西兩門，夾擊之。虜兵潰，斬首數百級，因拔城下寨。光弼兵不過千餘人，更出迭進，以撓李固寨。虜既渡河，留兵數萬，屯西岸，有寨數百。公時遣壯士夜擣之，破三十餘寨，奪其資糧。〔一〕

〔一〕《宗忠簡公墓誌銘》：「而李固列寨幾百處，以精兵夜擣之，破三十餘寨，取被擄女子不可勝計。」此處「幾百處」似應作近百處解。

《宗忠簡公事狀》：「先是，公屢言，宜會兵奪李固渡，斷賊歸路，衆議不可。公自將秦光弼，出東、西兩門，夾擊之。虜兵潰，斬首數百級，因拔城下寨。光弼兵不過千餘人，更出迭進，以撓李固寨。虜既渡河，留兵數萬，屯西岸，有寨數百。公遣壯士二千人夜擣之，破三十餘寨，奪其資糧。」此段文字與《遺事》略同，而另載夜擣金寨「二千人」之兵力。

《宗忠簡公傳》：「十二月丁丑，公與裨將秦光弼、張德邀虜于李固渡口，夜擣其壘，破三十餘寨。」此段文字另有裨將「張德」。

《宋史》卷三六〇《宗澤傳》：「澤言，宜急會兵李固渡，斷敵歸路，衆不從。迺自將兵趨渡，道遇北兵，遣秦光弼、張德夾擊，大破之。金人既敗，乃留兵分屯。澤遣壯士夜擣其軍，破三十餘砦。」此段文字稱「道遇北兵」，與前引記載有異。

《皇朝編年綱目備要》卷三〇：「澤在磁州，屢乞會兵奪李固渡，斷賊〔歸〕路，衆議不可。澤自遣其將秦光弼、張德，領兵趨渡。至安城縣，虜騎千餘人過北城，二將出東、西門，夾擊之。賊潰，斬首數百級，獲其賫糧。會帥府移文，約赴大名，遂還師。」

《宋名臣言行録》別集上卷五《宗澤》：「公先在磁州，屢乞會兵奪李固渡，以斷賊路，衆議不可。公乃自遣其將秦光弼、張德，領兵趨渡。至安城縣，虜騎千餘人過城北，二將出〔東〕、西門，夾擊之。賊潰，斬首數百級，併獲其齎糧。」按宋朝河北路無安城縣，應爲成安縣。

《建炎以來繫年要録》卷一：「初，副元帥宗澤在磁，屢乞會兵奪李固渡，斷賊歸路，衆議不可。澤自遣其將秦光弼等領兵趨渡，斬數百級，獲其齎糧。（耿延禧《建炎中興記》云：『時金寨據李固渡，宗澤屢乞會兵破之。衆議以爲小而堅，勝之不武，不勝爲笑，且敵歸路不可遏。澤不聽，自以磁人攻之，應王爲先鋒，澤爲中軍，集烏合之衆遏李固渡，爲敵所破。市井無賴先遁，抱應王馬足，乞性命，澤亦僅得脱。』與《實録》所載不同，今不取。）」據前引《三朝北盟會編》卷六四：「應王者，磁人所事崔府君，封嘉應侯者。」《梁谿全集》卷一七五《建炎進退志總叙》：「上笑曰：『澤在磁，凡下令，一切聽於崔府君。』余奏曰：『古人亦有用權術，假於神以行其令者，如田單是也。澤之所爲，恐類於此。……』」李心傳所稱《實録》應爲《欽宗實録》。按四個月後，金軍北歸，不取李固渡原路，亦可證李固渡金寨被宗澤軍所破。然而李固渡金寨乃其偏師，稱金方「留兵數萬，屯西岸，有寨數百」，應爲虚誇。

翌日，會大元帥府檄至，約提兵會大名，遂班師。公即量留人兵，守禦磁城，盡提所募兵，進渡漳水，宿鄴鎮。〔一〕軍馬履冰渡河，時天大雪，公披堅乘馬。道逢郡守，往往臥氈車，齎庖具自隨。公與士卒同甘苦，故人樂爲用。〔二〕

〔一〕據《元豐九域志》卷二，河北路相州臨漳縣有「鄴一鎮」，「熙寧六年，省永和縣爲鎮，入安陽，鄴縣爲鎮，入臨漳」。

〔二〕《宗忠簡公事狀》：「翌日，會大元帥府檄至，約提兵會大名。公即量留人兵，守禦磁城，盡提所募兵，進渡漳水，宿鄴鎮。履冰渡河，時天大雪，公披堅乘馬，與士卒同甘苦，人皆樂爲用。」

《宗忠簡公傳》：「翌日，王檄諸郡發兵會大名。」

癸未，至大名，領兵以參王府。王諭撫循甚至，論至終日，且曰：「京師受圍日久，入援之策不可緩，乞早處分。」王即面諭公就供副帥之職，僉書公名。公禀命退。繼除公爲集英殿修撰，曰：「伏見兵馬副元帥宗澤風力敏强，氣節高邁。方時艱棘，夙夜精勤，招集民兵，豪傑争輔。志存滅敵，義不辭難，經營百爲，各有條序。老當益壯，今見其人。宜除集英殿修撰，已具奏聞去訖。右劄付，准此。」公翌日入謝。〔一〕

〔一〕《宗忠簡公墓誌銘》：「十二月，進集英殿修撰。」
《宗忠簡公事狀》：「癸未，至大名。王諭撫循甚至，論至終日，公曰：『京師受圍日久，入援之策不可緩，乞早處分。』王面諭公就副帥之職，僉書公名。繼除公爲集英殿修撰（札見前）。公翌日入謝。」
《宗忠簡公傳》：「癸未，公至大名。」
《三朝北盟會編》卷七三：「（靖康元年十二月二十二日癸未）知磁州宗澤以兵至北京。宗澤自將二千人，至北京。王循撫如信德府，王諭澤供副元帥職事。」
《中興小紀》卷一：「（靖康元年十二月）壬午，副元帥宗澤部兵二千人，自磁州先諸軍至，上大悦。」
「上大悦」，《皇朝中興紀事本末》卷一之上作「上悦」。

《建炎以來繫年要録》卷一：「會帥府約赴大名，癸未，澤以所部二千人，先諸軍至。（《日曆》：『丁丑，王至大名。癸未，梁揚祖至自信德府。同日，宗澤至自相州。初，揚祖引兵至磁，澤謁軍中，請揚祖同復真定。揚祖曰：奉大元帥檄書，保衛過河，豈敢違王命而從公乎？即上馬，趨子城渡。澤倉卒收聚民兵，僅二千人，踵揚祖後，同日而至。』與澤《遺事》不同。耿延禧《中興記》云：『上至大名，河北守臣將兵漸集，宗澤、王麟兵不滿三千人，梁揚祖將邢州兵後至，幾萬人。』此足明澤先諸軍至也，今從之。）」

《皇朝編年綱目備要》卷三〇：「河北守臣亦將兵漸至。知磁州宗澤兵三千人，知〔洺〕州王麟兵一千，知信德府梁揚祖兵幾萬人，馬千匹。」

《宋史》卷二四《高宗紀》：「（靖康元年十二月）丁丑，次大名府。宗澤以二千人先諸軍至。」

《京口耆舊傳》卷六《張慤傳》：「乃約知磁州宗澤舉兵入援。得義兵三千人，卒萬人，部勒啟行。魏之父老遮道泣涕請留，曰：『百姓恃公以生，忍棄之耶？』慤不可，則請於大元帥府，府檄慤復留。」

初，粘没喝欲召王還京師。其曹輔之出迎王也，虜以甲騎三千從。輔東至興仁，城守甚備，王師二萬列栅郭門外，虜騎去城數里許，留不進。輔獨入城，與知府事曾楙密語，具道虜已登城，而斂兵不下，議和恐可成。楙詰輔曰：「虜人貪冒姦詐，豈有登城而兵不下者？必公家族遭執脅，爲是言耳！」輔迺裂礬書示楙，并出蠟封，令奉上大元帥府。甲申，破蠟封，迺上手詔曰：「京城失守，社稷安危，尚賴金人講和，止於割地而已。仰大元帥康王將天下勤王兵總領分屯近甸，以同濟難，無得輕動，恐誤國事。四方將帥亦宜詳此。」次以礬書，其字粲然，迺樞密院書也。書曰：「大金已通和好，猶未退師。諸路勤王人兵，可且於稍近三、五程間駐劄，候師退日放散。」於是汪伯彦等在側，咸執以爲然。公曰：「虜人狡譎，事勢如此，是必款我師也。豈可深信，以詒後悔。」〔一〕

〔一〕《宗忠簡公事狀》：「曹輔至興仁城，裂礬書示知府曾懋，并出蠟封，令奉上大元帥府。詔曰：『京城失守，社稷安危，尚賴金人講和，止於割地而已。仰大元帥康王將天下勤王兵總領分屯近甸，以同濟難，無得輕動，恐誤國事。四方將帥亦宜詳此。』汪伯彦等在側，咸以爲然。公曰：『虜人狡譎，是款我師也。豈可深信，以詒後悔。』」

《三朝北盟會編》卷七一：「（靖康元年十二月三日甲子）先是，康王出使，駐於相州。粘罕遣使持書來，喚回朝廷，乃議遣樞密曹輔行。《要盟録》曰：『是時朝廷使人每出，金人必搜索蠟書。上乃與曹輔衣襟用礬書詔，以詔康王曰：京城將吏士卒失守，幾至宗社傾危，尚賴金人講和，止于割地而已。仰大元帥康王將天下勤王兵總領分屯近甸，以伺變難，無得輕動，恐誤國事。四方將帥亦宜詳此。』」又同書卷七三：「（靖康元年十二月二十三日甲申）簽書樞密院事曹輔至興仁府，訪尋康王。二十三日，知興仁府曾懋申：『大金軍前差簽書樞密院事曹輔前來本府，訪尋康王所在。』并録白曹輔所傳蠟封皇帝手詔言：『金人已登城，斂兵不下，見議通和。卿等領兵，未可輕動，恐徒誤國。』并樞密院劄付礬書：『大金已通和，猶未退師。諸路勤王人兵，可且於稍近三、五程間駐劄，候師退日放散。』

《朝野僉言》曰：『初二日，酋遣使，乞令人於河北召康王，使者傳云：聞康王已占據河北之地，恐河北州軍恃王，不肯交割，請遣人迎之。是時，金人已懷廢立之意，而朝廷大臣無有覺悟者。何㮚奏上，乃遣簽書樞密院曹輔由京東詣河北，迎康王。何㮚令人於曹輔衣襟上，以礬書爲詔，以遺康王。爲朝廷人每出，金人搜索文字蠟書，故以礬書帛，入水方見。曹輔東至曹州，見守臣曾楙説：大金已登城講和，斂兵不下。曾楙詰曹輔曰：虜人貪暴變詐，豈有登城斂兵不下者乎？公等家屬必爲所虜，脅之使爲此言。輔乃裂衣襟，令楙看，以達元帥。次借州印，以發四方撫諭文字。數日，取曹州守臣軍令狀回，稱不知康王所在。至金人軍前，復發入城。』」

《建炎以來繫年要録》卷一：「左副元帥宗維聞王在河北，丙寅，遣甲士三千人，與簽書樞密院事沙縣曹輔賚詔書召。……曹輔至興仁，守臣徽猷閣待制、贑縣曾〔楙〕詰之，輔乃裂衣襟，出御筆蠟封及樞密院礬書以遺〔楙〕，〔楙〕告于王。甲申，破蠟封，乃淵聖皇帝手詔，略曰：『金人登城不下，見議通和。仰大元帥康王將天下兵分屯近甸，毋得輕動。』汪伯彦等皆以議和爲可信，宗澤獨曰：『女真狂譎，事勢如此，是必欲款我師。今即信之，後悔無及。』」

《皇朝編年綱目備要》卷三〇：「初，朝廷徇虜意，欲遣曹輔往河北迎康王。何㮚請上于輔衣屑礬書詔，以傳密旨。輔言不見王而還。」

《宋史》卷三五二《曹輔傳》：「康王開元帥府于相州，金人請欽宗詔召之，乃遣輔往迓。至曹州，不見而復，遂從二帝留金軍中。張邦昌請歸輔，輔歸，乞奉祠，邦昌不從。康王次南京，邦昌遣輔來見。康王即位，輔仍舊職。未幾卒，詔厚恤其家。」

乙酉，知洺州、直寶文閣王麟將千人，詣大元帥府，謁告，歸視親疾。從之，以兵隸公。〔一〕丙戌，王會幕府，議行軍所向。公請直趨開德府，次第進發，以解京師之圍。伯彦曰：「不可，虜兵十萬圍京城，四控要害，自衛南抵都城，壁壘相望，覘者水火不通。吾當量力，何論解圍也。」公曰：「京城圍閉日久，君臣相望入援，何啻饑渴。方今之計，當言軍中久不聞天子詔令，願見君父。既曰通和，請亟退師。設有詭詐，則吾兵已在城下。」王從之，命公先行審虜情，大元帥以次進發。〔二〕

〔一〕《三朝北盟會編》卷七三：「（靖康元年十二月二十四日乙酉）知洺州王麟以兵至北京。王麟自將一千人，至元帥府，自陳母老，無兼侍，又以疾謁告，乞還守洺州。王語僚屬曰：『麟有異志耶？』卒許其歸，以麟所部兵撥隸副元帥宗澤。後聞麟歸洺，金人至，以城降，爲軍民所殺，並及其家。」

《建炎以來繫年要録》卷七：「（建炎元年七月甲午）先是，直寶文閣、知洺州王麟自將勤王兵千人，至大名，既而以母老求去。上疑其有異志，然卒遣之。及金人遣萬户余列圍洺州，麟帥軍民以城迎拜。

軍民怒，併其家殺之。（趙甡之《遺史》云：『金人圍洺州，以知州王麟是童貫舊屬官，遂於城下呼爲王姑丈，間其民心。軍民信之，殺麟全家。』與此不同，今據耿延禧《中興記》修入。）」「余列」，原作「伊埒」，乃清人改譯，據《三朝北盟會編》卷一一一《金虜節要》與《靖康稗史箋證》《呻吟語》引《燕人麈》改。

〔二〕《三朝北盟會編》卷七三：「（靖康元年十二月二十九日庚寅）《日曆》曰：『先是，王聚幕府僚屬，議所向。宗澤請直趨開德府，次第進寨，以解京城之圍。汪伯彦曰：金人數十萬衆聚京城下，周圍四壁，各把定要害。自開德府之南四十里曰衛南縣，至京城下劄連珠寨，常遣人硬探，水泄不通。吾軍除過河五軍保衛大王外，續收纔一萬三千人，其間召募民兵，又居其半，如何徑要解圍？事須量力，只今未說解圍，且先安泊得大王去處穩當。然後促河北所檄諸郡及檄京東諸郡人兵，俟其皆來會合，以當東北面。更檄宣〔總〕司、陝西、江、淮勤王之師，以當西北面。約日俱進，聲援相接，乃可解圍。況金人河上絡繹往來，開德不是大王安泊去處。大名亦去河咫尺，不可久住。欲差發數頭〔項〕軍民之兵，前去興仁、開德府、濮州諸處屯泊。大王安泊去處，大王往東平府，措身於安地，身安則國難可圖。耿南仲、延禧、高世則等無異論，更召諸將問之，諸將亦以爲然。王遂議往東平府，先遣副元帥宗澤往開德，三日發五軍，皆盡。庚寅，王遂進發。楊青代劉浩爲先鋒統制。是夜，宿於大王寨。』」《中興小紀》卷一：「（靖康元年十二月）宗澤請進師，直趨開德，解京城之圍。汪伯彦等執講和之說，且言：『〔虜〕兵十萬，吾軍纔一萬三千人，如何解圍？合使大王安居，更檄宣、總司，陝西、江、淮勤王之師，約日俱進，乃可破敵。』時北道總管趙野至南京，與宣撫使范訥合軍，自號宣總故也。野、訥，並開封人。伯彦請上移軍東平，則措身于安地，身安，國難可圖。上問耿南仲，亦以爲然，遂決東去。澤請自領軍至都城，許之。」此條以《皇朝中興紀事本末》卷一之上參校。

《皇宋十朝綱要校正》卷一九：「（靖康元年十二月）壬午，宗澤率兵至大名，乞進援京師，汪伯彦沮之。澤請自進兵至都城，從之。」

《建炎以來繫年要録》卷一：「（靖康元年十二月）丙戌，澤請直趨澶淵爲壁，次第解圍。衆曰：『金兵十倍圍京城，控守要害，吾當量力，何論解圍。』澤曰：『京都圍閉日久，君父相望入援，何啻饑渴。今但進屯近畿，設敵有他謀，則吾兵已在城下矣。』王然之。」

《皇朝編年綱目備要》卷三〇：「澤乞進兵援京師，汪伯彦以澤爲狂譎不情，澤亦詆伯彦等爲失策。澤曰：『虜寇狡計百端，豈可深信！惟速進兵，直指都城。第言兵民欲見君父。既兩國通和，可亟退師。如賊有詭謀，即援兵已到，無能爲也。』伯彦等執和議之説不可破。澤請自進兵至都城，從之。」

《宗忠簡公事狀》：「丙戌，王會幕府，議行軍所向。公請直趨開德府，次第進發，以解京師之圍。伯彦曰：『不可，虜兵十萬圍京城，四控要害，自衛南抵都城，壁壘相望，覘者水火不通。吾當量力，何論解圍也。』公曰：『京城圍閉日久，君父相望入援，何啻饑渴。方今之計，當言軍中久不聞天子詔令，願見君父。既曰通和，請亟退師。設有詭詐，則吾兵已在城下。』王從之，命公先行審虜情，大元帥以次進發。」

《宗忠簡公傳》：「王議師所向。公請直趨開德，入解京城之圍。汪伯彥猶以和議難之，獨王以爲然。」《宋史》卷二四《高宗紀》：「汪伯彥等皆信和議，惟宗澤請直趨澶淵爲壁，次第解京城之圍。伯彥、南仲請移軍東平。帝遂遣澤以萬人進屯澶淵，揚言帝在軍中。自是澤不復預府中謀議。帝決意趨東平。」又同書卷三六〇《宗澤傳》：「時康王開大元帥府，檄兵會大名。澤履冰渡河，見王，謂京城受圍日久，入援不可緩。會簽書樞密院事曹輔齎蠟封欽宗手詔，至自京師，言和議可成。澤曰：『金人狡譎，是欲款我師爾。君父之望入援，何啻饑渴，宜急引軍直趨澶淵，次第進壘，以解京城之圍。萬一敵有異謀，則吾兵已在城下。』汪伯彥等難之，勸王遣澤先行。自是澤不得預府中謀議矣。」又同書卷四七三《汪伯彥傳》：「北兵薄京城，欽宗詔，金人見議通和，康王將兵，毋得輕動。伯彥以爲然，宗澤曰：『女真狂譎，是欲款我師爾。如即信之，後悔何及乎！宜亟進兵。』伯彥等難之。」以上記載，以「汪伯彥以澤爲狂譎不情，澤亦詆伯彥等爲失策」，「澤請自領軍至都城」，汪伯彥等「勸王遣澤先行」等，較近史實。「獨王以爲然」，「王然之」，「命公先行審虜情」之類，皆曲意掩諱康王劣迹。

戊子，公提兵二萬，發大名，以劉浩將前軍，尚公緒將左軍，陳淬將中軍，常景將右軍，王孝忠將後軍，河北轉運判官顧復本隨軍應付，出南門，趨開德府，聲言王在軍中。〔一〕庚寅，王發大名，如東平。〔二〕

〔一〕《三朝北盟會編》卷七三：「（靖康元年十二月二十七日戊子）副元帥宗澤軍於開德。王命副元帥宗澤軍於開德府。是日，發中軍，澤領所部磁州軍民之兵二千，洺州軍兵一千，揚言康王在軍，以都統制陳淬統制〔中〕軍，先鋒統制劉浩改差充副元帥下前軍統領，右軍統制尚功緒改差副元帥下左軍統領，各將帶本部二千人起發。後一日，以常景充副元帥下右軍統領，將帶本部二千，改差王孝忠充副元帥下後軍統領，將帶本部一千，並於開德府駐劄。」

「（靖康元年十二月二十八日己丑）吕剛中、吕時中以募兵侵欺不實，送宗澤自效。……送剛中、時中下大名獄，委張慤推勘根究，要見官錢下落，實有侵欺。屬金人攻開德、曹、濮等州，遂以剛中、時中送宗澤自效。」

又同書卷一一七《林泉野記》：「王至大名，澤引衆二千來，勸速進。副元帥汪伯彦等沮止，不從。及王欲往東平府，乃令劉浩、尚功緒、楊青、常景、王孝忠五軍，以陳淬爲都統制，軍開德府。」《建炎以來繫年要録》卷一：「（靖康元年十二月丙戌）是日，金人犯相州。幕府聞曹輔已還，（輔以是月癸未入城。）恐金人知王所在，且再至。戊子，命澤以萬人進屯澶淵，（宗澤《遺事》云，『命公提兵二萬』先行，誤也。案《中興日曆》此行實以帥府先鋒、右軍、後軍共五千人，及招到常景二千人，王麟千人隸之。明年春，乃益以孔彦威所部萬人爾。《遺事》恐誤。）揚聲王在軍中，自是澤不復與府中謀議。（《建炎中興日曆》云：『宗澤渡河而來，本欲慫慂數日，乃詭辭趣王進發。王語伯彦等曰：宗澤渡河方到，趣行，言不由衷。次日，下令限一日起發。澤詣王告曰：一行人兵且乞令歇脚三、五日，要備辦乾糧，置買草履。澤退，王笑曰：遂我謀矣！』案澤以癸未至大名，甲申乃聞城陷，丙戌澤始請解圍，丁亥分軍，戊子進發。伯彥謂澤趣行而又止者，恐妄也，今不取。）」

《宗忠簡公墓誌銘》：「是月，大元帥召請諸將帥，議亟進兵，以援都城。」

〔二〕《三朝北盟會編》卷七三：「（靖康元年十二月二十九日庚寅）大元帥發北京。」

《中興小紀》卷一：「（靖康元年十二月）戊子，澤兵行，出南門，進屯開德府，揚聲大元帥在軍中。庚寅，上離北京。」「軍中」，《皇朝中興紀事本末》卷一之上作「中軍」。

《建炎以來繫年要録》卷一：「（靖康元年十二月）伯彥等請王如山東。庚寅，發大名府，至是次陽穀縣。是日，澤以所部至開德府，時遣精鋭與敵挑戰。初，京城圍久，號令不通，王軍在相州，天下不得聞動静。及是渡河駐軍，天下申陳四集，取決霸府矣。」

《宗忠簡公事狀》：「公提兵二萬，發大名，出南門，趨開德府，聲言王在軍中。庚寅，王發大名，如東平。」以上記載大致皆不同程度曲意諱言康王與汪伯彥擁大兵東逃，而命宗澤以孤军南進，且「揚言康王在軍」，企圖以宗澤军吸引金人兵鋒，而掩蔽康王、汪伯彥等東逃。《遺事》《事狀》等也不載宗澤此後「不得預（元帥）府中謀議」之重要史實。

二年春正月辛卯，公至開德府，時遣精鋭與虜挑戰。前後十三戰，兵出輒捷，虜自是不犯開德。〔一〕

〔一〕《忠簡公年譜》：「靖康二年丁未，公年六十九。」《宗忠簡公墓誌銘》：「公駐兵開德府，數與虜接戰。」《宗忠簡公事狀》：「二年春正月，公至開德府，時遣精鋭與虜挑戰。前後十三戰，出兵輒捷，虜自是不敢犯開德。」《宗忠簡公傳》：「戊子，公提兵二萬，趨開德擊虜，十三戰皆捷。」《宋史》卷三六〇《宗澤傳》：「二年正月，澤至開德，十三戰皆捷。」《建炎以來繫年要録》卷一：「澤以所部至開德府，時遣精鋭與敵挑戰。」《鄂國金佗稡編》卷四《鄂王行實編年》：「大元帥次北京，以先臣軍隸留守宗澤。靖康二年（是年改元建炎），丁未歲，年二十五。……春正月，戰于開德，以兩矢殪金人執旗者二人，縱騎突擊，敗之，奪甲、馬、弓、刀以獻。轉修武郎。二月，戰于曹州，先臣被髪，揮四刃鐵簡，直犯虜陣。士皆賈勇，無不一當百，大破之，追奔數十里。轉武翼郎。」時岳飛爲前軍統領劉浩部屬。

癸巳，王次東平。虜挾帝迎王甚急，乙未，遣中書張澂行。戊戌，澂持詔，直叩開德，問王所在，諸將以不知答之。澂曰：「虜方登城，援兵未可進，徒誤大事。」公曰：「此賊爲他來款我師。」令壯士乘城射之，澂與虜俱遁走。〔二〕

〔一〕《宗忠簡公事狀》：「癸巳，王次東平。虜挾帝迎王甚急，遣中書張澂持詔，直叩開德，問王所在，諸將以不知答之。澂曰：『虜方登城，援兵未可進，徒誤大事。』公曰：『此賊來款我師。』令壯士乘城射之，澂與虜俱遁去。」

《宗忠簡公傳》：「會京城遣張澂持詔書，同虜騎叩開德，問王所在，且言：『虜再議和，〔援〕兵未宜遽進。』公曰：『此爲虜所脅，來款我耳！』命壯士射之，虜遁。」

《三朝北盟會編》卷七八：「（靖康二年正月）二十七日丁巳，駕在青城，詔尋康王所在。中書舍人張澂齎詔開德府下，訪尋康王。初，宗澤領兵駐於開德府，揚聲康王在軍中。金人聞知，以人馬裹送中書舍人張澂，齎上蠟封詔，召王還京師。於城下叫問，守禦人兵報以康王不在本府，仍不知屯駐去處。金人與澂乃回。」

《建炎以來繫年要録》卷一：「（建炎元年正月）初，左副元帥宗維聞王在開德，遣甲士，與中書舍人張澂持詔召王。戊午，至澶淵，副元帥宗澤怒，命壯士射之，澂乃去。澂，舒城人也。」

《皇朝編年綱目備要》卷三〇：「虜人又趣，再遣中書舍人張澂，以蠟封詔行。澂至開德，語諸將未可進兵。澤怒，命將士射之，澂與同行金人俱遁。」

《宋史》卷二四《高宗紀》：「（建炎元年正月）金人聞帝在澶淵，遣甲士及中書舍人張澂來召。宗澤命壯士射之，澂乃遁。」

閤門宣贊舍人蔣彬持詔，至北道總管司，詔曰：「朕自即位以來，金人交戰不已。朕累下哀痛之詔，諒爾久悉朕意。今金人攻圍京城，已及一季〔一〕，應援兵尚爾稽遲，使社稷生靈坐以待盡。比者金人已登城，按甲議和，欲使朕與吾民肝腦塗地。金人請求，靡有不從。每念屈辱之極，時事如此，不獲已，許帝姬和親，立大河爲界。而金人寔未斂兵，欲〔二〕質我太上皇帝，又欲使朕南遷〔三〕。朕自禱皇天，皇天未之震怒；下告人民，人民未之懷憤。祖宗積累，至此而欲盡乎？朕之德薄，不能以保吾民乎？朕思一身朝夕不能安，痛切深思，實無罪戾，夫何使朕與吾民至此極也！咨爾河北之民，與其陷于邊裔，孰若發憤，抱孝懷忠，更相推立首領，多與官資，監司、守土帥臣與爾推誠〔四〕，結集北道軍州，自以爲號，保〔五〕守疆土，使予中國不失于邊裔。天下安平，朕與汝等分土共享之。朕言及此，痛若碎首。故茲詔示，宜體至懷。」〔六〕

〔一〕季，原作「年」，據《三朝北盟會編》卷七四《宣和録》改。
〔二〕據《三朝北盟會編》卷七四《宣和録》補。
〔三〕又欲使朕南遷，「遷」之下，《三朝北盟會編》卷七四《宣和録》有「王室。見今頓兵京城，終不退歸」。

〔四〕誠，原作「讓」，據《三朝北盟會編》卷七四《宣和録》改。

〔五〕據《三朝北盟會編》卷七四《宣和録》補。

〔六〕《三朝北盟會編》卷七四：「（靖康二年正月十日庚子）上賜河北軍民手詔。《宣和録》曰：『是日，三省、樞密院同奉聖旨：朕自即位以來，金人交戰不已。朕累下哀痛之詔，諒爾等共悉朕意。今金人攻圍京城，已及一季，應援兵尚爾稽遲，使吾社稷生靈坐以待盡。比者金人已登京城，按甲議和，欲使朕與吾民肝腦塗地。金人請求，靡有不從。每念屈辱之極，時事至此，不獲已，許帝姬和親，立大河爲界。而金人實未斂兵，欲質我太上皇，又欲使朕南遷王室。見今頓兵京城，終不退歸。朕上禱皇天，未之震怒；下告民人，未之懷憤。思祖宗積累，至此而欲盡乎？朕之德薄，不能以保吾民乎？朕思一身朝夕不能安，痛切深思，實無罪戾，夫何使朕與吾民至於此極也！咨爾河北之民，與其陷於番夷，各宜自憤，抱孝懷忠，更相推立首領，多與官資，監司、守土帥臣與爾推誠，結集北道州軍，自以爲號，保守疆土，使予中國不失於番夷。天下安平，朕與汝等分土共享之。朕言及此，痛苦碎首。故兹詔示，宣此至懷。』

上自軍前降御筆，令王若沖、邵成章衛護皇太子，赴宣德門議事。」此爲宋欽宗再赴金營前之手詔，去後即被扣留。

辛丑，右文殿修撰、知冀州權邦彦帥州兵千人，至大元帥府。王命屯開德，受公節

制。〔一〕

〔一〕《三朝北盟會編》卷七四：「(靖康二年正月十一日辛丑)右文殿修撰、知冀州權邦彦自將本州人一千人，號二千人，前來聽候指揮。奉王旨，即日劄子，仰下疾速取便路，前去開德府駐劄，聽候元帥宗澤節制。」

《中興小紀》卷一：「(靖康二年正月)丁酉，右文殿修撰、知冀州權邦彦以兵千人至。上命屯開德，隸于宗澤。」《皇朝中興紀事本末》卷一之上文字全同。

《建炎以來繫年要録》卷一：「(建炎元年正月辛丑)右文殿修撰、知冀州樂壽權邦彦以勤王兵千人，至帥府。王命進屯澶淵。」

《宗忠簡公事狀》：「右文殿修撰、知冀州權邦彦帥州兵千人，至大元帥府。王命屯開德，受公節制。」

二月丁卯，王命公及黄潛善分領勤王兵，檄曰：「契勘虜人長驅，再來攻圍京城。當府近自河北被旨勤王，已領大兵過河，與諸路會合，前進解圍，救援君父，夙夜痛心，惟恐緩期。尋據興仁府申到曹樞密所傳蠟書手詔，及樞密院礬書白劄子，當府尋節次探得，虜人自京城劄寨，擺布北來，直至東明、宛亭，南至胙城，〔一〕東跨五丈河，西抵黄河，水洩不通。度其姦計，一則把截，以防北來勤王之師，二則恐朝暮不測，迤邐進寨，漸回東北，前來窺伺。吾軍若不前起，虜落姦後，立見危殆。今合將諸頭項人馬，節次分遣於開德府、興仁府、濮州、柏林鎮、廣濟軍、單州一帶，擺布駐劄。除權邦彥、尚公緒、常景、王孝忠、孔彥威〔二〕隸宗元帥，張換、高公翰、王善隸黃待制外，今撥濮州閭丘陞、姚鵬、孫振等，共二萬四千人，並仰聽宗元帥節制，廣濟軍丁順、孟世寧、溫宗建、李大鈞、張榮等，共二萬五千人，並仰聽黃待制節制，仍各深切體認。今來擺布人馬與寨柵，一如對壘相望，足以伺察動息。仰更切不住遣信寔得力人偵探，多方尋路前去，鉤索虜人去住之意、久近之期、所嚮之方。如是不測引兵，前來侵軼，仰火急戒嚴，持重以待，乘便掩殺，仍一面馳檄諸處，相爲應援，及節次不移時飛申當府，以憑差撥人馬，前去策應。如是探得京城動息，或有釁可乘，要須審度可否，飛申當府，當審詳事宜。約南京宣、總司催促陝西、江、淮勤王師帥，相與審度，然後剋日大舉，互相應援。務在警懼，以備不虞，庶幾正應詔旨，不誤國事。」〔三〕

〔一〕就地理方位而言，東明縣、宛亭縣和胙城縣位於开封城之東北與正北，所謂「南至胙城」，應就北方河北大元帥府军部署之方位而言。

〔二〕威，原作「盛」，據《三朝北盟會編》卷七九改。

〔三〕《宋宗忠簡公全集》卷七《大元帥府分領勤王兵檄文》（靖康二年二月初七日）：「兵馬大元帥府契勘虜人長驅，再來攻圍京城。當府近自河北被旨勤王，已領大兵過河，與諸路會合，前進解圍，救援君父，夙夜痛心，惟恐緩期。尋據興仁府申到曹樞密所傳蠟書手詔，及樞密院礬書白劄子，當府尋節次探得，虜人自京城劄寨，擺布北來，直至東明、宛亭，南至胙城，東跨五丈河，西抵黃河，水洩不通。度其姦計，一則把截，以防北來勤王之師，二則恐朝暮不測，迤邐進寨，漸回東北，前來窺伺。吾軍若不前起，慮落姦後，立見危殆。今合將諸頭項人馬，節次分遣於開德府、興仁府、濮州、柏林鎮、廣濟軍、單州一帶，擺布駐劄。除權邦彥、尚公緒、常景、王孝忠、孔彥〔威〕隸宗元帥外，今撥濮州閻丘陞、姚鵬、孫振等，共二萬四千人，並仰聽宗元帥節制，仍各深切體認。今來擺布人馬與寨柵，一如對壘相望，足以伺察動息。仰更切不住遣信寔得力人偵探，多方尋路前去，鉤索虜人去住之意、久近之期、所嚮之方。如是不測引兵，前來侵軼，仰火急戒嚴，持重以待，乘便掩殺，仍一面馳檄諸處，相爲應援，及節次不移時飛申當府，以憑差撥人馬，前去策應。如是探得京城動息，或有釁可乘，要須審度可否，飛申當府，當審詳事宜。約南京宣、總司催促陝西、江、淮勤王師帥，相與審度，然後尅日大舉，互相應援。務在警懼，以備不虞，庶幾正應詔旨，不誤國事。」參對正文，可知此件刪落有關黃潛善之文字，爲節文。此檄之旨不在「救援君父」，「惟恐緩期」，而正好以曹輔傳旨爲藉口，按兵不動，「務在警懼，以備不虞」。

《三朝北盟會編》卷七九：「（靖康二年二月六日丙寅）大元帥府擺布勤王人馬。丙寅，契勘金人劄寨京城下，直北連珠劄至衛南縣，東至東明縣，西至胙城縣，籬落牢固，無隙可乘。幕府奉王旨，分遣人馬，於曹、濮間一帶州郡縣鎮，再整齪擺布，列寨相望，審勢進發。今將大元帥府五軍駐劄東平府及分遣諸處擺布下項：

大元帥府五軍東平府駐劄，先鋒辛彦宗五千人，前軍〔祁〕超二千五百人，左軍張瓊二千五百人，中軍張俊二千人，趙俊二千五百人，右軍苗傅二千五百人，後軍范實（華實？花實？）二千五百人，以上總計一萬九千五百人，馬軍在内，總號四萬人，以楊惟忠都統制。

駐劄開德府人馬，副元帥宗澤下陳淬統磁州二千人，洺州一千人，尚功緒二千人，常景二千人，王孝忠一千人，權邦彦一千人，孔彦威一萬人，以上總計一萬九千人，馬軍在内，號三萬八千人，以陳淬統制，並聽宗澤節制。開德府守禦人兵不在數。（孔彦威一萬人，初五日議定起發。）

駐劄濮州人馬，閭丘陞三千人，姚鵬二千人，孫振二千人，以上總計七千人，馬軍在内，〔號〕一萬四千人，並聽副元帥附近節制。濮州守禦人兵不在數。

駐劄興仁府人馬，黄潛善一萬三千人，張換（喚？）二千五百人，高公翰二千五百人，王善一千人，以上總計一萬九千人，馬軍在内，總號四萬二千人，以張換（喚？）統制，並聽黄潛善節制。興仁府守禦人兵不在數。

駐劄廣濟軍人馬，丁順三千人，孟世寧二千人，温宗建一千人，李大鈞一千人，張榮一千人，以上總計八千人，馬軍在内，總號一萬五千人，以丁順統制，並聽黄潛善節制。廣濟軍守禦人兵不在數。

駐劄單州人馬，王澈二千人，董誼二千人，（缺姓名）二千人，以上總計六千人，馬軍在内，總號一萬二千人，亦並聽黄潛善附近節制。單州守禦人兵不在數内。

駐劄柏林鎮人馬，劉浩二千人，白安民一千人，以上總計三千人，馬軍在内，總號六千人。

右通計八萬一千五百人，馬軍在内，通號一十六萬七千人。」

《中興小紀》卷一：「（靖康二年）丁卯，上以京東漕臣閭丘陞所領濮州兵，及深州守臣姚鵬、博州守臣孫振等兵一萬四千隸宗澤，新降到〔軍賊〕丁順及單州王澈、廣濟軍孟世寧等兵三萬七千人隸潛善。」此條以《皇朝中興紀事本末》卷一之上參校。

《建炎以來繫年要録》卷二：「（建炎元年二月癸未）是日，王次濟州。時元帥府官軍及群盜來歸者凡八萬人，自黄河以南，分地而屯。濟州萬九千五百人，以爲王之衛，隸都統制楊惟忠。開德府萬九千人，濮州七千人，以拒虜之在衛南、韋城、臨濮者，並隸副元帥宗澤。興仁府萬九千人，廣濟軍八千人，單州六千人，柏林鎮三千人，以拒虜之在考城者，並隸節制軍馬黄潛善。大凡官軍、民兵六萬四千五百人，孔彦威、常謹、丁順三盜萬五千人，分屯六州。而向子諲在宿，何志同在許，趙野、范訥在宋，趙子崧在陳，皆圍繞京都，未得進。」

先是，大元帥府遣張超、李安入京城偵探，至東明，爲虜所得，因留虜寨，聞虜言，國相已令於三山縛橋絞筏，期以端午到燕京。既而走脱，歸爲王言之。於是王會幕府議，或云

虜雖曰斂兵不下，而京城沉默，息耗不通，不若約進兵便；或言京城四壁既爲虜有，吾師一逼之，如太上皇帝何？議不決。〔一〕

〔一〕《三朝北盟會編》卷七六：「（靖康二年正月十八日戊申）大元帥府黄潛善議貽書折金人，耿南仲難之。……後北道總管趙野、宣撫使范訥、副元帥宗澤、冀州守權邦彦、發運使翁彦國、判官向子諲等，論偶與潛善意相似。子諲遣使臣柳珪書遺虜人，其文云會合勤王兵馬，所〔言〕大略如潛善之説。虜以亳、采（？）等州守禦所兩大帥牒，果約日索戰，語不遜，諸人不敢答。」

己巳，迺再草檄行下，曰：「契勘當府今月七日，已劄黄待制、宗元帥節制開德、興仁兩府，濮、單二州，廣濟軍、柏林鎮等處諸頭項人馬，與宣、總兩司互相應援，務在警懼，以備不虞，要當審詳，毋或輕舉，庶幾上應手詔，不誤國事，并劄宣撫司照會外。今再簡蠟書手詔及樞密院指揮大意，謂虜人登城，斂兵不下，已通和好，勤王人馬未可向前，恐徒誤國。今來雖已劄下開德府駐劄宗元帥，節制濮州閭丘陞、姚鵬、孫振，及將隨軍陳淬一行諸頭項人馬並聽節制。并劄下興仁府駐劄黄待制，節制廣濟軍丁順、孟世寧、温宗建、李大鈞、張榮，駐劄柏林鎮等將，隨軍張換等一行諸頭項人馬，並聽節制。及宣、總司互相應援。切慮隄備未謹，審度未盡，仰逐處更切差得力信實之人，前去京城以來，多方偵探。如是登城之虜未有退期，及胙城、衛南、韋城、宛亭、東明、南華等處虜寨稍有隙可乘，便合隨處事宜，審觀形勢，料度彼己，見得委是可以前進，即仰一面進寨駐劄，與附近人馬遞相關報，互相應援，仍申當府，以憑策應，不可守株。如未得利便，不宜妄動，上誤國計。即日具本處動息及探報到事宜，具狀飛申，并劄宣、總司照會施行，令徧牒陝西、江、淮諸路勤王師帥，照會施行。」〔一〕

〔一〕《宋宗忠簡公全集》卷七《再分領勤王兵檄文》（二月初九日）：「契勘當府今月七日，已劄宗元帥節制開德府、濮州等處諸頭項人馬，與宣、總司互相應援，務在警懼，以備不虞，要當審詳，毋或輕舉，庶幾上應手詔，不誤國事，并劄宣撫司照會外。今再簡蠟書手詔及樞密院指揮大意，謂虜人登城，斂兵不下，已通和好，勤王人馬未可向前，恐徒誤國。今來雖已劄下開德府駐劄宗元帥，節制濮州閭丘陞、姚鵬、孫振，及將隨軍陳淬一行諸頭項人馬並聽節制。及宣、總司互相應援。切慮〔隄〕備未謹，審度未盡，仰逐處更切差得力信實之人，前去京城以來，多方偵察。如是登城之虜未有退期，及胙城、衛南、韋城、宛亭、東明、南華等處虜寨稍有隙可乘，便合隨處事宜，審觀形勢，料度彼己，見得委是可以前進，即仰一面進寨駐劄，與附近人馬遞相關報，互相應援，仍申當府，以憑策應，不可守株。未得利便，不宜妄動，上誤國計。即日具本處動息及探報到事宜，具狀飛申，并仰宣、總司照會，令徧牒陝西、江、淮諸路勤王師帥，照會施行。」此檄文字與正文稍異，可知此件删落有關黄潛善之文字，爲節文。

《宗忠簡公事狀》：「二月丁卯，王命公及黃潛善分領勤王兵。己巳，再劄下。（二劄俱見前。）」《宗忠簡公傳》：「已而王命與黃潛善分統勤王諸軍。王檄諸帥，以虜懷詐僞和，實杜四方之師，宜審料敵勢，可進則進。」

公得檄，日謀進發。檄閭丘陞人馬，逗遛不前。公聞王善叛去，遣人招集之，得三千餘人，尚以兵力單弱，不能進。〔一〕乙亥，有佛奴者，本大名之魏縣人，爲虜所得，至劉家寺寨，凡半月，脱而北歸。至宛亭，會雨雪苦寒，不能進，又爲彼游騎所掠。留宛亭寨中，使牧羊。聞虜言，須麥秀可歸師，庶無水草之慮。已而復乘間得脱，北走，官軍得之，送大元帥府，具道彼中事。因言虜之大酋死事者，感傷切至，以刀剺額，跪而大哭，佛奴能周旋以效之。於是王命檢書。已巳、丁卯，檄書再下，付公照應施行。

〔一〕《宗忠簡公事狀》：「公得檄，日謀進發。檄閭丘陞人馬，逗留不前。又聞王善叛去，遣人招集之，得三千餘人。」

初，武義大夫、閤門宣贊舍人常景之將孔彦威告景叛，王命彦威擒景，許以景官及兵授

人，赴開德披城下寨，令受公節制，即彦舟〔一〕也。〔二〕

之。是日，彦威斬景，以首級來。於是彦威自承信郎除武翼大夫、閤門宣贊舍人，統景兵萬

〔一〕彦舟，原作「彦丹」。《三朝北盟會編》卷一三七：「孔彦舟初名彦威。」《建炎以來繫年要録》卷一二建炎二年正月乙未，孔彦威「更名彦舟」。今據以改。

〔二〕《三朝北盟會編》卷八一：「（靖康二年二月十五日乙亥）孔彦威斬常謹，獻首於大元帥府，以常謹官、職，差遣授彦威。承信郎孔彦威爲常謹下提轄衙兵。乙丑，彦威詣帥〔府〕，密告常謹自受帥府劄子，授武翼大夫、閤門宣贊舍人，合依王旨，取便路往柏林鎮駐劄。謹乃離朝城縣，即往鄆城縣住泊，十日不動。忽一日，席地置酒，請彦威及近上使臣十人，數盃後，謹説：『做官不自由，不快活，只欲落草去，取快活，如何？』衆不應，謹説：『待别商量。』即散去。次日，差彦威前去山口路，欲望襲慶府去作過。彦威衷私一日一夜，走投帥府告首，王問：『何以驗實？』彦威曰：『謹見差使臣五人，齎金銀，在此召募帥府軍兵。兼謹已移寨，出鄆城住泊，虜掠鄉村。』王遣人密伺，果獲五人，又發探報，察謹動息，悉如彦威所告。王命只以常謹所帶武翼大夫、閤門宣贊舍人并統制本路下人兵，便許彦威，令自斬謹首級。及撫定得軍情無他，齎擎首級來，即授之。遂授彦威方略，令齎撫安軍衆榜示以行。彦威馳歸，見謹，紿以回自山口。次日，謹與所虜婦人雜馬馳驟，彦威馳馬及謹，挾謹下馬，驅捽在地，數謹罪，懷中出撫定榜示以狥衆，衆皆曰：『可斬！』遂斬謹，撫定其衆，取謹首馳詣帥府，乙亥以獻。王喜，犒

勞彦威，許奏官、職，辛巳，奏擬彦威武翼大夫、閤門宣贊舍人，統制本頭下人馬一萬，令去開德府城下駐劄，聽宗澤節制。」

《建炎以來繫年要録》卷一：「（建炎元年正月甲午）是日，武翼大夫、閤門宣贊舍人、元帥府先鋒統制楊青爲濮人所殺。青，大名人，去爲盜。先是，磁、相間有盜常景者，聚衆二千人，據天平山。青自衛、濬趨天平，破之。青有衆萬人，左右使令稱宣贊，行移稱閤門，最爲凶狡。既而青、景以其衆詣相州降，王以青爲先鋒統制，景爲宗澤右軍統領。（去年十二月丙戌。）王去大名，命青以所部屯柏林鎮。青行至濮州，需糧，辱郡守藺中謹，濮人擊殺之。王擢其將常謹代青。謹疑懼，欲復叛，還西山。帳下承信郎孔彦威以計斬謹，王因命彦威爲宣贊舍人、統制軍馬，屯澶淵，受宗澤節制。（《實録》云：『常景疑懼，欲復叛，彦威斬之。』按叛者乃青部將常謹，自是一人，所謂常景者，已先撥隸宗澤軍中，姓名偶同音，史臣誤也。宗澤《事實》作常景，亦誤。代青在此月乙酉，彦威斬謹在二月丙寅，命彦威在辛巳，今聯書之。）」

戊寅，王謂幕府曰：「京城寂然無耗，劄探未詳，吾食息不安，可再檄開德、興仁，并下南京宣、總司。」

其檄曰：「契勘虜人歸期，全未見的確，信息不通，或云繫橋，或云絞筏，不久渡河。然登城之虜，至今不下，大寨或有未起，小寨旁列四起，〔一〕劫擄吾民，搬運糧料。或候麥苗長大，可以喂飼牛馬，方可北歸。是未有去計，講和之説，實款我天下之師。觀其形勢，慮包詭謀。今仰見在開德府副元帥宗修撰、興仁府黄待制各宜加意，召募信寔之人，前去偵探。如見〔一一〕得委有姦計，尚或窺伺京城，未有退師之意，仰詳審形勢，料度彼己，隨處糾合附近諸頭項統制官兵，尅日進寨，於近京駐劄，張大軍勢，逼脅令去。仍宜持重，明遠斥堠，毋致反落姦便〔一二〕。不得先以兵馬挑弄，自啟敗盟之釁。内如宗元帥舉師之日，先告諭開德府、濮州，如黄待制起師之日，先告諭興仁府、單州、廣濟軍，各嚴備守禦。其逐處城上〔四〕地分，先已撥布若軍若〔五〕民之兵，不得一例起發，使各保守，以防乘虚。并仰南京宣、總司照會宗元帥、黄待制，一依今來指揮，各精細覘探，互相關報，會合進寨，約日〔六〕于近京駐劄，務要聲援相應。仍下河北運判顧大夫〔七〕、京東運副黄龍圖〔八〕、隨軍轉運梁修撰〔九〕等，各隨處應付錢糧，不可小有缺誤。

小帖子：并契勘南京、開德府、興仁府等處，去京城遠近不同，即起發當有先後，務要同日到京城側近，切在契勘，無令參差不齊。

又小帖子：再契勘京城圍閉日久，昨朝廷遣使，齎傳詔諭，雖知金人已再講和，無復擄掠。然到今累月，未聞退師。今勤王之師，諸道雲集，便〔一〇〕欲相與戮力，進兵血戰，仰念聖上屈己崇信、講好息民之意，未得輕進。當府已累劄下，審觀形勢，可進則進，無先以兵相加，自取敗盟之釁。今仰副元帥宗修撰、節制黄待制、宣撫范承宣訥〔一一〕、北道總管趙資政野、經制翁閣學彦國、發運向閣學子諲、發運方徽猷孟卿、淮南路提刑汪郎中師忠、知揚州許龍圖汾、前知密州郭待制奉世、西道總管王資政襄、陝西五路制置錢侍郎蓋、知淮〔一二〕寧府趙侍郎子崧，仰各申飭諸將，整軍伍，利器械，具糗糧。若旬日之間，師猶未退，忍復坐視，當約日齊進，誓身〔一三〕一戰。凡在臣子，世受國恩，各懷忠義之報，必效死立功。仍仰吐心瀝誠，紬繹方略，合謀解難。速行條具供申。」〔一四〕

〔一〕至今不下大寨或有未起小寨旁列四起，《三朝北盟會編》卷八一作「至今不下大寨，或有小寨未起，傍列四處」。
〔二〕見，原作「是」，據《三朝北盟會編》卷八一改。
〔三〕便，原作「後」，據《三朝北盟會編》卷八一改。
〔四〕上，《三朝北盟會編》卷八一作「土」。
〔五〕若，據《三朝北盟會編》卷八一補。
〔六〕日，據《三朝北盟會編》卷八一補。
〔七〕《建炎以來繫年要録》卷五：「（建炎元年五月壬辰）朝奉大夫、河北轉運判官顧復本爲北道副總管，復本，臨子也。」

〔八〕《建炎以來繫年要録》卷一：「（靖康元年十二月壬戌朔）是日，王以便宜命河北都轉運使、龍圖閣直學士張慤，京東轉運副使、直顯謨閣黄潛厚並兼大元帥府隨軍應副。（汪伯彦《中興日曆》作直龍圖閣黄潛厚，誤也。潛厚除小龍，在今年三月戊午。）」又「（黄）潛善，潛厚弟也」。

〔九〕《建炎以來繫年要録》卷一：「（靖康元年十二月癸未）中大夫、知信德府梁揚祖以兵萬人，馬千匹繼至，兵官張俊、苗傅、楊沂中、田師中皆在麾下，王壯之。時中山受圍，將士請以揚祖代爲元帥，揚祖辭，乃以爲秘閣修撰、随軍轉運使。揚祖，子美子。」

〔一〇〕便，原作「使」，據《三朝北盟會編》卷八一改。

〔一一〕據《宋史》卷二三《欽宗纪》，范訥「爲寧武軍節度使」，此處稱「范承宣訥」，爲承宣使，似誤。《宋史》卷一六八《職官志》，承宣使爲正四品，顯然不够出任宣撫使的品位。

〔一二〕淮，原作「汝」，據《三朝北盟會編》卷八一與《宋史》卷二四七《趙子崧傳》改。

〔一三〕身，《三朝北盟會編》卷八一作「死」。

〔一四〕《宋宗忠簡公全集》卷七《分領勤王兵檄文》（二月十八日）：「契勘虜人歸期，全未見的確，信息不通，或云繫橋，或云絞筏，不久渡河。然登城之虜，至今不下，大寨或有未起，小寨旁列四起，劫掠吾民，搬運糧料。或候麥苗長大，可以喂飼牛馬，方可北歸。是未有去計，講和之説，實款我師。觀其形勢，慮包詭謀。今劄見在開德府副元帥宗修撰，宜加意召募信寔之人，前去偵探。如〔見〕得委有奸計，尚或窺伺京城，未有退師之意，仰詳審形勢，料度彼己，随處糾合附近諸頭項統制官兵，尅日進寨，於近京駐劄，張大軍勢，逼脅令去。仍宜持重，明遠斥堠，毋致反落姦〔便〕。不得先以兵馬挑弄，自啟敗盟之釁。如舉師之日，先告諭開德府、濮州，各嚴備守禦。其逐處城上地分，先已撥布若軍〔若〕民之兵，不得一例起發，使各保守，以防乘虛。并仰南京宣、總司照會，一依今來指揮，各精細覘探，互相關報，會合進寨，約〔日〕于近京駐劄，務要聲援相應。仍下河北運判顧大夫、京東運副黃龍圖、隨軍轉運梁修撰等，各隨處應付錢糧，不可小有缺誤。」參對正文，可知此件删落有關黃潛善等之文字，爲節文。

《三朝北盟會編》卷八一：「（靖康二年二月）十八日戊寅，大元帥府再行下諸處勤王進發。《（中興）遺史》曰：『是日，募府奉大元帥、康王指揮：京師全無消息，吾寢食不遑，可再呈檄書，行下諸處。契勘當府今月七日、九日、十一日、十三〔日〕、十五日、十七日，節次劄下興仁府黃待制，駐劄開德府宗元帥，節制諸頭項人馬，及劄下南京宣、總兩司，互爲應援，及一面關牒陝西、京西、江、淮勤王師帥去訖外。今再契勘，探報大金歸期，全未見的確，京城信息不通，據報或云繫橋，或云絞筏，不久渡河。然登城之虜，至今不下大寨，或有小寨未起，傍列四處，劫虜吾民，般運糧斛。或稱候麥苗長大，可以餵牛馬，方可北歸。是未有去計，講和之説，實款我天下之師。觀其形勢，慮包詭謀。今仰見在開德府駐劄副元帥宗修撰、興仁府駐劄節制黃待制，各更切加意，召募信實人，前去硬探。知見得委有姦計，尚或窺伺舊城，未有退師之意，仰審觀形勢，料度彼已，隨處糾合附近統制官人兵，尅日進寨，於〔近〕京駐劄，張大軍勢，逼脅令去。仍切持重，明遠斥堠，毋致反落姦便。不得先以人兵〔挑〕

弄，自啟敗盟之釁。内如宗元帥舉師之日，先告諭開德府、濮州，黄待制舉師之日，先告諭興仁府、單州、廣濟軍，各嚴備守禦。其逐處城土地分，〔先〕已擺布若軍若民之兵，不得一例起發，使各保守，以防乘虚。及逐處守臣各應付隨軍糧食五、七日，并後來不住相繼應副，仍各申隨處所屬轉運使，不致少有闕誤。并仰南京宣、總兩司照會，與宗元帥、黄待制一依今來指揮，各精覘探，互相關報，會合進寨，約日於近京駐劄，務要聲援相應。及仰一面備坐今來指揮，行下陝西、京西、江、淮等路勤王領兵去處，約日〔催〕發會合，仍具逐頭項職位、姓名。及劄下河北運判顧大夫、京東運副黄龍圖、隨軍轉運梁修撰等，各隨處應付錢糧，不致少有闕誤。

并小貼子：兼契勘南京、開德府、興仁府等處，去京城遠近不同，即起發當有先後，務要同日到京城側近，〔切〕在契勘，無令參差不齊。

又小貼子：再契勘京城圍閉日久，昨朝廷遣使，齎詔傳諭，雖知金人已再講和，無復虜掠。然到今累月，未聞退歸，阻隔道路，朝廷命令不通。臣子之心，寢食不遑。今來勤王之師，諸道雲集，便欲相與戮力，進兵血戰，仰念主上屈己誠信，講好息民之意，未得輕進。當府已累劄下，審觀形勢，可進〔則進〕，無先以兵相加，自取敗盟之釁。今仰節制黄待制、副元帥宗修撰、宣撫使范承宣（訥）、北道總管趙資政（野）、經制翁閣學（彦國）、發運向直閣（子諲）、發運方徽猷（孟卿）、淮南東路提刑汪郎中（師中）、知揚州許龍圖（汾）、前知密州郭待制（奉世）、西道總管王資政（襄）、陝西五路經制錢侍郎（蓋）、知淮寧府趙待制（子崧），各切親飭諸將，整軍伍，利器械，具糗糧。若旬月之閒，師猶未退，忍復坐視，當約日齊進，誓死一戰。凡臣子世受國恩，各懷忠義之報，必願效死立功。仍仰吐心瀝誠，紬繹方略，合謀解難。速行條具申。』」當時儘管援兵「諸道雲集」，而與康王河北大元帥府仍未確立直接隸屬關係。大元帥府「仰南京宣、總兩司照會」，由「宣、總兩司」「行下陝西、京西、江、淮等路勤王領兵去處，仍具逐頭項職位、姓名」。又一小貼子則开始直接向各路援兵發令。

公捧檄，謂諸將曰：「王府今檄，灼見虜情，忍坐視乎？」是時，北道總管趙野與河北、東路宣撫使范訥〔一〕命軍南京，自號宣撫司。〔二〕趙軍自大名亂後，尤無紀律，日出剽掠，甚于虜騎。獨公日夕以都城之圍未解，憂慮切至，書告大元帥曰：「虜人果修好，即應退師。今兵久不解，疑生變。乞更檄諸道，約日進兵，同會京城。」公又移書野、訥、曾懋，以君父危急，願協心入援。（書見前。）〔三〕野輩盡以公爲狂，不答。時子諲在宿，子崧在陳，何志同在許，陞在濮，懋在曹，俱環京列屯，不進。彥國則經制東南六路兵，徘徊于淮甸間。初，朝廷以彥國爲經制使，盡起東南六路兵入援。彥國所統洞丁〔四〕、鎗杖手〔五〕、弓兵〔六〕數萬，屯泗州。聞京城圍閉，顧望不行。知州事賈公望率官屬詣彥國曰：「京城報甚急，天子日夜望中丞救援，今留此不進，豈欲反乎？不惟上負朝廷，泗州久壘，錢糧俱竭，自明日更不供。公宜斬公望以謝軍，第恐朝廷他日未遽貸公耳！」彥國色沮，翼日，提軍迂程趨淮

西而去。〔七〕

〔一〕《宋史》卷二三《欽宗紀》：「（靖康元年十月）庚戌，以范訥爲寧武軍節度使、河北、河東路宣撫使。」

〔二〕《中興小紀》卷一：「（靖康元年十二月）時北道總管趙野至南京，與宣撫使范訥合軍，自號宣總故也。」《皇朝中興紀事本末》卷一之上文字全同。

《建炎以來繫年要録》卷一：「（建炎元年正月庚子）始議置四道都總管，俾召天下兵勤王。惟南道張叔夜以三萬人援京師，因留不去。（閏十一月己丑。）東道胡直孺爲金生得，既而歸之。（十一月丁丑。）西道王襄棄河南，走襄漢。（去年閏月。）北道趙野自大名亂後，提其兵往南京，與河東、北宣撫使范訥合，自號宣總司。」《遺事》稱「自號宣撫司」，係誤。

〔三〕《宗忠簡公墓誌銘》：「時二聖已出郊，大元帥督令甚急，公亦移書，切責諸將逗遛者。」

《宗忠簡公集》卷四《與北道總管趙野約入援京城書》（靖康二年二月）：「某惶恐再拜，上覆北道總管、資政閣下：春和，恭惟鈞候動止萬福。竊惟京城圍閉日久，君父注望四方勤王之師入援，想不啻饑渴。資政爲北道大總管，乃將大兵自衛，迂回曲折，走南京駐劄，蔽遮江、淮之人，俾不能進前，固護王室，則朝廷何賴於屏翰？伏望早賜指揮進發，去京二、三程劄寨，示賊虜以天下人心歸嚮，軍民怨切，願瞻天表之意。庶幾虜人畏恐，下城引去，以示忠節。無爲身謀，不勝拳拳憤悱激切之至！」

又同書卷四《與河北河東宣撫范訥約入援京城書》：「某惶恐再拜，上覆河北、河東宣撫、太傅：春和，恭惟鈞候動止萬福。太傅是朝廷重望大臣，凡所舉措，爲天下重輕，爲四方軌則。今以河北、河東宣撫之名，乃擁兵自衛，迂回退縮，劄駐南京，是耶，非耶？不知太傅晝思夜度，謂臣子大義，果如此耶？若以周旋無非合於義理，伏乞指揮，開放道路，濟以糧斛，令江、淮以南州軍，皆得自進勤王，去京城二、三程劄寨，示賊虜以天下歸向激切之意，庶虜懲戒，無有後艱。毋爲全身之計，不勝幸甚！」

又同書卷四《與知興仁府曾楙約入援京城書》：「某頓首再拜，上覆知府、待制：春濃，恭惟台候動止萬福。近汪元帥録示藥方，云是左右所撰，某竊疑之。且有人至親偶感是疾，其爲子者，豈可安然坐視，漫不省察，使邪毒之氣漫淫侵蝕耶？亦豈可輕聽人言，遂一切屏去表發洗滌之劑，以助養真元，使三百六十骨節之間，更無外邪之證，俾其親享無窮之壽，而其子自保仁且孝之名乎？

今賊虜猖獗，侵犯畿甸，待制使之爲醫者誰歟？醫之用藥，能表發其外，洗滌其內者誰歟？既未有爲醫與藥者，乃揮諸兄弟，令望望然去之，曰：『是時氣也，姑當任之，不可召醫，不可用藥。』是亦不仁不孝也已！

某衰老無能，過膺重責，夙夜震恐，不敢寧處。伏望待制照悉，早賜指揮所統諸將，起發前進，令去京二、三程劄寨，示賊虜以天下軍民至誠懇切，奮不顧身，願入覲天表之意。毋爲一向顧惜諸人私意。俾賊虜恣肆，全無忌憚也。」

〔四〕《宋史》卷一九一《兵志》：「蘇緘請訓練二廣洞丁。舊制，一歲教兩月。」洞丁屬民兵。

〔五〕手，原脱，據《宋史》卷一九一《兵志》，有「福建路槍仗手」與「江南西路槍仗手」。《建炎以來繫年要録》卷一：「（建炎元年正月庚子）江、淮等路發運使、兼江、浙、福建經制使翁彦國亦將東南六路兵，與峒丁、槍仗手合數萬人，徘徊泗上。」今據以補。鎗杖手屬民兵。

〔六〕《宋史》卷四四六《詹良臣傳》：「詹良臣，字元公。睦州分水人。舉進士不第，以恩得官，調縉雲縣尉。方臘起，……率弓兵數十人出禦之，爲所執。」弓兵即弓手别称，隸屬縣尉，類似今武装警察，爲非正规軍。

〔七〕《宗忠簡公墓誌銘》：「時二聖已出郊，大元帥督令甚急，公亦移書，切責諸將之逗遛者。」《宗忠簡公事狀》：「戊寅，劄再下。（劄見前。）公捧檄，謂諸將曰：『王府今檄，灼見虜情，忍坐視乎？』是時，北道總管趙野與河北、東路宣撫使范訥命軍南京，自大名亂後，尤無紀律，日出剽掠，甚于虜騎。獨公日夕以都城之圍未解，憂慮切至，書告大元帥曰：『虜人果修好，即應退師。今兵久不解，疑生變。乞更檄諸道，約日進兵，同會京城。』公又移書趙野、范訥、曾懋，以君父危急，願協心入援。（書見前。）野輩盡以公爲狂，不答。」《宗忠簡公傳》：「公示諸將曰：『王已灼知虜情，吾等可坐視乎？』請王徧檄諸道，約日同進。時趙野爲北道都總管，范訥爲河北、河東宣撫使，合軍南京，號宣總司，偃然自衛，殊無進兵意。公移書，以大義切責之，皆不答。向子諲駐宿，趙子崧守陳，何志同守許，閭丘陞守濮，曾懋守曹，列屯環京城，無敢動。翁彦國以經制使總東南兵，駐泗不行。」

《宋史》卷三六〇《宗澤傳》：「以書勸王檄諸道兵，會京城，又移書北道總管趙野、河東、北路宣撫范訥、知興仁府曾楙，合兵入援。三人皆以澤爲狂，不答。」

《三朝北盟會編》卷八五：「（靖康二年三月十四日甲辰）宗澤遺書范訥、趙野，責其退屯。《遺史》曰：『范訥爲河北、河東宣撫，趙野爲北道總管，皆退屯南京。宗澤遺書與訥曰：太傅是朝廷重望大臣，凡所舉措，爲天下輕重，爲四方軌則。今以河北、河東宣撫，乃擁兵自衛，紆迴退縮，駐劄南京，是耶？非耶？不知太傅晝思夜度，謂臣子大義，果如是耶？若以周旋無非合於義理，伏乞指揮，開以道路，濟以粮斛，令江、淮以南州軍，皆得自進勤王，去京城二三里劄寨，示賊虜以天下歸嚮激切之意，庶幾懲戒，無有後艱，不勝幸甚！又與野書曰：京城圍閉日久，君父注望四方應援，想不啻飢渴也。資政北道大總管，乃將〔大〕兵自衛，紆回曲折，走南京駐劄，蔽遮江、淮之人，俾不能進前，固護王室，則朝廷何賴於屏翰？伏望早賜指揮，進發前去京城二三程劄寨，示賊虜以天下人心歸嚮，軍民怨切，顒瞻天表之意。庶幾虜人畏恐，下城遁去。末由參侍，不勝拳拳憤悱激切之至！』」

《建炎以來繫年要録》卷二：「（建炎元年二月）戊寅，王以京師久無耗，檄諸將帥伺其實，若敵未有去意，即引兵近畿。副元帥宗澤見之，謂諸將曰：『〔虜〕情如此，豈忍坐視乎？』時范訥、趙野合兵屯南京，遣使臣趙哲獻書帥府。哲，將家子，有膽略，以百騎分三隊，道與虜人三、四戰，獲數級，奪金人馬三匹以獻，王大悦。都監康履面責哲不當，王叱退之。野軍自大名亂後，尤無紀律，日出剽掠，甚於〔虜〕騎。澤遺書誚野、訥及知興仁府曾〔楙〕，使率所部勤王。野等以爲狂，不答。知泗州、朝請大夫賈公望見經制使翁彦國，切責之曰：『京城報甚惡，天子日夜望中丞救援。今留此不進，豈欲反邪？泗小壘，錢糧俱竭，自來日更不供軍。公宜斬公望以謝軍，第恐朝廷他日未遽貸公爾！』彦國慚，翼日，提兵趨淮西而去。公望，昌朝孫也。」

公料賊決有異謀，且會兵五旬，無一人至者，即欲以孤軍進，召諸將計議。都統制陳淬曰：「虜方熾，未可輕舉。」公怒，欲斬之。諸將拜，乞貸淬效死，釋之。會得大元帥府檄令會合，庚辰，公迺進柵南華境上，命淬曰：「汝當先諸將一行，謝前日之過。」淬曰：「敢不效力！」遂進兵，未十里，與虜遇，出虜不意，敗之，即頓兵南華。是日，康王發東平。癸未，至濟州。〔一〕

〔一〕《宗忠簡公事狀》：「會兵五旬，無一人至者，公欲以孤軍進，召諸將計議。都統制陳淬曰：『虜方熾，未可輕舉。』公怒，欲斬之。諸將乞貸淬效死，釋之。會得大元帥府檄令會合，公進柵南華境上，命淬曰：『汝當先諸將一行。』淬曰：『敢不效力！』進兵，未十里，與虜遇，出虜不意，敗之，即頓兵南華。是日，康王發東平，至濟州。」

《宗忠簡公傳》：「公獨以孤軍進，至南華，命裨將陳淬出虜不意，擊之。」

《宋史》卷三六〇《宗澤傳》：「澤以孤軍進，都統陳淬言：『敵方熾，未可輕舉。』澤怒，欲斬之。諸將乞貸淬，使得效死。澤命淬進兵，遇金人，敗之。」

《三朝北盟會編》卷八三：「（靖康二年二月二十三日癸未）《（建炎）中興記》曰：『二十三日，至濟州。是時，元帥軍濟州，自黄河而南，分布勤王之師。宗澤屯澶州，以拒虜之在衛南、韋城者；閻丘陞屯濮州，以拒虜之在臨濮、南華者；黄潛善在曹州，以拒虜之在考城者；趙野、范訥在南京，以禦虜之在寧陵、襄邑者；向子諲在宿，趙子崧在〔陳〕，何志同在許，皆圍京師，未得進。或勸約諸道同日大進兵鏖戰，決勝負於一日，或以爲虜在城上，外逼之，則下而入，有不可言者，又惑於曹輔、張澂之説，未敢前。」

《建炎以來繫年要録》卷二：「（建炎元年二月）庚辰，王發東平府。王在東平踰月，京城音問不通，副元帥汪伯彦等共議移屯濟州，以俟敵隙，王從之。

是日，副元帥宗澤自澶淵移軍南華縣。先是，澤約諸帥會兵，五旬，無一人至者。澤奮願擊虜，引諸將共議。都統制陳淬曰：『虜方熾，未可輕舉。』澤怒，將斬之。諸將羅拜，乞貸淬效死。會元帥府檄至，澤乃引兵屯南華境上，謂淬曰：『汝當先諸將一行，以贖前日之過。』淬曰：『願盡力。』遂進兵，未十里，與虜遇，出虜不意，敗之，即據南華縣。」

《靖康稗史箋證》《南征録彙》：「（天會五年二月二十四日）帥府急班師，銀帛未齊。又探得康王令宗澤屯澶州，閻丘陞屯濮州，黄潛善屯曹州，趙野、范訥屯南京，向子野屯鉅野，何志同屯許州，提舉官梅執禮、程振、陳知質、安扶集城中潰卒内應，遂殺執禮等，并執根括官胡唐老、胡舜陟、姚舜明、王俁，鞭背各二百，限五日繳齊。復榜城中，逾期不齊，縱兵大索。（見《武功記》）」

三月朔，二聖在郊宮。丁酉，太宰張邦昌以虜命僭立。虜自宛亭引衆逼興仁，列栅而屯，復分兵寇開德。公遣彦威與戰，敗之。度虜必犯濮州，急遣邦彦嚴爲之備。兵果至，接戰，復敗之，駐於近郊。辛丑，再戰，殺傷相當。公自南華遣二千餘騎援濮州，虜兵引去，復向開德。邦彦、彦威合軍夾擊，敗之。壬寅，公親提所節制兵，進至衛南，前驅報曰：「前逼虜營，當少避之。」公曰：「第言兩國既和，久不退師，我欲入覲君父，虜無得出寨。」諸將莫曉其意，公曰：「以將孤兵寡，不深入重地，不能成意外之功。」公揮衆，入虜區，彼亦陳兵以待。公操戈直前，親冒矢石，與虜戰，敗之，轉戰而東。虜益兵至，刃既接，陽敗而却。我師追擊，不利，傷者什二，王孝忠死之。公令將士曰：「今前後盡賊壘，進退等死，當從死中求生！」士卒亦知必死，人人争奮，莫不一當百。虜大敗，斬首數千級，虜退却數十里，遂據韋城。已而公私自計曰：「虜兵十倍于我，一戰而却，必當有謀。若盡合諸營鐵騎，夜以襲我，我軍殆矣！」深暮，戒裨將辛叔禧、杜琳曰：「徙軍南華。」虜果夜至，得空營，大驚。自此深溝自固，兵不再出矣。癸卯，自南華遣兵過大溝河，出虜不意，襲擊敗之。〔一〕

〔一〕《宗忠簡公墓誌銘》：「公駐兵開德府，數與虜接戰，……公奉檄竦然，遂自衛南進兵，前驅衆報曰：『賊鋒方鋭，願少避其鋒。』公不聽，策馬先之。彼亦陳兵以待，操戈直前，士皆爭奮，無一不當百，虜退却數十里，遂入〔韋〕城。公復語諸士曰：『虜騎乘吾不意，何以待之，莫若移軍南華。』虜果夜至，而寨已空矣。」

《宗忠簡公事狀》：「三月丁酉，太宰張邦昌以僞命僭立。虜自宛亭引衆逼興仁，列栅而屯，復分兵寇開德。公遣孔彦威與戰，敗之。度虜必犯濮州，遣權邦彦嚴爲之備。兵果至，接戰，復敗之，駐於近郊。辛丑，再戰，殺傷相當。公自南華遣二千餘騎援濮州，虜兵引去，復向開德。遣邦彦、彦威合軍夾擊，敗之。壬寅，公親提所節制兵，進至衛南，前驅報曰：『前逼虜營，當少避之。』公曰：『第言兩國既和，久不退師，我欲入覲君父，虜無得出寨。』諸將莫曉其意，公曰：『以將孤兵寡，不深入重地，不能成意外之功。』公操戈直前，親冒矢石，與虜戰，敗之，轉戰而東。虜益兵至，刃既接，陽敗而却。我師追擊，不利，王孝忠死之。公令將士曰：『今前後盡賊壘，進退等死，當從死中求生！』士卒亦知必死，人人爭奮，莫不一當百。虜大敗，斬首數千級，虜退却數十里，據韋城。公私計曰：『虜兵十倍于我，一戰而却，勢必復來。若盡合諸營夜襲，我軍殆矣！』深暮，戒裨將辛叔禧、杜琳盡徙軍南華。虜果夜至，得空營，大驚。癸卯，自南華遣兵過大溝河，出虜不意，襲擊敗之。」

《宗忠簡公傳》：「虜自宛亭逼興仁府，分兵寇開德。公遣孔彦威與戰，又破之。公度虜必犯濮，密戒權邦彦爲備。虜果至濮，公遣二千騎爲援，敗之。虜復向開德，邦彦、彦威合擊，又破之。公親率諸軍進衛南，曰：『兩國既和，我欲入覲君父。』遂揮而前，虜陳兵以待，公曰：『今前後皆虜壁，進退等死耳，當死中求生！』人人爭奮，無不一當百。虜遂大敗，斬首數千。虜益生兵，陽敗而却，公曰：『彼十倍於我，一戰遽却，是必有謀。若襲我，則殆矣！』即徙軍南華，虜果夜至，得空壁，大驚。次日，公自南華過河，襲擊，又敗之。」

《宋史》卷三六〇《宗澤傳》：「金人攻開德，澤遣孔彦威與戰，又敗之。澤度金人必犯濮，先遣三千騎往援，金人果至，敗之。金人復向開德，權邦彦、孔彦威合兵夾擊，又大敗之。澤兵進至衛南，度將孤兵寡，不深入，不能成功。先驅云前有敵營，澤揮衆直前，與戰，敗之，轉戰而東。敵益生兵至，王孝忠戰死。前後皆敵壘，澤下令曰：『今日進退等死，不可不從死中求生！』士卒知必死，無不一當百，斬首數千級，金人大敗，退却數十餘里。澤計敵衆十倍於我，今一戰而却，勢必復來。使悉其鐵騎夜襲吾軍，則危矣。乃暮徙其軍。金人夜至，得空營，大驚。自是憚澤，不敢復出兵。澤出其不意，遣兵過大〔溝〕河，襲擊敗之。」

《三朝北盟會編》卷八五：「（靖康二年三月十一日辛丑）興仁府統制官張㬇（換？）敗金人於興仁府，閭丘陞敗金人於濮州，孔彦威敗金人於開德府。

《（封氏）編年》曰：『初十日，金人一頭項自宛亭前來，至興仁府城外五里劄寨。辛丑，金人向城進兵。黄潛善遣統制官張㬇（換？）部領軍兵，占據地利迎敵，遣丁順、孟世寧分作左、右翼，設伏掩殺，射中金人旗頭龍虎郎君落馬，即時擡舁，引兵退去。又一頭項寇濮州城下，閭丘陞遣人馬出城迎敵，金人退去。辛丑，又見陣，各有殺傷。是夜五更，拔寨退去。又一頭項自衛南寇開德府，金人以其衆列護城隍外。宗澤先令統制孔彦威占隍劄寨，交兵，至申酉間，金人退去。辛丑，復來見陣，澤又遣權邦彦下冀州兵，與彦威併力掩擊。是夜三更，金人拔寨退去。』……

（十二日壬寅）宗澤以戰車趨京師，遇金人於南華，敗績。澤微服走，統領王孝忠中箭身死，知博州孫振爲亂兵所殺。

《（中興）遺史》曰：『初，劉浩在相州，得戰車法，創造五輛，試之不可運，業已造成。浩謂磁州宗澤好作爲，輕聽信，乃告假往磁，以戰車紿曰：是車造一百五十輛，每一輛以二十五人守車，二十五人爲左角，二十五人爲右角，二十五人爲前拒，共四隊，凡一車用一百人。車一百五十輛，共用一萬五千人。願與直閣爲先鋒，收復真定。具畫車陣并所用人數、陣隊，爲圖以獻。澤喜之，問浩所欲，浩言：所闕者衲襖耳，聞磁州甚多，請隨意之所欲應副。澤資給之而去。

澤遂以浩所圖車陣，稱見造成車一百五十輛，已募到民兵一萬五千人，結成陣隊，謀欲收復真定，奏聞朝廷。朝廷壯之，取旨，除澤秘閣修撰、河北民兵總管。初實無一人一車也。

及元帥府分遣澤往開德駐劄，乃用浩車制，旋試之。澤以開德城下之戰，金人退去，謂金甚易與耳。壬寅，領兵推戰車追襲，欲〔徑〕入京城下解圍，至衛南之北，逢見金人伏兵，接戰，金人佯敗，向東趨南華縣。澤追至南華，遇金人兩頭掩擊，官軍大敗，戰車大而難運，推駕者苦之，一旦遇倉卒，皆委而走。澤變易衣服，隨敗兵隊中，夜奔走，得脱。先鋒王孝忠中箭墜馬死。知博州孫振領兵至中路，聞澤敗績。親兵櫂與金人接戰，且懷鄉土，乃殺振，及取軍實，散而北歸。金人取戰車，盡載軍實而去。』

《（建炎）中興記》曰：『宗澤、權邦彦同在澶淵，約與深州守臣姚鵬同入。鵬未進兵，澤、邦彦自南華入，遇虜騎卒至，西將王孝忠死。澤、邦彦更士卒白布衫、草履，夜走姚鵬軍。澤所製戰車五百輛，使〔民兵御之，民〕兵棄車走，車爲虜所得，以載城下所獲金銀歸虜中。孫傅之父守博州，將兵屯濮州，聽澤節制。是役，墜馬死。後建炎初，河北寇皆澤麾下潰卒也。』」

又同書卷一一七《林泉野記》：「又令閭丘〔陞〕、孫振往，聽澤節制。澤屢請進師，伯彦恐敗和盟，檄止其行。金人自衛南來犯開德，澤遣統制孔彦舟敗之。次日，來犯行在，又爲彦舟所敗。澤與權邦彦乘勝，欲徑至京城，以戰車一百五十輛從行。至衛南，遇伏兵，敗，趨南華。虜以兩軍掩擊，推車者皆走，先鋒統制王彦忠等死之。澤再聚兵，傳檄四方，欲邀奪二帝。」

又同書卷一一七《靖康小雅》：「會淵聖以蠟書間道，拜上爲兵馬大元帥，且專誅賞。上進公待制，爲副元帥。上南至大名，或傳金人已北歸。公遂分兵邀擊，至衛南，遇賊，力戰，數日，賊兵日滋，公無後繼，既小衄，賊方北去。」

又同書卷一五五《林泉野記》：「邦彦，字朝美，崇寧四年釋褐登第。靖康初，宗澤知相州，屯兵開德府。金人來犯，澤将孔彦舟敗之。邦彦隨澤乘勝追擊，欲徑至京城，解圍。行及衛南，戰敗，走而免。」按此處稱時「宗澤知相州」，係誤。

《建炎以來繫年要録》卷三：「（建炎元年三月庚子）金人自宛〔亭〕引衆逼興仁，列寨而屯，復分兵犯開德。宗澤遣統制官孔彦威與戰，敗之。度〔虜〕必犯濮州，急戒右文殿修撰權邦彦以所部冀州兵爲之備。敵果至，與戰，又敗之。……

（辛丑）是日，知冀州權邦彦與敵再戰，殺傷相當。京東轉運判官、直龍圖閣閭丘陞亦以所募民兵出戰。宗澤自南華縣遣二千騎援之，敵引去，復向開德。邦彦與澤所部統制官孔彦威夾擊，大敗之。……

（壬寅）是日，兵馬副元帥宗澤與金人戰於韋城縣，敗之。金人既爲權邦彦所却，澤因約知深州、直秘閣姚鵬同進兵。鵬未至，澤自引所部至衛南，候騎報賊壘近，宜少避，澤曰：『將孤兵寡，不深入重地，無以取勝。』澤揮戈直前，親冒矢石，與戰，敗之。敵益濟師，官軍不利，將士傷重者什二，先鋒將、果州刺史王孝忠戰死。士卒知退無所恃，人人争奮，敵大敗，斬首數千級，遂得韋城縣。虜欲夜襲澤，澤知之，日暮移軍南華。賊果夜至，得空壁，大驚，自是不復出。澤在軍中，與士卒同甘苦，故人樂爲用。（汪伯彦《中興日曆》云：『三月辛巳，開德府宗澤申：金人十日自衛南前來侵犯，乞應援。十六日丙午，宗澤申：金人十日巳、午間，近護城堤，統制官孔彦威交兵。申、酉間，殺退。十一日辰、巳間，再向前來，本軍差權邦彦下官兵併力殺退。當夜三更，拔寨遁去。奉王旨行下，不得追襲，恐落姦便。十九日己酉，據副元帥宗澤下敗兵五人前來，稱宗元帥十二日領兵追襲，待徑入京城下解圍。當日到衛南，逢伏兵，殺退，東趣南華縣，兵敗。宗元帥易衣裳，隨敗兵夜走奔北。續據澤申，如敗兵所説外，見於雷澤縣招集潰兵，乞給器械。澤先造戰車一百五十輛，大而難運，推駕者苦之，一旦遇敵倉卒，皆委而走。金人以戰車盡載澤軍實而歸。王聞之，曰：吾見澤戰車大，不適用，徒費工料。澤不聽，今果資敵矣。初，劉浩創造戰車五輛，試之，不可用。軍中闕衲襖，乃提軍見澤，爲車陣圖以獻。澤喜，問所闕，浩既得衲襖，不告而還。澤遂以浩所圖，妄稱見造成車一百五十輛，已募到民兵一萬五千人，謀復真定。朝廷壯之，除秘閣修撰、河北民兵總管，其實無一人一車也，方且圖之耳。逮帥府遣往開德，乃旋用浩車制創造，而終於敗。」耿延禧《中興記》云：『宗澤、權邦彦自南華入，遇虜騎卒至，西将王孝忠死。澤、邦彦更士卒白布衫、草履，夜走姚鵬軍。所製戰車五百輛，使民兵御之，民兵棄車走，爲虜所得，以載城下所獲金銀歸虜中。後建炎初，河北寇皆澤麾下潰卒也。』按伯彦、延禧與澤議論不同，詞多毁澤。又二人所進書，皆出於澤死之後，恐未足信。今以《欽宗實録》及澤《遺事》參修。戰車事，今年九月乙巳注可考。）先是，知博州孫振以軍民之兵二千人至冠氏縣。王命屯濮州，受澤節制。（去年十二月己丑。）至是聞澤與敵戰，其親兵皆懼，且懷鄉土，乃殺振，分取軍實，散而北歸。振，傅父也。（耿延禧《中興記》云：『振墜馬死。』今從汪伯彦《中興日曆》，俟考。）……

（癸卯）宗澤自南華遣兵過大溝河，襲虜，又敗之。」

《皇朝編年綱目備要》卷三〇：「宗澤敗虜於長垣。……澤約諸帥會兵，五旬，無一人至者。澤奮願擊虜，引諸將議之。都統制陳淬曰：『虜方熾，未可輕舉。』澤怒，將斬之。諸將羅拜，乞貸淬，〔使得〕效死，乃命淬當先以贖過。遂進兵，未十里，與虜遇，出虜不意，敗之於長垣。澤既敗虜，遂得韋城縣。虜欲夜襲澤，澤知之，日暮移軍南華。賊果夜至，得空壁，大驚，自是不復出。澤在軍中，與士卒同甘苦，故人樂爲用。澤爲書與諸道勤王師，勸督兵入援，趙〔野、曾〕楙、范訥皆以澤爲狂言，不答。澤自南華遣兵過大溝河，襲虜，又敗之。時四方勤王之師只留近甸，惟澤力戰，及知冀州權邦彦亦領兵，與澤同抵韋城。」

《東都事略》卷一二《欽宗紀》：「（靖康二年三月丁酉）宗澤與金人戰于長垣，敗之。」《靖康稗史箋證》《南征録彙》：「（天會五年三月）初十日，我軍敗康王於開德、興仁、濮州。十一日，婁室孛堇又敗之千秋鎮。……十二日，又敗康王兵于南華，摧其將宗澤、權邦彦車陣。帥府榜示各路云，宋主父子眷屬并已北遷。（見《武功記》）」諸書唯有《皇朝編年綱目備要》與《東都事略》稱「宗澤敗虜於長垣」，但説自開德府「進兵，未十里，與虜遇，出虜不意，敗之於長垣」。按長垣縣屬開封府，尚在滑州韋城縣之南，不可能僅進兵「十里」，便「敗之於長垣」。「時四方勤王之師只留近甸，惟澤力戰」，肯定屬實。但宗澤僅是孤軍，金軍曾在興仁府南華縣破「宗澤、權邦彦車陣」，而宗澤軍也只能在衛南縣、南華縣和韋城縣一帶作戰，並占據曾戰敗之南華縣，却無力深入開封府界。

《宋史》卷一九七《兵志》：「造車之制，渡江後，東南地多沮洳險隘，不以車爲主。宗澤、李綱有戰車法，王大智獻車式，皆不復用，而屬意甲冑、弧矢之利矣。」在北方平原，宗澤以戰車抗擊女真騎兵，確有功效，故雖有南華縣之敗，後仍繼續使用。

又同書卷三九六《權邦彦傳》：「知冀州。金人再入，高宗開大元帥府，起兩河兵衛汴京。邦彦提所部兵二千五百人，與宗澤自澶淵趨韋城，據刀馬河。諸道兵莫有進者，會敵兵大至，移屯南華。」

又同書卷四五二《陳淬傳》：「建炎元年，辟諸軍統制，宗澤命擊金人於南華，敗之。」《誠齋集》卷一二四《樞密兼參知政事權公墓誌銘》：「高宗皇帝以康王爲大元帥，起兩河兵，入衛王室，以公爲計議官。公將冀兵與宗澤兵皆師于澶淵，與澤兵於丁未三月，自濟徑趨古刀馬河拒賊，列砦數十，去京不遠。虜騎充斥，諸路兵約同進者皆不應。澤曰：『是以肉食虎耳。』乃師于曹之南華。及二聖北狩，上檄諸路兵追襲，公與澤兵復之衛，之滑。」《周益國文忠公集》《省齋文稿》卷一九《題權邦彦草書舞劍器行》：「樞密權公進士起家，當靖康擾攘，偕宗澤邀擊金虜，功雖不成，斯亦壯矣！」《紫微集》卷一七：「高好古爲該建炎元年五月一日覃恩，轉進武校尉，并因磁州守禦無虞，隨宗澤勤王，有金人侵犯開德府，率先用命，殄滅强寇，轉承信郎。紹興元年終賞，轉承節郎。紹興二年終賞，轉保義郎換給制。」

自戊寅檄後，兵無會者，獨公屢與虜戰，每捷到，王嘉歎不已，於是承制除徽猷閣待制，辭曰：「兵馬大元帥府：竊見朝奉郎、集英殿修撰、河北義兵都總管、兵馬副元帥宗澤，自河北躬率大兵，鼓行而南，與虜對壘。初則養鋭以待，今則奮怒而前。人之所難，視之甚易。心堅金石，忠義凛然。協濟大功，宜有褒擢。今除徽猷閣待制。」〔一〕

〔一〕《宗忠簡公墓誌銘》：「公駐兵開德府，數與虜接戰，大元帥嘉其功，用便宜授徽猷閣待制，其詞曰：『澤自河北，躬率大兵，鼓行而南，與賊對壘。初則養鋭以待，今則奮怒而前。人之所難，視之甚易。』公奉檄竦然，遂自衛南進兵，前驅衆報曰：『賊鋒方鋭，願少避其鋒。』公不聽，策馬先之。彼亦陳兵以待，操戈直前，士皆爭奮，無一不當百，虜退却數十里，遂入〔韋〕城。公復語諸士曰：『虜騎乘吾不意，何以待之，莫若移軍南華。』虜果夜至，而寨已空矣。」

《宗忠簡公事狀》：「自戊寅檄後，兵無會者，獨公屢與虜戰，每捷到，王嘉歎不已，於是承制除徽猷閣待制。（劄見前。）」

《中興小紀》卷一：「（建炎元年）宗澤帥兵至韋城，與〔虜〕大戰，敗之。丙辰，上奏除澤徽猷閣待制。」此條以《皇朝中興紀事本末》卷一之上參校。

《建炎以來繫年要録》卷三：「（建炎元年三月癸卯）元帥府寮屬聞金人立張邦昌，欲奉王至宿州駐軍，謀渡江左。先鋒輜重至山口鎮，三軍籍籍，謂不返京師而迂路，何也？王聞其語，遂罷行。（《欽宗實録》以宿州之行爲黄潛善建議。按《中興日曆》，罷行在三月十三日癸卯，此時潛善在興仁，三月二十七日丁巳，潛善乃至濟州，《實録》誤也。蓋耿延禧《中興記》初不深考，附此事於潛善至濟州之後，而史臣遂因之。是時，耿南仲、汪伯彦在濟州，未知的是何人建此議，今但云帥府寮屬，俟考。）……丙辰，王承制以集英殿修撰、兵馬副元帥宗澤爲徽猷閣待制，賞韋城之功也。」

《宋史》卷二四《高宗紀》：「（建炎元年）三月丁酉，金人立張邦昌爲帝，稱大楚。黄潛善以告，帝慟哭。僚屬欲奉帝駐軍宿州，謀渡江左，帝聞三軍籍籍，遂輟。承制以宗澤爲徽猷閣待制。」

又同書卷三六〇《宗澤傳》：「王承制以澤爲徽猷閣待制。」康王本人躲在濟州，仍感不安全，「謀渡江左」，只因害怕兵變而罷行。

卷之四

先是，覘事人張宗至京師，爲邏者所得，執以見權領尚書省王時雍。宗具言遣來狀，時雍以邦昌事告之，且補修武郎〔一〕，不受，乞歸報府，時雍縱之。丁巳，黃潛善攜宗至大元帥府，出邦昌僞號文字，金人號文字赦文。王讀畢，往麟嘉堂，與府僚呼問之。王慟哭，期以身先士卒，邀二聖於河北。諸將曰：「此將臣職耳，大王迺宗廟所繫，不可輕舉。」王謂府僚曰：「斯報國之秋，可速檄河南、北諸郡及河北山水寨一應官民之兵，邀其歸路，或斷橋阸險，設伏襲擊，當親提大軍，策應效死，仍檄副元帥宗澤依策應行之。」〔二〕

〔一〕修武郎，原作「武修郎」，按《宋史》卷一六九《職官志》，宋朝無武修郎，今據《建炎以來繫年要録》卷三注引汪伯彦《建炎中興日曆》與耿延禧《建炎中興記》改。

〔二〕《三朝北盟會編》卷八九：「（靖康二年三月二十九日己未）大元帥得黃潛善所遣李宗報到京城事，劄下河南、北府郡山寨措置指揮。先是，大元帥駐濟州多日，寂不聞京城事。黃潛善在曹州，募人能入圍城者，有重賞。南華小史李宗自云能往，潛善夜賂其家，且許以官爵，遣之。宗傍京城，故令驅虜入寨，爲給薪水，迤邐近城寨，得上城送飯。益習熟，即與城內人語，墜錢，下博買針綫等。又與城內人熟，瞰無人時，投身下城內，爲邏者所得，以〔見〕權領三省王時雍。宗具言潛善遣來狀，時雍告以虜人推立張邦昌事，且補宗承信郎。宗不敢受，乞身歸，時雍縱遣之。宗復於南薰門作荷擔人出，因得竄走，復求驅虜入寨，迤邐得去。宗至曹州，見潛善，并出京城印賣推戴權立邦昌文字一紙，虜人僞詔一紙，邦昌榜示赦文一紙，邦昌迎立孟太后書一紙。潛善趨帥府呈王，王讀之，洒淚隕涕，語幕府僚屬曰：『狂虜索釁肆貪，陷我京城，邀我二帝暨諸太子、親王、近臣，質於虜寨，恐將挾以北遷。須急速劄下河南、北諸府郡，應官民之兵及河北諸山寨頭項土豪民兵，併力把截，隨所居地分，差得力人探金人渡河回歸之日，或把河斷橋，或據險設伏，或迎擊於其前，或追襲於其後，當府當親領大軍，前去策應，效死解難，迎還二帝。并馳檄宗澤，仰督促河南、北諸府郡及河東、河北山寨、水寨諸頭項義士首領，火急依應今來指揮施行。』初，潛善引李宗見上，高世則欲引李宗語，潛善隨之。李宗後不知所在，或云爲潛善所殺，或者謂潛善得王時雍書，不知何等語，懼李宗告訐，故殺之。

大元帥府收侯章，以摇煽軍情，斬之。初，李宗報到京城禍變事，侯章先得之，倡言於外，軍民聞之，洶洶不安，且險語迫王，勸急爲渡江計，請自留募兵。送獄根究，搜檢到丁順所與章左衽戰袍、磕頂頭巾，遂斬之。軍民憤疾，争裂屍首，絲擘其肉而食之，人情大定。」

《建炎以來繫年要録》卷三：「（建炎元年三月丁巳）是日，高陽關路安撫使黄潛善自興仁至濟州。初，潛善在興仁，募南華縣小吏李宗至京師詗事，爲邏者所獲，捕以見權領尚書省王時雍。（《實録》以時雍爲權領三省，蓋承耿延禧所記之誤。）宗具言遣來狀，時雍以邦昌事告之，且補宗承信郎，不受。（《實録》作補修武郎，恐誤，今從汪伯彦《日曆》、耿延禧《中興記》。）乞歸報，時雍縱之。宗得都城所印賣邦昌僭號文、金人僞詔、邦昌僞赦文以歸。（《欽宗實録》云：『宗得邦昌僞號文、金人僞詔、邦昌僞赦及迎立太后書各一紙。』按宗以三月丁巳至濟州，而邦昌四月丁亥始册太后。宗自出京至興仁府，又自興仁禀命，而後來濟州，必經涉旬餘，則其離京師，必在三月半間，安得有此书也。蓋汪伯彦、耿延禧誤記，而史官又因之。）轉運使黄潛厚聞之，入見王，哽咽不能語。王問之，潛厚曰：『二聖已去，張邦昌僭立。』王聞之痛切，即與潛厚同見耿南仲，召潛善還濟州。幕府請以都統制楊惟忠代領其衆，惟忠辭。汪伯彦言：『潛善所部統領官、知廣信軍張换有將材，乃命换節制興仁府、廣濟軍軍馬。换，陝西人也。潛善持李宗書見王。（耿延禧《中興記》云：『王時雍所以告李宗，使語潛善者，人莫得盡聞也。潛善至曹州，引宗見上，高世則欲與宗屏人語，潛善随之。潛善又引宗至臣南仲麟嘉堂，臣延禧呼李宗語，潛善亦随之。潛善退，李宗後失所在，或云爲潛善所殺。故或謂潛善得王時雍書，不知何等語，懼李宗以告人耳。』按《日曆》，紹興中，趙鼎嘗以此事奏陳，上曰：『不然，當時措置皆是潛善。李宗見存，自可問也。』然則宗未嘗死，特延禧怨潛善當國，斥己，而誣之，今不取。）王讀之涕泣。」依黄潛善三月丁巳至濟州，則李宗也不可能同日到興仁府，而须更早，李心傳注文小误。

又同書卷九九：「（紹興六年三月癸巳）（趙鼎）又言：『黄潛善遣張宗入京，密結王時雍。』上曰：『此事亦不然。黄潛厚一日驟来見朕，哽噎不能言，再三叩之，乃云：二聖已去，張邦昌僭立。朕是時更無分毫主意，同與見耿南仲商議，往招潛善。潛善既到，即檄諸路，共力勤王。當時處置，皆是潛善。張宗見存，自可問也。』折彦質曰：『大抵人情喜宗澤，而惡潛善，故耳。』上曰：『潛善誤國，固有罪，然事之是非，亦不可不公。』」

《皇朝編年綱目備要》卷三〇：「（靖康二年四月庚申朔）汪伯彦譖殺侯章。先是，黄潛善遣張宗至京，知虜人立張邦昌事。宗既歸，道逢侯章，具以告之。章走濟州，言曰：『事既如此，諸公别無措置，奈何？』且以言侵伯彦等。伯彦請誅之，康王再三不可，伯彦力請，以其鼓惑三軍，遂斬之。」按「張宗」或作「李宗」。

戊午，公得陷虜宗室二人，問以都城事，言二聖留虜營未還。公具上大元帥府。已未，公起南華，進兵臨濮。〔一〕

〔一〕《建炎以來繫年要録》卷三：「（建炎元年三月己未）宗澤自南華移屯臨濮。」

夏四月庚申朔，兩宫北狩。虜營定議，以斡離不軍由滑州路進發，以粘没喝軍由鄭州路進發，兩路護送，日行數百里。〔一〕

〔一〕《靖康稗史箋證》《宋俘記》：「(天會四年十一月二十五日，既平趙宋，俘其妻孥三千餘人，宗室男、婦四千餘人，贵戚男、婦五千餘人，諸色目三千餘人，教坊三千餘人，都由開封府列册津送。諸可考索，入寨後喪逸二千人，遣釋二千人，廑行萬四千人。北行之際，分道分期，逮至燕、雲，男十存四，婦十存七。」總計約一萬四千俘虜，大抵步行，另加大量裝載財寳等車隊，故「日行數百里」之説肯定虚誇而不確，或「百」爲「十」之筆誤。

辛酉，大元帥府傳檄郡國曰：「靖康二年四月二日，兵馬大元帥、皇帝弟康王(御名)檄郡邑曰：『見危致命者，忠臣之心；視死如歸者，烈士之志。凡在率土，世受湛恩，今陳瀝血之辭，庶獲捐軀之效。兹者上皇禪位，下詔責躬，事出忱誠，人皆惻隱。恭惟皇帝遵養潛邸十有五年，克儉克勤，博通經史，天下延頸，莫不歸心。及受禪之日，虜人大入，許割三鎮，廼肯退師。皇帝念祖宗之故疆，乃〔二〕陵寢之重地，請計賦租之入，以爲歲幣之常。廼曰渝盟，寔惟求釁，再操戈而詣闕，遂鼓衆以乘墉。至于屈己稱臣，露章引咎。初斂兵不下，詭曰通和；既邀駕出臨，廼輒留駐。故人望北塵而徯后，既已降詔，而割地腴；民畏左衽而拒門，又爲隙端，以肆貪欲。今者二聖、太子、諸王、近臣皆質虜營，恐將北去，攷之自昔，未有或然。臣子之心，痛憤徹骨。(御名)昨奉睿旨，充兵馬大元帥，倡義率衆，形從響答，數百萬衆，奮怒而前。内揆人心，可知天意，逼逐狂虜，今兹已行。强抑臣僚，俾從僭位，天怒人怨，曷能安居！除已發遣大兵，糾合諸郡，把扼險阻，焚絶河梁，或迎擊於前，或追躡於後，期於掃清千里，迎還兩宫。帥臣等其統驍鋭之衆，使堅忠義之心；撫摩良善之民，毋忘歸戴之舊。凡關津之出入，謹於防姦；或文書之往來，審於辨詐。以報皇朝之涵養，以底天下之治安。報德賞功，非言可究。三靈在上，寔聞其言。』」仍下宣撫使范訥、北道〔二〕總管趙野、西路副總管孫昭遠、經制使翁彦國、東道副總管朱勝非、西道副總管高公紀、陝西制置使錢蓋、京兆帥范致虚、鄜延帥張深、副總管劉光世、熙河帥王似、知淮〔三〕寧府趙子崧、發運判官方孟卿、向子諲，亟會兵城下，以俟進發，奉迎二聖，無得輒入都城，因緣殺掠。〔四〕

〔一〕乃，原作「及」，據《靖康要録箋注》卷一六改。

〔二〕北道，原作「河北道」，據《宋史》卷三五二《趙野傳》删「河」字。

〔三〕淮，原作「汝」，據《三朝北盟會編》卷八一與《宋史》卷二四七《趙子崧傳》改。

〔四〕《靖康要録箋注》卷一六：「（靖康二年四月二日）是日，兵馬大元帥、皇弟康王名構檄郡邑曰：『見危致命者，忠臣之心；視死如歸者，烈士之勇。凡在率土，世沐湛恩，今陳瀝血之辭，庶獲捐軀之效。邇者上皇禪位，下詔責躬，事出忱誠，人皆惻隱。恭惟皇帝遵養潛邸，十有五年，克勤克儉，博通經史，天下延頸，莫不歸心。及受禪之初，金人大入，許割三鎮，乃肯退師。皇帝念祖宗之故疆，乃陵寢之重地，請許賦租之入，以爲歲幣之常。乃曰渝盟，實惟求釁，再操戈而詣闕，遂鼓衆而乘墉。至於屈己稱臣，露章引咎。初斂兵不下，詭曰通和；既邀駕出臨，乃輒留駐。且既已降詔而割地，民畏左袵而拒關，又爲隙端，以肆貪慾。今者二聖、太子、諸王、近臣皆在賊營，恐將北去，考之自昔，未有或然。臣子之心，痛憤徹骨。某昨奉睿旨，充兵馬大元帥，唱義率衆，影從響答，數百萬衆，奮怒而前。内揆人心，可知天意。逼逐狂虜，今兹已行。而强抑臣僚，俾僭位號，天怒人怨，曷能安居！除已遣發大兵，糾合諸郡，把隘險阻，焚絶河梁，或迎擊於前，或追躡於後，期於掃清千里，迎還兩宫外，帥臣、監司、郡守、縣令共統驍鋭之衆，使堅忠義之心，其撫柔良之民，毋忘歸戴之舊。凡關津之出入，謹於防姦；或文書之往來，審於辨詐。以報皇朝之涵養，以底天下之治安。報德賞功，非言可究。三辰在上，實聞斯言。檄書到日，曉示軍民，各仰知悉。』上件檄書下淮南、江、浙、荆湖、二廣等路帥臣、監司，並付發運判官向子諲，下京西、川、陝諸路帥臣、監司者，並付宣總司趙野、范訥。」此書所載檄文文字與《遺事》稍異。

《續資治通鑑長編紀事本末》卷一五〇《高宗南渡》：「（靖康二年四月辛酉）王謂耿南仲等曰：『斯報國之秋也，宜奮忠義，邀擊歸路。』於是布檄，並檄副元帥宗澤，促河南、北兵依應指揮。」

《三朝北盟會編》卷八九：「（靖康二年四月二日辛酉）大元帥府草檄，行下郡邑。大元帥集府僚聚議，念京城圍閉，朝廷命令久不通，四方失所望，姦宄乘時妄作。群臣建言，布檄四方，以定人心。乃命耿延禧草檄書，耿南仲、汪伯彦、黄潛善同共參訂，〔呈〕定本。是日，命藍珪刊行之。」

又同書卷九三：「（靖康二年四月十四日癸酉）前初王漸聞二帝北狩，金人退兵也，嘗泣謂幕屬、諸將，欲身先士卒追之。諸將以大王玉體，即宗廟社稷所係，不可輕舉。會宗澤申，虜騎渡絶，已使人焚河橋訖。於是乃下檄兩河諸將及山東、河北義兵，河北列城邀擊，迎還二聖。」

《建炎以來繫年要録》卷四：「（建炎元年四月辛酉）元帥府以檄書諭四方。自京都受圍，不通朝命，參議官耿延禧、高世則建請布檄諸路，以定人心。王然之，命延禧面草檄以行。」可知康王此檄爲耿延禧所寫之官樣文章。

「（丁卯）副元帥宗澤言：『虜騎渡絶，已使人焚河橋訖。』王乃檄兩河諸將邀擊敵兵，迎還二聖。（此據《中興記》。）」

《僞齊録》卷上《虜立僞齊册文》：「始者宋國罪餘，趙氏遺孽，家乏孝友，國無忠勤。銜命出和，已作潛身之計；提兵入衛，反爲護己之資。忍視父兄，甘爲俘虜。」金朝此文發於建炎四年册立僞齊劉豫時，除嫚詞外，也準確記録康王從出使到任大元帥之劣迹，而爲宋方所諱言。

初，公遣人覘虜動息，見其日夜益兵，增寨柵，備守禦甚嚴。公曰：「是款我師，必欲由他道遁也。」即夜遣兵襲之，得其所掠人，問以都城間事，或言二聖已爲彼邀取，間道渡河北去矣。公未之信，方謀引兵渡大河，據賊歸路，而對壘諸營一夕解去。公方知二聖果播遷，北望號慟，即自臨濮提孤軍趨滑州，走黎陽，由大伾，〔一〕壬午，至大名府城南下寨，

欲徑渡河，迎取乘輿，而勤王之兵無一至者。〔二〕

〔一〕《宋史》卷九三《河渠志》：「禹導河，自積石至龍門，南至華陰，東至砥柱，又東至於孟津，東過洛汭，至於大伾，即今成皋是也，或云黎陽山也。」據《元豐九域志》卷二，衛州黎陽縣「有大伾山」。

〔二〕《宗忠簡公事狀》：「戊午，公得陷敵宗室二人，問以都城事，言二聖留虜營未還。公具上大元帥府。己未，公起南華，進兵臨濮。遣人覘虜動息，見其日夜益兵，增寨柵，備守禦甚嚴。公曰：『是款我師，必欲由他道遁也。』即夜遣兵襲之，得其所掠人，問以都城間事，言二聖已爲彼邀取，間道渡河北去矣。公未之信，方謀引兵渡大河，據賊歸路，而對壘諸營一夕解去。公方知二聖果播遷，北望號慟，即自臨濮提孤軍趨滑州，走黎陽，由大伾至大名，欲徑渡河，迎取乘輿，而勤王之兵無一至者。」《宗忠簡公傳》：「公所得俘囚，問京城動息，又得王檄，知二聖北狩，天族偕遷。公北向號慟，即日自臨濮趨滑州，由黎陽大伾邀乘輿，孤〔軍〕進戰，他軍無一會者。」《宋史》卷三六〇《宗澤傳》：「時金人逼二帝北行，澤聞，即提軍趨滑，走黎陽，至大名，欲徑渡河，據金人歸路，邀還二帝，而勤王之兵卒無一至者。」《建炎以來繫年要録》卷四：「（建炎元年四月壬戌）副元帥宗澤引兵次大名府。澤得金所掠人，始知二帝北去。澤聞之，謀引兵渡河，據賊歸路，而對壘諸寨一夕解去。澤號慟，即自臨濮引兵趨滑州，及是抵大名城下，欲帥師渡河，而勤王之兵無一人至者。又知張邦昌僭立，擬先行誅討，乃將所部復還屯衛南。」

《皇朝編年綱目備要》卷三〇：「（靖康二年三月）澤〔獲〕虜所掠人，〔知二帝將北行〕，謀引兵渡河，據賊歸路，而對壘諸寨一夕解去。澤號慟，即自臨濮引兵趨滑州，抵大名城，而勤王之兵無一人至者。又知張邦昌僭位，擬先行誅討，乃將所部復還屯衛南。」

《兩宋名賢小集》卷一四三宗澤《又賦一律》：「罷兵洵上策，試問可誠然。竟棄三軍力，空拋半壁天。上林無旅雁，絶域有啼鵑。羞見龍泉劍，飛光牛斗前。」其中「上林無旅雁，絶域有啼鵑」兩句，可知應是宗澤得知北宋亡國所作。

又聞邦昌僭立，即回，欲先行誅討，且密遣健步，間道持檄，安慰京城士庶曰：「兵馬副元帥宗待制：契勘當府所統率軍兵，奉大元帥康王指揮，會合分遣諸處人馬，追襲掩截虜人，仍令随軍便宜措置。自承大元帥府劄子，星夜間道，遠遣使臣等，徧督河北、河東路州軍府將，合心併力，各據要害，斷絶橋梁，把扼圍擊，救迎二聖與諸王、皇族并后妃，期還宮闕。與三軍將佐，效臣子死節，誓報國恩。及行下大名府諸路，分催諸處義兵將士、五路人馬，相約掩擊去訖。照對自去年十一月以後，虜人登城，按甲不下，假倡和議，欵四方勤王之兵，坐敝近甸，詭詐百出，使中外聲援不相接，致請二聖出郊，迺輦金載帛，罄竭帑藏，以遂其欲，又邀擁鑾輿及皇族子孫、后妃已下，踰河北去。及是啟行，外方始知覺，四方痛切忿恨，呼天號訴，日月慘色，豈金賊戕我中國，迺上累君父！竊惟大宋一統天下，祖宗功德，滋休太平，自古莫比。本緣姦臣誤國，結怨生隙，流毒遺患，遂至今日。然以天下之大，宗社之重，天眷有宋，垂億萬年，其必有所恃。公卿將相，一心保護廟朝，安存士庶，以此見大宋之恩德甚深，與天地終始。其都城軍、民、僧、道等，思慕之心，豈有窮已。今大元帥康王忠孝友愛，出自天性，總兵于外，親擐甲胄，冒犯風雨，欲戡定國難，輯寧方夏。會諸路勤王之師，不啻百萬。前此守議和信盟，以竢敵退，俯爲生靈，每戒輕動。曁國家一落敵計，蒼生奈何？康王聞此，泣盡繼血，雖草木無知，亦須悲痛，左右開勉莫回，便欲躍身自奮，手格狂虜，以刷君父之耻。見不住進發人馬，催督忠臣〔一〕義士，數路合擊，雖封王建節，皆許充賞，期以力救駕回，用慰中外。故未忍歸朝，瞻望闕庭，欵謁宗廟，與本朝諸臣、父老、軍、民、僧、道相見。伏想輿情，日夕願望，必興念祖宗積累之厚，遽遭虜人作孽，致二帝播遷。惟康王爲宗廟社稷所賴，佇成大功，禔福天下。當府駐兵，去都城不遠，須至詳具公移，慰撫都人者。」〔二〕

〔一〕臣，據《三朝北盟會編》卷九四補。

〔二〕《宋宗忠簡公全集》卷六《撫慰京城士庶榜文》文字全同。

《三朝北盟會編》卷九四：「（靖康二年四月）十八日丁丑，開封府揭榜，曉示副元帥公文。開封府揭榜曉示：『准兵馬副元帥公文：當府統率軍兵，奉大元帥康王指揮，會合分遣諸處人馬，追襲掩截金人，仍令隨事便宜措置。自承康王劄子，星夜間道，速走使臣等，徧督河北、河東路諸州軍府將，合心併力，占據要害，斷絶橋梁，把隘攔擊，救迎二聖與諸王、皇族并后妃，期還宮闕。與三軍將校，臣子死節，誓報國恩。亦先檄下大名府路，催諸處人馬將士，隨渡徑過，與西路人馬相約掩擊去訖。契勘自去年十一月後，金人登城，按甲不動，假唱和議，使四方勤王之師，坐待近畿，詭詐百出，使四方蹤跡差誤，致使二帝出郊，乃輦載金帛，罄竭帑藏，以遂賊計，又邀擁鑾輿及皇族子孫、后妃已下，踰河北去。及至啟行，外方知覺，四方痛切忠憤，呼天號訴，日月慘色，豈期夷狄禍我中國，乃至上累君父！竊惟大宋一統天下，祖宗功德，滋休太平，自古莫比。本緣姦臣誤國，階怨生隙，流毒貽患，是至今日。以天下之大，宗社之重，上天眷祐有宋，垂億萬年，其必有大賴。公卿將帥，一心保護廟朝，安存士庶，以此又見大宋之恩德甚深，靡有窮已。今大元帥康王忠孝友愛，出自天性，總兵於外，親擐甲胄，冒犯風雨，欲戡定國難，輯寧方夏。會諸勤王之兵，何啻百萬。前此守和議盟，以俟賊退，俯爲生靈，每戒輕動。暨國家已落賊計，蒼天奈何？自是康王聞此，淚盡繼血，雖草木無知，亦皆悲慟，左右勸勉，曾若莫聞，便欲躍馬自奮，手格逆虜，以雪父兄之耻。見不住進發人馬，嚴督忠臣義士，數路合擊，雖封王建節，皆許充賞，期於力救駕回，以慰中外。故未能歸，期於瞻望闕庭，欵謁宗廟，與本朝父老、軍、民、僧、道相見。伏想輿情，日久顧望，必興念祖宗積累之厚，遽遭金胡作孽，致二帝遷播。惟康王爲社稷宗廟之賴，佇成大功，禔福天下。當〔府〕駐兵，距都城已近，須至公移，慰撫都人者。』」

又同書卷九九《汴都記》：「趙野元知大名府，爲軍民所逐。朝廷遂以運使張慤除直學士、知大名。元帥府用事者耿氏父子、黃潛善、宗澤、汪伯彦等耳。……副元帥宗澤榜京城，述康王指揮，分遣將兵一百餘萬，迎二帝，已引兵渡河，河北諸郡十不下一、二，以爲應援。夏熱在近，金人必不能來。」

《靖康要録箋注》卷一六：「（靖康二年四月）十四日，元帥檄初至京師，都人感泣，已而副元帥宗澤、東南道總管趙子崧皆揭榜，以安人心。」

《建炎以來繫年要録》卷四：「（建炎元年四月丁丑）副元帥宗澤檄至京師。」

《宗忠簡公墓誌銘》：「張邦昌既僭位，公密遣健步，自間道持檄，安慰京城。」

《宗忠簡公事狀》：「又聞張邦昌僭立，欲先行誅討，且密遣健步，間道持檄，安慰京城士庶。（檄見前。）」

《宗忠簡公傳》：「又聞張邦昌僭位，即回戈内向，先遣健步，持檄慰撫京城。」

《宋史》卷三六〇《宗澤傳》：「又聞張邦昌僭位，欲先行誅討。」

《玉海》卷一八八《兵馬副元帥慰撫京城士庶檄》：「靖康二年四月壬午，徽猷閣待制、兵馬副元帥宗澤至大名府，欲渡河，迎取二聖，而勤王之兵無一至者。又聞張邦昌僭立，欲先行誅討，密遣健步，間道持檄，慰撫京城士庶。」

《五峰集》卷三《向侍郎行狀》：「公（向子諲）至宿州，選宋良嗣權鈐轄，帥衆捍戰，於是〔虜〕不侵掠江、淮。凡兵潰在江、淮者，公悉收之，得數萬，遣詣南京朱勝非及范訥軍，令入援。時以外路平安〔及〕措置事，募壯士，奏京師。復以京師及大元帥府動息，行下〔東〕南八路，以安人心。後朝廷以蠟丸許監司、郡守勤王，公率幕兵，遣其屬〔賫〕輕貨十萬，餉元帥軍，仍請元帥移軍曹、濟，約諸道同進。既而被詔，不得輕舉勤王之師，害國大計。于是衆軍疑惑不前，公獨遣部將金汝〔翼〕由鹿邑至太康，遇敵力戰，爲粘罕所獲。〔虜〕遣〔人分道〕取李綱、吴敏、蔡靖、宗澤、徐處仁及蔡京、王黼、王安中等家屬，凡百餘。公執其使按問，然後知京城失守，二聖播遷，張邦昌僭位，放僞赦之變也。」此條以《宋名臣言行録》别集卷一一《向子諲》參校。

《汪文定公集》卷一一《徽猷閣直學右大中大夫向公墓誌銘》：「今上以康王開大元帥府於河北，公以外路動息及所措置事，募壯士，達奏于京師。復以京師平安及大元帥府行移，檄東南八路，以安人心。詔監〔司〕、郡守勤王，公糾合義士，收輯潰兵，期以入援，請元帥移軍曹、濟，約諸道同進。詔復以金人議和，勤王之師勿輕舉。衆疑惑不前，公獨遣部將金汝翼由鹿邑至太康，力戰，爲虜所獲。虜欲得李綱、吴敏、徐處仁、宗澤及蔡京、王黼、蔡靖、王安中等家屬，朝廷爲之遣使四出，公知非王命，執留不遣。」

時諜者言，京城修守禦之具，王曰：「果如此，或諸道兵馬皆來討逆，則吾民重困矣！」迺貽書於公曰：「（御名〔二〕）咨目上元帥待制台座：初夏漸熱，伏惟總御師徒，勤勞王事，台候萬福。（御名）去歲出使賊營，中道輟行，所攜不過千人。閏月被命帥師，始集東北兵民，進未及戰，已承再和之詔。繼得磬書，又戒生事，且防忌器，未敢輕舉，但分屯近畿，爲逼逐之計。閱月既久，刺知賊情，不免督兵前進。繼聞領兵戡難，感涕交頤，即具公文，當已呈達。今聞大臣之在賊中者，日久分深，承其付託，而二聖、二后、青宫〔二〕諸王北渡大河，五内殞裂，不如無生，便欲身先士卒，手刃孽胡，身膏草野，以救君父。而僚屬不容，謂祖宗德澤，主上仁聖，臣民歸戴，天祀未改。故老、近臣、將帥、軍民，忠義有素，當資衆力，共成忠孝本意。除已具公文外，伏望鼓作士氣，開曉士心，奉迎君父，永安社稷，以成不世之勳。（御名）不任痛憤泣血懇切之至。所有受賊付託之人，義當征誅，然聞二聖之在郊，已膺僭僞，慮百官之謀國，或出權宜，未當輕動，徒使京城重擾，軍民被害。故欲按甲近城，容（御名）移書問故，得其情實，即時關報，施行未晚。今日之事，非左右戮力，造次在念，恐不能濟。伏望孚察，永瞻會問，尚冀厚爲，宗社所賴，倍保台重。不宣。」書後復批曰：「近有尚書省劄子，於濟、鄆間訪求行府，語意無他，尤宜謹重，作嚴備也。」〔三〕

〔一〕名，據《建炎以來朝野雜記》乙集卷五《高宗與宗忠簡書》補。

〔二〕青宮諸王，「青宮」，《三朝北盟會編》卷九〇作「東宮」，詞義相同。

〔三〕《宋宗忠簡公全集》卷七《大元帥答請討張邦昌書》即此書。《三朝北盟會編》卷九〇：「（靖康二年四月四日癸亥）大元帥與諸副元帥、總管宗澤、趙子崧等書。《遺史》曰：『書曰：初夏漸暄，伏惟總御〔師〕徒，勤勞國事，臺候多福。某去歲出使賊營，中道輟行，所携不過千人。閏月被命帥師，始集東北民兵，進未及畿，已承再和之詔。繼得樞府轡書，又戒生事，且方忌器，未敢輕出，但分兵近畿，爲逼逐之計。閱月既久，刺知賊情，不免鼓率衆賢，勉此前進。繼聞元帥領兵戡難，感涕交頤，即具公文，當已至呈達。今聞大臣之在賊中者，日久分深，承其付託，而二聖、二后、東宮諸王北渡大河，五内殞裂，不如無生，便欲身先士卒，手刃逆胡，身膏草野，以救君父。而僚屬不容，謂祖宗德澤，主上仁聖，臣民戴歸，天意未改。故老、近臣、將帥、軍民，忠義有素，當資衆力，共成忠孝本意。除已具〔公〕移外，伏望鼓作士氣，開曉士心，奉迎君父，永安社稷，以成不世之勳。某不任痛憤泣血懇切之情。所有受賊付託之人，義當征誅，然聞方二聖之在郊，已膺僭僞，慮百官之謀，或出權宜，未嘗輕動，徒使京城動擾，軍民被害。故欲〔按甲〕近城，容某移書問故，得其情實，即時關報，施行未晚。今日之事，非左右戮力，造次在念，恐不能濟。伏幸孚察，未瞻會〔問〕，尚冀厚爲，宗社所賴，倍保臺重。不宣。』」

《建炎以來朝野雜記》乙集卷三《高宗與宗忠簡書》：「高宗皇帝與宗忠簡公諸帥等書：『（御名）去歲使賊營，中道輟行，所攜不過千人。閏月被命帥師，集東北兵民，進未及戰，已承再和之詔。繼得轡書，又戒生事，且方忌器，未敢輕舉，但分屯近畿，爲逼逐之計。閲日既久，刺知賊情，不免督兵前進。繼聞領兵戡難，感涕交頤，即具公文，當已呈達。今聞大臣之在賊中者，日久分深，承其付託，而二聖、二后、青宫諸王北渡大河，五内殞裂，不如無生，便欲身先士卒，手刃孽胡，身膏草野，以救君父。而僚屬不容，謂祖宗德澤，主上神聖，臣民歸戴，天祀未改。故老、近臣、將帥、軍民，忠義有素，當資衆力，共成忠孝本意。除已具公文外，伏望賈作士氣，開曉士心，奉迎君父，永安社稷，以成不世之勳。（御名）不任痛憤泣血懇切之至。所有受賊付託之人，義當征誅，然聞二聖之在郊，已膺僭僞，慮百官之謀國，或出權宜，未嘗輕動，徒使京城重擾，軍民被害。故欲按甲近城，容（御名）移書問故，得其情實，即時關報，施行未晚。今日之事，非左右戮力，造次在念，恐不能濟。伏望孚察，永贍會问，尚冀厚爲，宗社所賴，倍保台重。不宣。』書後復書云：『近有尚書省劄子，於濟、鄆間訪求行府，語意無他，尤宜謹重，作嚴備也。』此書宗公《遺事》中第摘其略，《欽録》亦不全載，故具録之。」以上兩书所載，與《遺事》文字稍異。

《宗忠簡公事狀》：「時諜者言，京城修守禦之具，王曰：『果如此，或諸道兵馬皆來討逆，則吾民重困矣！』迺貽書於公。（書見前。）」

《宗忠簡公傳》：「又得王書，言僭僞義當征誅，聞其出於權宜，未可重擾京城。不若按甲近畿，移書問故，候得其實，討之未晚。」

公得大元帥書，約移師近都城，按甲觀變。公曰：「人臣安有張紅蓋，服赭袍，居正殿者乎？」即上書謝。（書見前。）繼探報人申俊等申繳張邦昌赦文，公讀之，益憤怒，即具申大元帥府，（文見前。）繼具劄子告王。（文見前。）兩劄上，公謂所知曰：「怨結王之左右矣，不恤也！」〔一〕

〔一〕《宗忠簡公墓誌銘》：「及以四方欣戴之意，告於帥府曰：『今二聖、諸王悉渡河而北，唯大王在濟，此天意可知。宜整頓乾坤，興復社稷，以垂萬世無疆之休。』」

《宗忠簡公事狀》：「公得大元帥書，約移師近都城，按甲觀變。公曰：『人臣安有張紅蓋，服赭袍，居正殿者乎？』復上狀於王。（狀見前。）繼探報人申俊等申繳張邦昌赦文，公讀之，益憤怒，即具申大元帥府，繼具劄告。（二劄俱見前。）公謂所知曰：『怨結王之左右矣，不恤也。』」

《宗忠簡公傳》：「公即移師觀衅，且復王書曰：『姦臣邦昌，竊據寶位，改元肆赦，止勤王兵，簒跡顯然。自古姦臣，其初未嘗不僞爲謙退，中藏禍心。今二聖、諸王北去，惟大王在，天意可卜，正宜有以歸天下之心，不可緩也。』」

《宋史》卷三六〇《宗澤傳》：「會得大元帥府書，約移師近都，按甲觀變。澤復書于王曰：『人臣豈有服赭袍，張紅蓋，御正殿者乎？自古姦臣，皆外爲恭順，而中藏禍心，未有竊據寶位，改元肆赦，惡狀昭著，若邦昌者。今二聖、諸王悉渡河而北，惟大王在濟，天意可知。宜亟行天討，興復社稷。』且言邦昌僞赦，或啟姦雄之意，望遣使分諭諸路，以定民心。」

《三朝北盟會編》卷九三：「（靖康二年四月十二日辛未）宗澤謝大元帥書狀，書曰：『伏聞大王仁慈，頒賜教翰。今日之事，非左右戮力，造次在念，恐不能濟。伏讀再四，涕泗横臆。仰認眷私責任之重，但恐疲苶，雖自瀝竭，路遠言輕，不能感動，有誤大事，罪不可逃。澤伏見姦臣張邦昌竊據寶位，改元肆赦，又挾孟后，以令天下，仍欲散諸路勤王之兵。其簒亂踪迹，無可疑者。今或悔懼，有出權宜之語耳。且人臣豈有張紅繖，服赭袍，居正殿者？自古姦臣，初未嘗不謙遜退避，中藏禍心不測，況惡狀彰著如此。今二聖、諸王、皇族悉渡河而北，唯大王在濟，天意可知。宜整頓乾坤，興復社稷，以傳萬世，不可遲疑，猶豫不斷。澤衰老，痛切忠義之極，不免縷縷敷陳，乞賜哀亮，早定民志，使天下有所歸向。《易》曰：見幾而作，不俟終日。願大王速圖之。』

别幅曰：『并承親誨，筆之紙尾，仰荷隆謙。所批近有尚書省劄子，於鄆、濟間尋訪大王事。此乃出自賊計，不可不察。澤近探得，御寶與朝廷印記盡爲賊携去，兼驅行吏，故作行遣，惑亂天下。何㮚等亦在賊中。澤近行下河北等路州縣，已令當切驗認，不得憑信。若大元帥文字，方得施行，過爲隄備去訖。伏乞照察。』」按《宋宗忠簡公全集》卷七《上大元帥討張邦昌狀》乃此書節略，今不録。

《建炎以來繫年要録》卷四：「（建炎元年四月乙丑）初，有傳金人以郭藥師爲樞密使，留兵萬五千，以衛邦昌者。王憂之，乃遣宗澤、趙子崧等書，諭以受賊付託之人，義當征誅。然慮事出權宜，未可輕動。澤復書，略曰：『自古人臣豈有服赭袍，張紅蓋，御正殿者？況邦昌改元肆赦，又挾孟氏以令天下，欲散諸路勤王之兵。其篡亂踪跡，無可疑者。自古姦臣，初未嘗不謙遜，而中藏禍心，况惡狀彰著如此。今二聖、二后、諸王、皇族悉渡河而北，惟大王在濟，天意可知。宜早正天位，興復社稷，以傳萬世，不可遲疑，牽於不斷。惟大王圖之。』」

《宋史》卷二四《高宗紀》：「（建炎元年四月）又諭宗澤等，以受僞命之人，義當誅討，然慮事出權宜，未可輕動。澤復書，謂邦昌篡亂踪跡，已無可疑，宜早正天位，興復社稷，不可不斷。」

戊辰，邦昌召從官入延福宫，請元祐皇后垂簾聽政。遣奉迎使〔一〕、尚書左丞馮澥，副使、權尚書右丞李回詣大元帥府，迎王。己巳，邦昌以太宰退處資善堂。大元帥府随行官屬耿南仲等上表勸進，王不許。公亦累狀懇請。（前兩史無撿。）批答曰：「兵馬大元帥、皇弟康王答副元帥宗待制：虜人犯順，輒肆剽侵。大兵前驅，本期殄滅。亟聞失守，遂蔑戰功。永惟太祖創業垂二百年，二聖在位幾三十載，既遭蕩析，迺至播遷，涕淚横流，心肝糜潰。有天有地，古今所未嘗聞；爲子爲臣，夙夜實不遑發。方行追躡，誓必邀迎。念元帥之權，實出上意；顧國家之任，難徇衆情。所請難議施行。」〔二〕

〔一〕迎使，原作「御史」，據《建炎以來繫年要録》卷四建炎元年四月戊辰與《宋史》卷三七一《馮澥傳》改。

〔二〕《宋宗忠簡公全集》卷七《大元帥答勸進劄》即此件。《三朝北盟會編》卷九三靖康二年四月十四日癸酉所載，乃康王對「監察御史姚舜明、知衢州王信、知江州胡唐世、知無爲軍（闕）、知南外宗正事勸進狀」之批答，估計實爲對宗澤「懇請」批答之複文。

公再上狀勸進。（文見前。）再批答曰：「兵馬大元帥、皇弟康王答副元帥宗待制：虜人披猖，鑾輿播越，詔令不下，無所禀承。遐邇民心，翕然見屬，謂天下之動，必正於一。〔一〕故連日之請，洊至於三。雖輿情難以輒違，而孝心有所不忍。方將徧覽所上，詳熟以思，俟入京城，欵謁宗廟，若鑾輿未還，欲〔二〕撫定民庶，權聽國事。宜體此意，無復苦陳。」〔三〕

〔一〕「天下之動，必正於一」，《三朝北盟會編》卷九四作「天下之權，必主於一」。
〔二〕欲，《三朝北盟會編》卷九四作「即」。
〔三〕《宋宗忠簡公全集》卷七《大元帥再答勸進劄》即此件。《三朝北盟會編》卷九四靖康二年四月十七日丙子所載，乃康王對「南外宗正事勸進第三狀」之批答，估計實爲對宗澤「再上狀勸進」批答之複文。其文字或異，不須详校。
《宗忠簡公墓誌銘》：「因論天下安危切務，大略以近剛直，納諫諍，尚恭儉，體憂勤，進功實爲先。」

《宗忠簡公傳》：「及聞都城反正，貽書于王曰：『今日國之存亡，在大王行之得其道與不得其道耳。所謂道者，其説有五：一曰近剛正而遠柔邪，二曰納諫諍而拒諂諛，三曰尚恭儉而抑驕奢，四曰體憂勤而忘逸樂，五曰進公實而退私僞。』公謂人曰：『結怨王之左右矣，不恤也！』又累表請早決大計。」《宋史》卷三六〇《宗澤傳》：「又上書言：『今天下所屬望者，在於大王，大王行之得其道，則有以慰天下之心。所謂道者：近剛正而遠柔邪，納諫諍而拒諛佞，尚恭儉而抑驕侈，體憂勤而忘逸樂，進公實而退私僞。』因累表勸進。」

《宗忠簡公集》卷一《上大元帥康王劄子》：「某恭惟太祖皇帝創業垂統，當傳之億萬世。今方二百年，豈謂賊虜横肆，邀迎二聖與諸親王渡河北去。天下百姓所注耳目繫其望者，惟大元帥康王一人。大元帥行之得其道，則天下將自安，宗廟、社稷將自寧，二帝、二后、諸王將自回，彼之賊虜將自剿絶殄滅。大元帥行之不得其道，則天下從此而亂，宗廟、社稷亦從此而傾危，二帝、二后、諸親王無夤緣可回，賊勢愈熾，亦無因緣而亡。此事在大元帥行之得其道與不得其道耳。某所謂道者，其説有五：一曰近剛正而遠柔邪，二曰納諫諍而拒諛佞，三曰尚恭儉而抑驕奢，四曰體憂勤而忘逸樂，五曰進公實而退私僞。是五者甚易知易行，然歷世莫能知能行者，繇剛正、諫諍、恭儉、憂勤、公實之事多逆於心也，柔邪、諛佞、驕奢、逸樂、私僞之事多遜於志也。伊尹曰：『有言逆于汝心，必求諸道；有言遜于汝志，必求諸非道。』合諸道者，君子也；合諸非道者，小人也。願大王於應酬答問之間，以茲五事卜驗，則君子、小人了然分矣。某之血誠痛切，每思我宋本嗣無疆，今勢孤危岌嶪如此，某願大元帥大王左右嘗膽，不忘在濟時，夙夜羹牆，不忘我祖宗時，則天下可安，宗廟、社稷可寧，二帝、二后、諸王可回，賊虜雖熾，可剿絕殄滅，夫何遠之有？在大元帥大王力行之而已。」

《三朝北盟會編》卷九三：「（靖康二年四月十三日壬申）宗澤具狀申大元帥府，乞行五事。宗澤具狀申大元帥府，乞即寶位，以安天下，并具劄子曰：『恭惟太祖皇帝創業垂統，當傳億萬世。方今二百年，豈謂賊虜橫肆，邀迎二帝與諸王渡河北去。天下百姓所注耳目而繫其望者，惟在大元帥府康王一人。大元帥行之得其道，則天下將自安，宗廟、社稷將自寧，二帝、二后、諸王將自回，彼之賊虜將自剿絕殄滅。大元帥行之不得其道，則天下從而大亂，宗廟、社稷亦從而傾危，二帝、二后、諸王無夤緣而回，賊勢愈熾，亦無夤緣而亡。此事在大元帥行之得其道與不得其道耳。如何可謂之道？澤謂其說有五：一曰近剛正而遠柔邪，二曰納諫諍而拒諛佞，三曰尚恭儉而抑驕侈，四曰體憂勤而忘逸樂，五曰進公實而退私僞。是五者甚易知，甚易行，然世莫能知，莫能行者，由剛正、諫諍、恭儉、憂勤、公實之事多逆於心也，柔邪、諛佞、驕侈、逸樂、私僞之事多遜於志也。伊尹有言：有言逆於汝心，必求諸道；有言遜於汝志，必求諸非道。合諸道者，君子也；合諸非道者，小人也。願大元帥大王於應酬問答之間，以茲五事卜之，則君子、小人了然分矣。澤之血誠痛切，每思趙家本嗣，無疆大歷服。今勢孤危岌業如是，澤願大元帥左右嘗胆，不忘在濟時，夙夜羹墻，不忘我祖宗時，則天下自安，宗廟、社稷自寧，二帝、二后、諸王自回，賊虜雖熾，自剿絕殄滅，夫何遠之有？在大元帥大王力行之而已。』」以上兩處宗澤「乞行五事」劄子文字稍異。宗澤處於非常苦惱和矛盾之境地，他明知康王根本不具備中興之主的素質，但身爲宋朝臣僚，他只能在亂臣賊子張邦昌和康王之間兩者擇一。他必須同這位不爭氣的康王確立新的君臣關係，也只能苦心規諫，以盡臣職。此乃他與衆多趨炎附勢之勸進者的根本不同處。「乞行五事」，説中了康王的痛處。然而宗澤本人也只能説：「結怨王之左右矣，不恤也！」康王甚至不予理睬，並無禮貌性之批答。

《續資治通鑑長編紀事本末》卷一五〇《高宗南渡》：「（靖康二年四月）壬申，在京文武百官上表康王勸進，宗澤亦以狀申請，王深拒之。」

《建炎以來繫年要録》卷四：「（建炎元年四月壬申）副元帥宗澤聞京城反正，復爲書貽王言：『今日國之存亡，在大王行之得其道與不得其道耳。所謂道者，其説有五：一曰近剛正而遠柔邪，二曰納諫諍而拒諂諛，三曰崇恭儉而抑驕奢，四曰體憂勤而忘逸樂，五曰進公實而退私僞。』澤謂所親曰：『怨結王之左右矣，不恤也！』」

《皇朝編年綱目備要》卷三〇：「復貽書遺康王言：『今日國之存亡，在大王行之得其道與不得其道耳。所謂道者，其説有五：一曰近剛正而遠柔邪，二曰納諫諍而拒諂諛，三曰尚恭儉而抑驕奢，四曰體憂勤而忘逸樂，五曰進公實而退私僞。』澤謂所親曰：『怨結王之左右矣，不恤也！』」

《宗忠簡公集》卷一《大元帥府勸進第二狀》：「某等累狀，乞大王早決大計，以安人心。伏惟降到劄子，所請難議施行者。屢布忱誠，仰祈洞鑒。兹叶寰區之願，實繫宗廟之依，豈謂隆謙，未蒙昭允。竊以四海之遠，必發號施令，然後上下孚；必信賞必罰，然後小大服。深惟軍國之重，可虛宸極之尊？二聖播遷，群黎翹佇。念祖宗積累，垂無疆燾養之恩；而胡虜貪殘，起不測侵陵之變。有疎早悟，遂致稔姦。雲甲霜戈，共力追於朔野；天旌龍馭，期早復於皇居。然推戴有繫於人心，況寄託已彰於天意，尚稽獨斷，曷慰輿情。伏望大王以聰明之資，振久大光明之業；以智勇之略，弭變亂窺竊之風。鞏固洪圖，措安大器。不得已臨莅，赫乎群目之瞻；惟式克欽承，亶乃萬方之聽。某等無任祈求懇切俟命之至。」

初，濟陰夜有紅光燭天，如赤烏翔翥狀，識者以爲宋火德之符。於是濟之父老、軍、民以萬計，詣大元帥府，乞王即位于濟。幕府群僚或曰濟，或曰南京，議未決。會公亦乞于南京開府〔一〕，（文見前。）於是南京之議遂定。戊寅，大元帥府命公部將士於長垣、韋城、衛南、南華。己卯，以次進發。〔二〕庚辰，王發濟州。癸未，至南京。

〔一〕《宗忠簡公集》卷一《乞大元帥於南京開府狀》：「契勘張邦昌久在虜中，范瓊亦自草野中起，恐其包藏，陰與賊結。凡事未可容易憑信。某十日前，因與汪元帥咨目，乞密稟大王，且於南京開府，想旬浹間，便可綏定。一、京城是祖宗應天受命長發之地；二、道路取中，四方萬里便於申稟；三、臨汴流諸處，漕運尤易辦集；四、於拱、寧屯兵，爲嚴守計；五、可斷北來餉道，賊雖稔姦，當自破滅。却令某統領見所管諸處節制人馬，盡數前去京城十里以來劄寨，賫大元帥榜文，敘哀痛懇切，未忍遽歸，瞻望宗廟、朝廷，與省府舊官、閭巷父老相見，哽噎眷眷之意。觀人心徯佇懇切，然後按轡徐行，庶爲萬全，不至落賊姦便。某下情不勝瞻慕之至，切望哀亮血誠，早賜施行。」

《宗忠簡公集》卷一《再乞回鑾疏》（建炎元年七月，通前後表疏，係第二次奏請）：「臣前在臨濮兵寨中，寔憂群臣無遠識見，恐贊陛下去維揚、金陵，又見京城有賊臣張邦昌僭竊，與范瓊輩擅行威福，無所忌憚；所以曾暫乞駐蹕南都，以觀天意，以察人心，仰蒙聽從。」

《中興小紀》卷一：「（靖康二年）又宗澤言：『恐邦昌等陰與〔虜〕結，毋或深信。且開〔府〕於南京，乃祖宗受命之地，取四方中，汴漕尤易，庶爲萬全。』」此條以《皇朝中興紀事本末》卷二之上參校。

《建炎以來繫年要録》卷四：「（建炎元年四月戊辰）會副元帥宗澤言：『邦昌久在虜中，范瓊亦是草澤中起，恐其陰與賊結，未可深信。南京乃藝祖興王之地，取四方中，漕運尤易。』」

《宋史》卷二四《高宗紀》：「（建炎元年四月）戊辰，濟州父老詣軍門，言州四旁望見城中火光屬天，請帝即位于濟。會宗澤來言，南京乃藝祖興王之地，取四方中，漕運尤易，遂決意趨應天。」

〔二〕《宗忠簡公事狀》：「上表勸進，王不允，公屢狀懇請。（狀見前。）王書答。（書見前。）公再上狀勸進。（狀見前。）王再答。（書見前。）濟之父老、軍、民以萬計，詣大元帥府，乞王即位於濟。幕府群僚或曰濟，或曰南京，議未決。會公亦乞於南京開府，於是南京之議遂定。戊寅，大元帥府命公部將士於長垣、韋城、衛南、南華，以次進發。庚辰，王發濟州，至南京。」

《宗忠簡公傳》：「王命公總諸將於長垣、韋城、衛南、南華屯衛。」

《續資治通鑑長編紀事本末》卷一五〇《高宗南渡》：「（靖康二年四月）戊寅，大元帥府命宗澤部將士於長垣、韋城、衛南、南華防托，進發。」

《三朝北盟會編》卷九四：「（靖康二年四月十九日戊寅）大元帥府擺布駐劄人馬。議定以庚寅起發濟州，是日幕府劄下宣總司，於宛亭駐劄，趙子崧於東明駐劄，宗澤所部領一行并權邦彥、閭丘陞、姚鵬等人馬分擺於長垣、（韋）城、（衛南）、南華駐劄防（托），候大元帥人馬起發，仰至二十四日次第前進，至拱州、南京以來，次第下寨。其餘孔彥威、劉浩、丁順、張換、王澈等並別聽指揮。」

又同書卷九五：「（靖康二年四月二十一日庚辰）大元帥府參議東南道總管趙子崧榜曉諭都城士庶：『大元帥參議東南道總管趙子崧奉大元帥康王劄子，節制東南諸軍，進援王室，已至近城。……康王已委副元帥宗澤領騎兵，迎請二聖車駕。……』」

《靖康要録箋注》卷一六：「（靖康二年四月二十日）侍御史胡舜陟奏：『伏見宗澤文字，稱康王未忍歸朝，款謁宗廟。竊恐謙虛退託，未忍遽當大寶。此去濟不遠，乞遣京城父老、僧道往濟迎請，並遣百官前去勸進，以見推戴迫切之誠，庶幾車駕早至闕下。』奉聖旨依奏。」

《宋史》卷二四《高宗紀》：「（建炎元年四月）戊寅，命宗澤先勒兵分駐長垣、韋城等縣，以備非常。」

又同書卷三九六《權邦彥傳》：「二帝北遷，邦彥與澤五表勸進。建炎元年五月，召還，命知荆南府，改東平府。」

《誠齋集》卷一二四《樞密兼參知政事權公墓誌銘》：「賊已渡河，公與澤同表勸進，及蚤正位號，以繫民望者五。上即位，公與澤同往大名，募義兵，上亟召公與澤赴行在所。公乃回軍，自京師赴都，道除公帥荆南，澤襄陽。既抵行在所，澤以元帥事入奏，公未見間，除天章閣待制，改知東平。」

《建炎以來繫年要録》卷四：「（建炎元年四月）己卯，侍御史胡舜陟言：『宗澤文字，稱康王未忍歸朝，款謁宗廟。竊恐謙虚退託，未忍遽當大寶。此去濟不遠，乞遣京城父老、僧道往濟迎請，并令百官勸進，以見推戴迫切之誠，庶幾車駕早至闕下。』從之。」

五月庚寅朔，王即皇帝位於南京，大赦天下，曰：「皇天佑宋，卜世過於漢、唐；藝祖承周，受禪同乎舜、禹。列聖嗣無疆之歷，保邦隆不拔之基。屬以朝姦，稔成邊釁，侍中都之安富，忘外敵之憑陵。馴致虜人，來犯京邑。初登城而不下，終邀駕以偕行。痛念鑾輿，遠征沙漠，宗族從而盡〔一〕徙，宫闈〔二〕爲之一空。强抑臣僚，俾僭位號。朕以介弟之親而受旨，開元帥之府以總師。方輸敵愾之忠，亟奉請和之詔。豈圖變故，終致阽危。蓋嘗指日以誓諸軍，使前迎而後請；不憚瀝血〔三〕而檄率土，冀外附而内親。而三事大夫與萬邦黎獻，共致樂推之悃，靡容牢〔四〕避之私。謂亹亹萬機，難以一日而曠位；矧皇皇四海，詎可三月而無君。勉徇群情，嗣登大寶。宵衣旰食，紹祖宗垂創之基；疾首痛心，懷父兄〔五〕播遷之難。顧號令久隔，衆罔繫心，軍旅荐興，民多失業，慰民耳目之注，敷朕腹心之言。爰布湛恩，誕綏區夏。可大赦天下，改元建炎。於戲！聖人何以加孝，朕每懷問寢之思；天子必有所先，朕欲救在原之急。嗟哉文武之烈。〔六〕若時忠義之家。不食而哭秦庭，士當勇於報國；左袒而爲劉氏，人咸樂於愛君。其一德以一心，佇立功而立事，同〔七〕候兩宫之復，終圖萬世之安。副我憂勤，躋時康乂。」〔八〕以黄潛善爲中書侍郎，汪伯彦爲同知樞密院事。〔九〕辛卯，詔元帥府限十日結局。詔公赴南京行在。〔一〇〕

〔一〕盡，原作「進」，據《三朝北盟會編》卷一〇一改。
〔二〕闔，《三朝北盟會編》卷一〇一作「闕」。
〔三〕瀝血，《三朝北盟會編》卷一〇一作「戴星」。
〔四〕牢，《三朝北盟會編》卷一〇一作「退」。
〔五〕兄，《三朝北盟會編》卷一〇一作「母」。
〔六〕「哉」與「烈」，《三朝北盟會編》卷一〇一作「我」與「列」。
〔七〕同，上海古籍出版社影印本《三朝北盟會編》卷一〇一作「共」，「候」，《三朝北盟會編》卷一〇一作「徯」。
〔八〕此赦文爲節文，大赦具體内容見《三朝北盟會編》卷一〇一。
〔九〕《建炎以來繫年要録》卷五：「（建炎元年五月庚寅朔）即日拜徽猷閣直學士、兵馬副元帥黄潛善爲中書侍郎，顯謨閣直學士、兵馬元帥汪伯彦同知樞密院事。」宋高宗即位當日，即拜命黄潛善與汪伯彥，而將唯一奮身血戰之副元帥宗澤排擯於朝政之外。

《宋宰輔編年録校補》卷一四引《中興遺史》：「中興之初，潛善、伯彥首爲執政，智者必知二人無進取之志。宗澤嘗力請因天下兵集，親征，迎請二帝，力圖中興，潛善、伯彥沮止之，尋以澤爲京城留守。」

〔一〇〕《宋會要輯稿》職官六二之一：「（建炎元年）十二月二十一日，京畿留守宗澤言：『昨充兵馬副元帥，見當職官措置應副人馬口食錢糧，委有勞效，已各與借轉一官。』詔特於元官上轉一官。」

《宗忠簡公事狀》：「五月庚寅朔，王即皇帝位於南京，大赦天下。詔公赴南京行在。」

《三朝北盟會編》卷一〇二：「（建炎元年五月三日壬辰）宗澤徽猷閣待制，知襄陽府。」

《建炎以來繫年要録》卷五：「（建炎元年五月辛卯）大元帥府限十日結局。召副元帥宗澤赴行在。」「（庚戌）徽猷閣待制宗澤充龍圖閣學士、知襄陽府，右文殿修撰、知冀州權邦彥充天章閣待制、知荆南府，直秘閣、知深州姚鵬升直龍圖閣、知洪州。時黄潛善等不欲澤居中，故與河北勤王守臣並命。」

《宋史》卷二四《高宗紀》：「（建炎元年五月）庚戌，以宗澤爲龍圖閣學士、知襄陽府。」按《遺事》《宗忠簡公事狀》等載宗澤任知襄陽府時間有異，見後引《建炎以來繫年要録》卷六建炎元年六月己未朔注。

《朱子語類》卷一二七：「靖康、建炎，太上未立時，有一宗室名叔向，秦王位下人，自山中出來，招十數萬人，欲爲之。忽太上即位南京，欲歸朝廷，然不肯以其兵與朝廷，欲與宗澤。其謀主陳烈曰：『大王若歸朝廷，則當以其兵與朝廷。不然，即提兵過河，迎復二聖。』叔向卒歸朝廷，後亦加官之類，拘於一寺中。亦與陳烈官，烈棄之而去，竟不知所之。烈去，叔向陰被害。」

又同書卷一三〇：「舊常見知宗子焘，云高宗在南京時，有宗室『十五太尉』者，名叔向，起兵於汝州，有數萬人。其謀主曰陳烈，叔向自稱『大王』。已而下詔召之，令以兵屬大將某人，身赴行在。叔向願以兵屬宗澤，陳烈曰：『朝廷不令屬宗澤，而自欲屬之，不可。』叔向曰：『然則何以爲策？』烈曰：『某有一策，提兵過河北，乃蕭王之舉。』是時詔下，補烈通直郎。叔向既就召，烈不受官而去，終身不知所之。」趙叔向其實是卑視康王，而尊敬宗澤。

《建炎以來繫年要録》卷六：「（建炎元年六月乙亥）初，宗室敦武郎叔向在京城置救駕義兵，所以募士。至是其軍中統制官于渙詣南京，告叔向謀爲變，命御營使司提舉一行事務劉光世捕誅之。」

《宋史》卷二四七《趙叔向傳》：「叔向，魏王之系也。方汴京破時，叔向潛出，之京西。金人退，引衆屯青城，入至都堂，叱王時雍等速歸政，置救駕義兵。其後爲部將于渙上變，告叔向謀爲亂，詔劉光世捕誅之。」

甲午，公上表賀。（文見前。）乙巳，准告，覃恩，轉朝請郎，訓詞曰：「朕纂服不承，疏恩大賚，眷惟邇列，宜在褒嘉。具位宗澤，執德粹明，受材宏達，自陞華於法從，良著績於周行。加秩之崇，於昭新渥，輸忠之報，益展素懷。」公拜命，上表謝。（表佚。）分兵河上，量帶數百騎，徑自衛南、南華詣行在所。〔一〕

〔一〕《宗忠簡公事狀》：「公上表賀。（表見前。）乙巳，准告，覃恩轉朝請郎。（敕見前。）公拜命，上表謝。（表佚。）分兵河上，量帶數百騎，徑自衛南、南華詣行在所。」

六月己未朔，公入對，氣哽不能語，涕泗交頤，上亦爲之動容。復陳興衰撥亂大計，極論當時人材，上問勞甚厚。凡進四劄。（文見前）〔一〕

〔一〕《宗忠簡公事狀》：「六月己未朔，公入對，氣哽不能語，涕泗交頤，陳興衰撥亂大計，極論當時人材。上爲之動容，上問勞甚厚。條進四劄。（劄見前。）」

《宗忠簡公傳》：「五月，王即位於南京。詔公入對：一論人主不可以喜怒爲賞罰；二論人主職在任相，〔願〕於稠人廣衆之中，不以親疏，不以遠近，虛心謹擇，參以國人左右之言，爰立作相，毋使小人參之；三論臣下有懷姦藏慝，嫉賢蔽善者，當使耳目之官瀝心彈糾，毋有所隱。」

《宋史》卷三六〇《宗澤傳》：「王即帝位于南京。澤入見，涕泗交頤，陳興復大計。時與李綱同入對，相見論國事，慷慨流涕，綱奇之。」

《宗忠簡公集》卷一《條畫四事劄子》：「臣聞情生於愛，愛生於見，見生於目之所遇與左右之所接。所遇、所接果順於己，則喜，喜則賞之，賞之者，非懋其功也，賞其順己而已耳；所遇、所接果逆於己，則怒，怒則罰之，罰之者，非罰其罪也，罰其逆己而已耳。如是則賞罰出於喜怒，喜怒出於逆順，可謂之公而無私乎？賞罰徇私，其何以礪世磨鈍，大有爲於天下乎？聖人無我，故忘情，忘情，故忘逆順，忘逆順，故忘喜怒。故賞一善，而天下之爲善者勸，知其非私喜也；罰一惡，而天下之爲惡者沮，亦知其非私怒也。一賞一罰，歸之至公，而我無容心焉，人其不心悦而誠服者乎？陛下所以號令天下，使人知所趨，知所避，知所行，知所止者，賞罰而已。昔文王一怒，而安天下之民，武王亦一怒，而安天下之民，是怒也，豈發於目之所遇與左右之所接哉？彼賊虜横肆凶暴，侵犯我王室，臣願陛下如文王、武王，亦一怒而安天下之民，有賞有罰，惟平惟一，至于應酬萬機、進退取予之際，斷之至公，以慰天下之望。

臣聞人君職在論相。昔舜有天下，選於衆，舉皋陶，不仁者遠；湯有天下，選於衆，舉伊尹，不仁者遠。皋陶贊舜去四凶，而後『九德咸事』，『庶績其凝』。伊尹贊湯革夏，而後『咸有一德』，『格于皇天』。是知不仁者遠，不能播其惡于衆，始能使衆賢和於朝，更相汲引，以成大功也。以人君身居九重，其彌縫燮理，鎮撫表正，但仰成于朝而已。高宗得傅説，而商中興；憲宗得裴度，而唐中興。臣願陛下于稠人廣衆中，不以親疎，不以遠近，不以夢，不以卜，虚心考驗，參以國人左右之言，爰立作相，俾之應變守文。果得其人，能率厲衆志，交修不逮，其在位皆節儉正直，小大之臣咸懷忠良，以持天下之正，以成天下之務，天下其有不大治者乎！陛下果尊道德，遠邪佞，與大臣言欽而信，毋使小人參焉，與賢者遊親而禮，毋使不肖者與焉，用賢勿貳，去邪弗疑，斯言行，而天下治矣！《書》曰：『知之非艱，行之惟艱。』知之不行，無益也；行之不至，無益也。兹事在陛下力行之而已矣。

臣伏聞李絳見憲宗于浴堂殿，帝曰：『比諫官多朋黨，論奏不實，皆陷謗訕，欲摘其尤者，如何？』絳曰：『此非上意，必憸人以此熒誤上心。自古納諫昌，拒諫亡。夫臣進言于上，豈易哉？君尊如天，臣卑如地，加以雷霆之威，彼晝夜思度，如欲陳十事，俄而去五、六，及將以聞，則又憚而削其半，故上達者纔〔一〕二。何哉？干不測之禍，顧身無利，雖開納奬勵，尚恐不至。若譴訶之，使杜口，非社稷利。』帝曰：『非卿之言，我不知諫之益。』且人君深居嚴密，又以旒纊蔽其聰明，所以見天下之是非，聞天下之情僞者，蓋用諫官代爲耳目，俾姦邪譏慝，不敢掩其不善，而見其善者也。唐高祖、太宗初即位，嘗賞孫伏伽、蘇世長，以激諫臣。恭惟陛下聲色貨利，弗邇弗殖，舍己從人，樂取諸人以爲善，固無可諫者。至於臣下懷姦藏慝，嫉賢蔽善，敢肆欺罔，苟朋比者，當使耳目之臣廣其聞見，瀝心彈糾，毋有所隱，以絶後艱。

臣聞天下之事，爲於可爲之時，則成，爲於不可爲之時，則敗。成敗之機，間不容穟。是以古人有『時哉！不可失』之語。恭惟陛下繼離之照，法乾之剛，故見機而作，炳果斷而罔後艱，成敗之機，不出昭回之鑒，臣復何言。臣誠心，祇思徇國，久荷眷遇，臣非木石，能不自知。然臣每見事有當行，請之必力，言既拙直，勢甚孤危。願陛下察臣之衷，力賜保祐，使全骸骨，以盡餘年。臣之悃誠，言不盡意。」《歷代名臣奏議》卷一八八唯摘録此奏第一段，《歷代名臣奏議》卷一四二「知開封府宗澤《條畫四事劄子》」唯摘録此奏第二段，個別文字有異，《歷代名臣奏議》卷二〇五唯摘録此奏第三段，不予備録。稱宗澤時「知開封府」，係誤。

《建炎以來繫年要録》卷六：「（建炎元年六月己未朔）龍圖閣學士、新知襄陽府宗澤自衛南分兵屯河上，以數百騎赴南都。是日，入對。澤首上三事：其一論人主不可以喜怒爲賞罰；其二論人主職在任相，願於稠人廣衆中，不以親疏，不以遠近，虚心謹擇，參以國人左右之言，爰立作相，而毋使小人參之；其三論諫官人主耳目，臣下有懷姦藏慝，嫉賢蔽善者，當使耳目之官瀝心彈糾，毋有所隱，以絶後艱。上納其言，將留澤，而黄潛善、汪伯彦惡之，乃令之襄陽。（澤除襄陽，《日曆》在五月庚戌，汪伯彦《中興日曆》在五月壬辰，澤《遺事》在六月癸亥，三書俱不同。意者澤先已外除，至南都，始受命耳。今從《日曆》，乃略删潤，令不牴牾。）」

上有留中之意，而左右不容。〔一〕癸亥，以公爲龍圖閣學士、知襄陽府、提舉隨、房、郢州兵馬巡檢事，訓詞曰：「唐太宗天策舊僚，以次登用，皆備公卿之選。朕元帥開府，總兵朔方，汝起滏陽之師，實爲定傾之助。肆加褒擢，無愧前聞。具官宗澤，博學雄文，懿行高節，剛大之氣，至老不屈，縱横之才，應變尤長。力陳排難之謀，克奮勤王之志，獨當一面，聲望卓然。並嘉翊戴之功，宜有褒遷之寵，躐延秘閣之華序，往鎮襄陽之大邦，共濟多艱，聿來圖效。既通二禁之籍，勿替告猷；仍俾千里之民，悉安新政。」〔二〕

〔一〕《三朝北盟會編》卷一〇二：「（建炎元年六月三日壬辰）宗澤徽猷閣待制、知襄陽府。」《建炎以來繫年要録》卷六：「（建炎元年六月己未朔）上納其言，將留澤，而黄潛善、汪伯彦惡之，乃令之襄陽。」凡此皆是爲宋高宗緣飾之曲筆，皇帝欲留，豈大臣輩可令宗澤外任。《宋史》卷二四《高宗紀》：「（建炎元年五月）庚戌，以宗澤爲龍圖閣學士、知襄陽府。」宋廷發表宗澤知襄陽府時間應以《高宗紀》爲準。

〔二〕《宗忠簡公事狀》：「上有留中之意，而左右不容。以公爲龍圖閣學士、知襄陽府、提舉随、房、郢州兵馬巡檢事。（敕見前。）」

《梁谿全集》卷三二一《哭宗留守汝霖》：「再造之功，澤爲多。同列者忌之，譖毁百端，斥外不用。」

《宗忠簡公傳》：「上納其言，將留公，黄潛善、汪伯彦惡之，出公知襄陽府。」

《宋史》卷三六〇《宗澤傳》：「上欲留澤，潛善等沮之，除龍圖閣學士、知襄陽府。」

時復有割地之議，公上疏。（文見前。）上聞其言，壯之。戊辰，改知青州。〔一〕上丞相李綱書。（書見前。）〔二〕

〔一〕《宗忠簡公集》卷一《上乞毋割地與金人疏》：「臣聞天下者，我太祖、太宗肇造一統之天下也，奕世聖人繼繼相承，增光共貫之天下也。陛下爲天眷佑，爲民推戴，入紹大統，固當兢兢業業，思傳之姦計附賊張皇者之言，而遂自分裂乎？臣竊謂淵聖皇帝有天下之大，四海九州之富，兆民萬姓之衆，自金賊再犯，未嘗用一將，出一師，厲一兵，秣一馬，曰征曰伐，但聞姦邪之臣朝進一言以告和，暮入一說以乞盟，惟辭之卑，惟禮之厚，惟虜言是聽，惟虜求是應，因循逾時，終致二聖播遷，后妃、親王流離北去，宗社蒙耻。臣每念是禍，正宜天下臣子弗與賊虜俱生之日也。

臣意陛下即位，必赫然震怒，旋乾轉坤，大明黜陟，以賞善罰惡，以進賢退不肖，以再造我王室，以中興我大宋基業。今四十日矣，未聞有所號令，作新斯民。但見刑部指揮，有不得謄播赦文於河東、河西、陝之蒲、解。茲非所以新人耳目也，是欲蹈西晉東遷既覆之轍爾！是欲裂王者大一統之緒爲偏霸爾！爲是說者，〔何〕不忠不孝之甚也！既自不忠不孝，又壞天下忠義之心，褫天下忠義之氣，俾河東、河西、陝之蒲、解，皆無路爲忠爲義，是賊其民者也！臣雖駑怯，當躬冒矢石，爲諸將先，得捐軀，報國恩足矣！臣衰老，不勝痛憤激切之至。」此奏又見《歷代名臣奏議》卷三四八。

《三朝北盟會編》卷一〇八：「（建炎元年六月八日丙寅）宗澤奏劄論不當割地。朝廷議割河東、河西及陝之蒲、解，宗澤奏劄論其不便，曰：『臣聞天下者，我太祖、太宗肇造一統之天下也，奕世聖神繼繼相授，增光共貫之天下也。陛下爲天眷祐，爲民推戴，入紹大統，固當兢兢業業，思傳之億萬世，奈何遽議割河之東，又議割河之西，又議割陝之蒲、解乎？此三路者，太祖、太宗基命定命之地，奈何輕聽姦計附賊張皇者之言，而遂自分裂乎？臣竊謂淵聖皇帝有天下之大，四海九州之富，兆民萬姓之衆，自金賊再犯，未嘗用一將，出一師，厲一兵，秣一馬，曰征曰伐，但聞姦邪之臣朝進一言以告和，暮入一説以乞盟，惟辭之卑，惟禮之厚，惟虜言是聽，惟虜求是應，因循踰時，終致二聖播遷，后妃、親王流離北去。臣每念是禍，正宜天下臣子弗與賊虜俱生之日也。

臣意陛下即位，必赫然震怒，旋乾轉坤，大明黜陟，以賞善罰惡，以進賢退不肖，以再造我王室，以中興我大宋基業。今四十日矣，未聞有所號令，作新斯民。但見刑部指揮，有不得謄播赦文於河東、河西、陝之蒲、解。茲非所以新人耳目也，是欲蹈〔西〕晉〔東〕遷既覆之轍爾！是欲裂王者一統之緒爲偏霸爾！爲是説者，何不忠不孝之甚也！既自不忠不孝，又壞天下忠義之心，褫天下忠義之氣，俾河東、河西、陝之蒲、解，皆無從爲忠義，是賊其民者也！臣雖衰老，不勝憤痛激切之至。』」

《建炎以來繫年要録》卷六：「（建炎元年六月）戊辰，龍圖閣學士、新知襄陽府宗澤知青州。澤聞黄潛善等復唱和議，上疏言：『河之東、北，陝之蒲、解，此三路者，祖宗基命之地，奈何輕聽姦邪張皇之言，遂自分裂？今日之事，正宜與賊弗共戴天，弗與俱生！今四十日矣，未聞有所號令。但見刑部指揮，不得謄播赦文於河東、河北、陝之蒲、解，茲非新人耳目也。是欲蹈東晉既遷之覆轍，裂王者一統之緒爲偏霸耳！爲是説者，不忠不孝之甚！臣雖駑怯，當躬冒矢石，爲諸將先！』上壯之，以澤知青州，召延康殿學士、知青州曾孝序赴行在。」《宋史全文續資治通鑑》卷一六文字同。

《續宋中興編年資治通鑑》卷一：「（建炎元年六月）宗澤聞黄潛善等復唱和議，上疏言：『河之東、北，陝之蒲、解，此三路者，祖宗基命之地，奈何輕聽姦邪附賊者張皇之言，遂自分裂？今日之事，正宜與賊弗共戴天，弗與俱生！今即位已四十日矣，未聞有所號令。但見刑部指揮，不得騰播赦文於河東、河北、陝之蒲、解，茲非新人耳目也。是欲蹈東晉既遷之覆轍，裂王者一統之緒爲僞霸耳！爲是説者，不忠不孝之甚！臣雖駑怯，當躬冒矢石，爲諸將先！』上壯之。」

《宗忠簡公事狀》：「時復有割地之議，公上疏。（疏見前。）上覽其言，壯之。改知青州。上丞相李綱書。（書見前。）」

《宗忠簡公傳》：「復有割地請和之議，公上疏曰：『陛下初紹大統，奈何遽聽姦臣之言，欲割地以啖虜乎？前日靖康姦臣未嘗議遣，朝説一言以告和，暮獻一説以乞盟，詞卑禮厚，惟虜是徇，終有前日之禍。宜人臣弗與虜共戴天而俱生！臣意陛下亦赫然震怒，一洗前日之耻。未聞有所號令，作新斯民，豈可復徇姦邪之議哉？爲是説者，既不忠不孝，又壞天下忠義心，而褫其氣。臣願躬冒矢石，爲諸將先！』上壯其言，改知青州。」

《宋史》卷三六〇《宗澤傳》：「時金人有割地之議，澤上疏曰：『天下者，太祖、太宗之天下，陛下當兢兢業業，思傳之萬世，奈何遽議割河之東、西，又議割陝之蒲、解乎？自金人再至，朝廷未嘗命一將，出一師，但聞姦邪之臣朝進一言以告和，暮入一説以乞盟，終致二聖北遷，宗社蒙耻。臣意陛下赫然震怒，大明黜陟，以再造王室。今即位四十日矣，未聞有大號令，但見刑部指揮云，不得謄播赦文於河之東、西，陝之蒲、解者。是褫天下忠義之氣，而自絶其民也。臣雖駑怯，當躬冒矢石，爲諸將先，得捐軀，報國恩足矣！』上覽其言，壯之，改知青州。時年六十九矣。」所謂「上覽其言，壯之」等記載，又屬曲筆。

〔二〕《宗忠簡公集》卷四《上李丞相書》（諱綱）：「某衰老，無所能解，但聞賊虜驕蹇，尚有横肆之意，欲言之，慮涉自媒，欲不言之，又恐緩不及事，且或誤國。然自媒之罪小，萬一於國有誤，則罪死無濟。比蒙恩，差某知青州、兼京東路制置使，仰荷朝廷眷注，所以爲一身計，則甚安便矣。方今二聖蒙塵，天子駐蹕在外，京城嗷嗷，顒望翠華回輦，四海生靈，猶有未復業安堵，如我祖宗時者。顧一身偷自安便，如憂思過當，不能自爲一身安便何！

恭惟僕射相公，以道應世，不忘天下，休休有容，恢恢無間，欲再造王室，欲中興大宋基業，想勞心經濟，上副仰成，凡所設施，必以天下在起居飲食間也。前過京師，有河東數百姓來，日訴乞收復河東州縣。有數太學生并太學正王擇仁來相見，言收河東事。於今月二十九日，有王擇仁附書并諮目來，與某。顧某雖不以一身自營爲計，而無路可爲。相公有志天下，願輔佐天子，纘承焦勞，再造中興我太祖、太宗奕世一統實緒，毋蹈東晉既覆之轍，毋安積薪未燃之火，某不勝痛憤激切之至。所有王擇仁劄子，謹此繳納。」此信稱「今月二十九日」，似應寫於六月末，但當時宗澤已任開封尹，此處日期疑有刊誤。

卷之五

尋以公知開封府，〔一〕訓詞曰：「朕哀憫元元，罹罹兵禍，思欲濯瘡痍爲燠寒，變呻吟爲謳歌，用以靈承，顧諟天命，庶幾休息。惟京師雜五方之俗，事物大繁，號稱難治。用勞侍從之良，典司尹正之重。以爾氣渾而質厚，中偉而外莊，篤望可以鎮浮，長才足以周變，優游兩禁，譽處益隆，是用膺青社賜履之邦，莅三輔浩穰之寄。惟爾迺者從朕兵間，訏謨密勿，固知予德意志慮所向矣。往宣爾術，底於輯寧，益昭爾庸，用符僉屬。」

〔一〕《梁谿全集》卷一三二《哭宗留守汝霖》序：「余去夏抵行在，澤得守襄陽，未行，與欵語，忠義慷慨，憤發至流涕。力薦於上，使進職，留守京師。」
「同朝共排娼，一麾江漢東。見我論世故，慷慨淚沾胸。薦之守留鑰，付以節制隆。」
又同書卷一七五《建炎進退志總叙》上之下：「是時范訥、王襄罷，而開封府與留守闕官。余薦宗澤於上，以爲留守非澤不可。澤，浙東人，自爲小官，即卓犖有氣節，敢爲，不詭隨於世，以故屢失官。靖康間，知磁州，上以康邸持節使虜中。時金人已再犯河北，澤力挽留，以爲不可行。其後有元帥之命，遂即大位，澤之功爲多。同列忌之，譖毁百端，不得留府中，既而除知襄陽府。余到行在，澤適至，與語，衮衮可聽，發於忠義，至慷慨流涕，故余力薦之。上笑曰：『澤在磁，凡下令，一切聽於崔府君。』余奏曰：『古人亦有用權術，假於神，以行其令者，如田單是也。澤之所爲，恐類於此。京師根本之地，新經擾攘，人心未安。非得人以鎮撫之，不獨外寇爲患，亦有内變可虞，使澤當職，必有可觀。』上許之，乃除延康殿學士、知開封府事、兼留守。」

又同書卷一七九《建炎時政記》中：「是時，開封尹王襄罷，大名尹徐處仁薨，東京及北京留守闕官。有旨，宗澤除延康殿學士、知開封府、兼東京留守，杜充除待制、知大名府、兼北京留守。」

《三朝北盟會編》卷一〇九：「（建炎元年六月二十七日乙酉）宗澤除延康殿學士、知開封府、兼東京留守，杜充除顯謨閣待制、知大名府、兼北京留守。」

又同書卷一一一：「（建炎元年七月）十三日辛丑，京城留守范訥降授承宣使，淄州居住。宗澤入京師。臣僚上言：『范訥爲宣撫使日，專懷顧望，無意勤王，軍律不嚴，不能戢士。』遂降授承宣使，罷留守，淄州居住。上即位，宗澤嘗因天下兵集，乃請親征，迎請二帝，力圖中興。黄潛善、汪伯彦沮止之，乃加澤待制，知襄陽府。澤又乞兵十萬，往收復河北，不許。訥既罷，遂以澤爲京城留守。丙午，澤入京師治事。」

《建炎以來繫年要録》卷六：「（建炎元年六月戊辰）初，澤至南都，見李綱，與之語國事，澤慷慨流涕。時開封尹缺，綱爲上言：『綏集舊都，非澤不可。』上曰：『澤在磁，每下令，一聽於崔府君。』綱曰：『古人亦有用權術，假於神，以行其令者，如田單火牛之類是也。京師根本之地，新經擾攘，人心未固。不得人以撫之，非獨外憂，且有内變。』上乃許之，徙澤知開封府。（《日曆》澤除京尹在七月庚子，而澤《遺事》云：『六月乙亥，公至開封。』《日曆》恐誤也。況澤除留守，《日曆》亦繫之六月乙酉，則京尹之除，無由反在其後，今從澤《遺事》。）」按李心傳所引宗澤《遺事》文字與今存者異，今作「公拜命，即日就道，以七月乙巳到京城」，見後文。《宋史全文續資治通鑑》卷一六文字與《建炎以來繫年要録》正文同。六月乙亥爲十七日，乙酉爲二十七日，七月乙巳亦爲十七日，與六月乙亥相差一個月。「（乙酉）龍圖閣學士、知開封府宗澤爲延康殿學士、開封尹、東京留守。（澤《遺事》云，八月壬戌，兼副留守。會范訥罷，乃除留守。按訥以六月己卯罷，不應後四十餘日，始爲置副，《遺事》恐誤。但《日曆》既於此日書澤除留守，而八月乙丑又書之。疑是此日降旨，八月乃出告耳。《日曆》如此者甚衆，今不盡辨也。）」

《宋史》卷二四《高宗紀》：「（建炎元年六月）乙酉，以宗澤爲東京留守，杜充爲北京留守。」

又同書卷三五八《李綱傳》：「開封守闕，綱以留守非宗澤不可，力薦之。澤至，撫循軍民，修治樓櫓，屢出師以挫敵。」

公拜命，即日就道，以七月乙巳到京城。〔一〕京城自虜騎退歸，樓櫓盡廢，諸道之師，雜居寺觀，盜賊縱横，人情恟恟。時虜留屯河上，距京城無二百里，金鼓之聲，日夕相聞。

京畿千里之民，與京東、西連亘數千里，咸懷悚慄。公到，首發爲虜之淵藪者數人，誅之。又令都市曰：「爲盜者，贓無輕重，並從軍法！」由是豪强退縮，盜賊屏竄，人皆靡然悦服，曰：「今有宗公，我不危矣！」

〔一〕宗澤赴任開封時間，前引《建炎以來繫年要録》卷六建炎元年六月戊辰作了考證，認定爲六月。據《宗忠簡公集》卷一《乞回鑾疏》（建炎二年五月，通前後表疏，係第二十三次奏請）所言：「臣自去年七月到任。」應以爲準。

《中興小紀》卷一：「（建炎元年六月乙酉）以延康殿學士宗澤爲東京留守。時馬軍都指揮使郭仲荀見統禁旅在京城，執政黄潛善、汪伯彦頗疑澤，故就命仲荀副之。」此條又見《皇朝中興紀事本末》卷一之上。

《建炎以來繫年要録》卷六建炎元年六月乙酉注：「熊克《小曆》云，宗澤爲京城留守，時郭仲荀統禁旅在京城，黄潛善、汪伯彦頗疑澤，因就命仲荀副之。此承《林泉野記》所書，而不考其實也。仲荀除副留守，在明年七月乙未，蓋聞澤卒，而後除之，詳見本日并注。」

《宗忠簡公集》卷五《雨晴度關》：「燕北静胡塵，河南濯我兵。風雲朝會合，天地晝清明。泣涕收横潰，焦枯賴發生。不辭關路遠，辛苦向都城。」

《宗忠簡公事狀》：「尋以公知開封府。（敕見前。）公拜命，即日就道，以七月乙巳到京城。京城自虜騎退歸，樓櫓盡廢，盜賊縱橫，人情恟恟。時虜留屯河上，距京城無二百里，金鼓之聲，日夕相聞。京畿與京東、西連亘數千里之民，咸懷悚慄。公到，首發爲虜之淵藪者數人，誅之。又令都市曰：『爲盜者，贓無輕重，並從軍法！』由是豪强退縮，盜賊屏竄，人皆悦，曰：『今有宗公，我不危矣！』」

《宗忠簡公傳》：「會李綱入相，公與語及國事，慷慨流涕。綱爲上言：『綏集舊邦，非澤不可。』遂徙知開封府。是時，虜兵初退，守備廢圮，盜賊縱橫。公下令曰：『爲盜者，贓無輕重，並從軍法！』由是群盜屏息，人情始安。」

《宋史》卷三六〇《宗澤傳》：「開封尹闕，李綱言：『綏復舊都，非澤不可。』尋徙知開封府。時敵騎留屯河上，金鼓之聲，日夕相聞，而京城樓櫓盡廢，兵民雜居，盜賊縱橫，人情恟恟。澤威望素著，既至，首捕誅舍賊者數人。下令曰：『爲盜者，贓無輕重，並從軍法！』由是盜賊屏息，民賴以安。」

《建炎以來繫年要録》卷六：「（建炎元年六月乙亥）是日，宗澤至東京。自虜騎退歸，樓櫓盡廢，諸道之師，雜居寺觀，盜賊縱橫，人情恟懼。〔虜〕留屯河上，距京師無二百里，金鼓之聲，日夕相聞。澤至京，下令曰：『爲盜者，贓無輕重，並從軍法！』由是盜賊屏息，人情粗安。」

《續宋中興編年資治通鑑》卷一：「（建炎元年六月）以宗澤知開封府，尋命留守東京。澤至京，時盜賊縱横。澤下令曰：『爲盜者，贓無輕重，並從軍法！』由是盜賊屏息，人情相安。」

《春渚紀聞》卷四《宗威愍政事》：「金寇犯闕，鑾輿南幸。賊退，以公尹開封。初至，而物價騰貴，至有十倍於前者，郡人病之。公謂參佐曰：『此易事耳，都人率以食飲爲先，當治其所先，則所緩者不憂價，則餅二十，酒二百也。

不平也。』密使人問米麪之直，且市之，計其直，與前此太平時初無甚增。乃呼庖人取麪，令准市肆籠餅大小爲之，及取糯米一斛，令監庫使臣如市酤醞酒，各估其值，而籠餅枚六錢，酒每角七十足。出勘市價，則餅二十，酒二百也。

公先呼作坊餅師至，訊之曰：『自我爲舉子時，來往京師，今三十年矣。籠餅枚七錢，而今二十，何也？豈麥價高倍乎？』餅師曰：『自都城離亂以來，米麥起落，初無定價，因襲至此。某不能違衆獨減，使賤市也。』公即出兵廚所作餅示之，且語之曰：『此餅與汝所市，重輕一等，而我以日下市直，會計新麪工直之費，枚止六錢，若市八錢，則已有兩錢之息。今爲將出令，止作八錢，敢擅增此價而市者，罪應處斬，且借汝頭，以行吾令也。』即斬以狥。明日，餅價仍舊，亦無敢閉肆者。

次日，呼賈撲正店任修武至，訊之曰：『今都城糯價不增，而酒值三倍，何也？』任恐悚以對，曰：『某等開張承業，欲罷不能，而都城自賊馬已來，外居宗室及權貴親屬私釀至多，不如是，無以輸納官麯之直，與工役、油燭之費也。』公曰：『我爲汝盡禁私釀，汝減直百錢，亦有利入乎？』任扣額曰：『若爾，則飲者俱集，多中取息，足辨輸役之費。』公熟視久之，曰：『且寄汝頭頸上，出率汝曹，即換招榜，一角止作百錢足，不患乎私醞之攙奪也。』明日出令，敢有私造酒麯者，捕至，不問多寡，並行處斬。於是傾糟破瓻者，不勝其數。數日之間，酒與餅直既並復舊，其它物價不令而次第自減。既不傷市人，而商旅四集，兵民懽呼，稱爲神明之政。時杜充守北京，號南宗北杜云。」按「任修武」即任姓修武郎。

公察人情粗安，市肆商賈稍稍如舊，上疏乞回鑾。（疏見前。）〔一〕時詔荆、襄、江、淮悉備巡幸，有維揚、金陵一議，公復上疏。（疏見前。）〔二〕

〔一〕《宗忠簡公集》卷一《乞回鑾疏》（建炎元年知開封府，通前後表疏，係第一次奏請。）：「臣聞三代之得天下也，得其民也。得其民有道，得其心也。得其心有道，所欲與之、聚之，所惡勿施爾也。是則得民之道，在察其心之所欲，與其心之所惡而已。此古所以有『天時不如地利，地利不如人和』之語。求民之和，豈必家至户到，一一而求之哉？應天順人，承天下之大順，則民不期和而自和矣。

臣蒙恩差知開封府，臣雖衰老無能，然久知開封染習，諸統制下，皆是招集惡少，亡命無檢者。臣既領府事，更不敢徇身自顧，但以正道，瀝誠感之。不旬浹間，彼惡少輩咸知格心爍謀，斂迹遁去。其閭巷間，亦自然悛改，上下帖然，無復肆横。以是人人鼓舞，仰陛下之威，懷陛下之惠，拳拳慕戀，不啻嬰孺之愛父母，咸思發憤，敵其所愾。臣每聞王畿内外，日久嘉靖，熙熙皞皞，將如我祖宗慶、祐、熙、豐時。臣觀人心念念傒望者，惟願陛下六龍之御，警蹕之聲，千乘萬騎，來歸九重，以副萬邦切切繫戀之誠。〔取進止〕。」此奏又見《歷代名臣奏議》卷八五，《建炎以來繫年要録》卷六繫於建炎元年六月戊辰。

〔二〕《宗忠簡公集》卷一《再乞回鑾疏》（建炎元年七月，通前後表疏，係第二次奏請）：「臣聞禹之行水，行其所無事。所謂無事者，非泊然無所爲於事也，事無事而已。夫禹蒙天錫洪範九疇，知水有順

（潤）下之性，且親見堯有洪水滔天，績用弗成之患。遂因水之性，而順道之，故天下免乎昏墊，而奠厥攸居。兹無他，皆堯用禹之功（力）也。

臣竊聞將士籍籍，皆願陛下歸京師，云京師是衆兵駐劄之本根也；商旅籍籍，皆願陛下歸京師，云京師是天下賈販之要區也；農民籍籍，皆願陛下歸京師，云京師是天下首善之地也；士大夫懷忠義者籍籍，皆願陛下歸京師，云京師是陛下祖（朝）宗之域也。

臣前在臨濮兵寨中，寔憂群臣無遠識見，恐贊陛下去維揚、金陵，又見京城有賊臣張邦昌僭竊，與范瓊輩擅行威福，無所忌憚；所以曾暫乞駐蹕南都，以觀天意，以察人心，仰蒙聽從。

臣誤被宸恩，差知開封府事，今到〔二〕十餘日，物價市肆，漸同平時。每觀天意，眷顧清明；每察人心，和平逸樂。且商賈、農民、士大夫之懷忠義者，咸曰若陛下歸正九重，是王室再造，大宋中興也。臣竊料百僚中唱爲異議，不欲陛下歸京師者，不過如張邦昌等姦邪輩，陰與賊虜爲地耳。臣願陛下體堯、禹順水之性，順將士，順商旅，順農民，順士大夫之懷忠義者，早降敕命，整頓六師，及詔百執事，示謁款宗廟，垂拱九重之日，毋一向聽張邦昌姦邪輩陰與賊虜爲地者之語，不勝幸甚！

臣之少也，猶不如人；今年六十九矣，眷眷血誠，恨其學問荒鄙，不能以激忠義之辭，仰動天聽，不勝涕泣痛怛之至。」此奏以《歷代名臣奏議》卷八五及後引文字參校。

《三朝北盟會編》卷一一三：「（建炎元年八月十四日辛未）東京留守宗澤奏劄，乞車駕回京師。宗澤自七月到京師，屢上表劄，乞回鑾，又極論曰：『臣蒙恩差權知開封府事，今到二十餘日，物價市肆，漸同平時。每觀天意，眷顧清明；每察人心，和平逸樂。臣之血誠，見將士，見商賈，見農民，見士大夫之懷忠義者，咸曰若陛下歸正九重，是王室再造，大宋中興也。臣竊料百僚中唱爲異議，不欲陛下歸京師者，不過如張邦昌、耿南仲姦邪輩陰與賊虜爲地爾。臣願陛下體堯、禹順水之性，順將士，順商旅，順農民，順士大夫之懷忠義者，早降敕命，整頓六師，及詔百執事，示謁款宗廟，垂拱九重之日，毋一向聽邦昌、耿南仲姦邪陰與賊虜爲地者之語。』」此處文字主要加上耿南仲。然而據《建炎以來繫年要録》卷五建炎元年五月癸巳，耿南仲早在當月四日已罷黜，而宗澤又於六月初朝見，不可能不知，此處所引爲衍文。又據《建炎以來繫年要録》卷六建炎元年六月癸亥，張邦昌亦已「責授昭化軍節度副使，潭州安置」，宗澤奏中「張邦昌等姦邪輩陰與賊虜爲地者」，蓋指黄潛善、汪伯彦之流。

《建炎以來繫年要録》卷六：「（建炎元年六月乙酉）澤首抗疏，請上還京，繼聞有金陵之議，復上疏曰：『今將士、商旅與士大夫懷忠義者，皆願陛下歸京師。臣前在臨濮寨中，實憂群臣無遠識見，恐贊陛下去金陵、維揚，又見京城有賊臣張邦昌僭竊，與范瓊輩擅行威福，所以乞暫駐蹕南都，以察人心，而觀天意。臣料今臣僚中唱爲異議，不欲陛下歸京者，不過如張邦昌等姦邪輩陰與賊虜爲地。願陛下早降敕命，歸謁宗廟，垂拱九重，毋一向聽邦昌輩與賊虜爲地之語，幸甚。』」

又同書卷七：「（建炎元年七月丁未）又請上回鑾，表曰：『臣聞禹之行水，行其所無事。所謂無事者，非泊然無所爲於事也，事無事而已。夫禹蒙天錫洪範九疇，知水有潤下之性，且親見堯有洪水滔天，績用弗成之患。遂因水之性，而順道之，故天下免乎昏墊，而奠厥攸居。兹無他，皆堯用禹之力也。

臣竊聞將士籍籍，皆願陛下歸京師，云京師是衆兵駐劄之本根也；商旅籍籍，皆願陛下歸京師，云京師是天下賈販之要區也；農民籍籍，皆願陛下歸京師，云京師是天下首善之地也；士大夫懷忠義者籍籍，皆願陛下歸京師，云京師是陛下朝宗之域也。

臣前在臨濮兵寨中，實憂群臣無遠識見，恐贊陛下去維揚、金陵，又見京城有賊臣張邦昌僭竊，與范瓊輩擅行威福，無所忌憚；所以曾暫乞駐蹕南都，以觀天意，以察人心，仰蒙聽從。

臣誤被宸恩，差知開封府事，今到二十餘日，（按原本作五十餘日，《北盟會編》作二十餘日。查澤於六月十七日到東京，七月十九日奏到行在，具奏時原止二十餘日。今從之。）物價市肆，漸同平時。每觀天意，眷顧清明；每察人心，和平逸樂。且商賈、農民、士大夫之懷忠義者，咸曰若陛下歸正九重，是王室再造，大宋中興也。臣竊料百僚中唱爲異議，不欲陛下歸京師者，不過如張邦昌等姦邪輩陰與賊虜爲地耳。臣願陛下體堯、禹順水之性，順將士，順商旅、農民，順士大夫之懷忠義者，早降敕命，整頓六師，及詔百執事，示謁款宗廟，垂拱九重之日，毋一向聽張邦昌姦輩陰與賊虜爲地者之語，不勝幸甚！

臣之少也，猶不如人；今年六十九矣，眷眷血誠，恨其學問荒鄙，不能以激切忠義之辭，仰動天聽，臣不勝涕泣痛怛之至。』詔賜澤襲衣、金帶。」李心傳將宗澤同一奏分列兩卷，時差二十二日，又將此奏誤稱爲『表』，表爲駢體文。

《宗忠簡公事狀》：「公察人情粗安，市肆商賈稍稍如舊，上疏乞回鑾。（疏見前。）時詔荆、襄、江、淮悉備巡幸，有維揚、金陵一議，公復上疏。（疏見前。）」

《宋史》卷三六〇《宗澤傳》：「上疏，請上還京。俄有詔，荆、襄、江、淮悉備巡幸，澤上疏言：『開封物價市肆，漸同平時。將士、農民、商旅、士大夫之懷忠義者，莫不願陛下亟歸京師，以慰人心。其唱爲異議者，非爲陛下忠謀，不過如張邦昌輩陰與金人爲地爾。』除延康殿學士、京城留守、兼開封尹。」

又同書卷三六三《許翰傳》：「宗澤論車駕不宜南幸，宜還京師，且詆潛善等。潛善等請罷澤，翰極論以爲不可。」

《續宋中興編年資治通鑑》卷一引吕中《中興大事記》：「李綱請營（南）陽，宗澤請幸京城，汪、黄請幸東南，三者不同。然京城之策爲上，况宗澤數月間，城築已增固，樓櫓已修飾，壟壕已開浚，寨栅已羅列。義士已團結。蔡河、五丈河皆已通流，陝西、京東、西、河東、北盜賊皆已歸附，又非靖康戰守無備之比。失此一機，中原絶望矣！周之失計，未有如東遷之甚也。然李綱之請，又在宗澤規模未成之前，故其謀請先幸襄、鄧，以繫中原之望，西隣關陝，可以招兵，北近京畿，可以進援，南逼巴蜀，可以取財貨，東達江、淮，可以運穀粟，俟兩河就緒，即還汴京，亦可也。而汪、黄待高宗以乳嫗護赤子之術，曰上皇之子，殆將三十人，今所存惟聖體，不可不自愛重，故建爲幸東南之策。不知我往，寇亦往，上如揚州，而虜亦至揚州，上如鎮江，而虜亦至鎮江，行幸所至，即爲邊面，譬如泉流，不知所届矣。」此條記載又見《建炎以來繫年要録》卷七建炎元年七月癸丑所附。

《宋史》卷三六三《許景衡傳》：「初，李綱議建都，以關中爲上，南陽次之，建康爲下。綱既相，遂主南陽之議。……建炎初，李綱議幸南陽，宗澤請還京，景衡乃請幸建康。黄潛善等素惡其異己。」

一日，虜有八人，以使楚爲名，直至京師。公訝之，是必假此名，以覘我虛實。因納議狀遺范公留守，請收置牢狴，奏取朝廷指揮。范公然之，即具奏。〔一〕公復上河北、京東路税鹽劄子。（劄見前。）〔二〕

〔一〕《宗忠簡公事狀》：「一日，虜有八人，以使楚爲名，直至京師。公訝曰：『是必假此名，以覘我之虛實。』因議狀遺范公留守，請收置牢狴，奏取朝廷指揮。范公然之，即具奏。公復上河北、京東路税鹽劄子。」

《建炎以來繫年要録》卷六：「（建炎元年六月乙亥）一日，有虜使牛大監等八人，以使僞楚爲名，直至京師。澤曰：『此覘我也。』即白留守范訥，械繫之，且以聞於朝廷。」

《大金弔伐録》下《元帥右監軍與楚書》：「天會五年七月日，元帥府右監軍謹致書於大楚皇帝闕下：昨者宋人不幸，趙氏敗盟，由此出師，至於國都，乃廢宋而造楚，本以示懲勸於後來者也。班師之日，定約具存，貴心腹以相知，凡事爲而必達。距今累月，聞無一音，緬想其間，不知何似。所約陝西之地，已屬夏國之疆，頃被彼人，請分兹土，伏冀早爲割〔畫〕，用副悃誠。睽違去此既遥，動静於兹未悉。回復之際，次第相聞。商氣方清，願膺繁戩。今差朝散大夫、少府少監、飛騎尉、□□縣開國男、食邑三百户、賜紫金魚袋牛慶昌，六宅使、銀青榮禄大夫、檢校太子賓客、兼殿中侍御史、雲騎尉樂誂專奉書陳達。不宣，謹白。」據金朝原件，牛慶昌爲少府少監，與宋方所載「大監」有異。又按此原件，宗澤拘囚金使，準確時間應爲七月。

〔二〕《歷代名臣奏議》卷二七〇：「高宗建炎元年，知開封府宗澤上奏曰：『臣切見京東路青、相（濰）、密、登、萊皆産鹽，自太府卿鄭僅建請行東北鹽，其産鹽州縣並行税鹽法。宣和三年，宰相王黼用事，始罷河北、京東税鹽，其意只欲在京榷貨務入納數多，應副目前用度，遂爲東北之害者十年。臣亦嘗歲計之，行鈔鹽比之税鹽，大段虧少，蓋税鹽不拘錢數多少，皆可買販，故民易於得鹽。若鈔鹽，非富商大賈以千萬計，不能爲也。方無事時，商賈尚且乘時要利，使人食貴鹽，況今道路梗澀，商賈不行。以今歲春夏觀之，官鹽無處買販，遂令盜販者專其利，其偷竊官鹽，又不知幾何也。欲乞特降睿旨，將宣和三年以前税鹽地分，並依舊法，不惟官收其利，以資州縣闕乏，亦可止絶私販，兼於鹽法別無妨礙。委是經久可行，實有助於諸州縣糴本，且安京東、河北兩路人心。』」

八月壬戌，以公兼京師副留守。會范訥罷，除公延康殿學士、京城留守、兼開封尹。

〔一〕訓辭曰：「汴居鄭、滑、曹、許之間，其地平衍，無山河百二之固。太平日久，人亦惰驕，骫骳不武。一經邊塵，矍然惕息，尤欲得人，而綏輯之。具位某頃守滏陽，一節不撓，艱難險阻，忠力彌劭。身膺簡寄，更試留鑰，曾未閱月，政聲流聞。延登秘殿之華，增重畿封之任。爾其戢姦恤隐，酌寬猛之中，使民畏而愛之，稱朕畀付之意。」

〔一〕此事参見前引《建炎以來繫年要録》卷六建炎元年六月乙酉记事，李心傳於注中考證，認爲「《遺事》恐誤」。

公具狀辭免。（狀見前。）降詔不允，曰：「省所奏辭免恩命事，具悉。國家制均諸郡，溥循銅虎之規；體重別都，特厚玉麟之寄。矧今京邑，實古大梁，億載之所卜年，列聖於斯御極。肆朕纂承之始，暫爲巡狩之行，倚貴臣而居留，仍兼官於尹正。庶幾彈壓，克用敉寧。卿堅强敢爲，慷慨自信，威足以禁暴，明足以燭姦，善良恃以帖安，豪猾爲之戢息。兹陞華於秘殿，俾增重於中都。何必謙撝，形於奏牘，往膺褒顯，以副眷懷。所請宜不允。」

上表謝。（表佚。）〔一〕

〔一〕《宗忠簡公事狀》：「八月，除公延康殿學士、京城留守、兼開封尹。（敕見前。）公具狀辭免。（狀佚。）降詔不允，（詔見前。）上表謝。（表佚。）」

繼奉詔，令所拘留虜使，遷置別館，優加待遇，公上疏。（疏見前。）再奉詔曰：「卿彈壓强梗，保護都城，寬朕顧憂，深所倚仗。但拘留虜使，未達朕心。朕之待卿盡矣，卿宜體此。」公奉詔，即出八人，縱之，上表謝。〔一〕（表見前。）丙寅，詔賜對衣、金帶，上表謝。（表見前。）

〔一〕《宗忠簡公集》卷一《奏乞依舊拘留虜使疏》：「臣伏見我國家承平，幾二百年，數世戴白之老，不識兵革，上下恬嬉，猶夷度日，不復以權謀戰争爲念。乃以賊虜誕謾爲可憑信，朝廷恬視，不少置疑。不惟不曾教人坐作進退、擊刺挽射之技，俾嚴攻討；其間有實欲賈勇思敵所愾之人，士大夫不以爲狂，則以爲妄。因循苟且，以致賊虜顛越不恭，遂有前日之禍，臣不勝憤恨。

然兹非賊虜之能也，皆繇無誠實之士，鼓倡驕逸，率以斂跡逃避，曲辱不耻爲智爲勇耳。萬一有慷慨論列，則掩耳不聽，別造佞説，以相浮動。兹無他，大抵只欲助賊，張皇聲勢，直爲我祖宗一統基業更不當顧藉，宜兩手分付與賊虜耳！嗟乎！何不忠不義之甚也！臣每思念，涕泗交下，繼之以血，此天地神明之所昭鑒。

臣恭惟淵聖皇帝靖康之初，信此和議，俾賊大獲而歸。去冬與今春夏，賊虜猖獗，大臣柔邪諛佞，蓄縮畏避者，不敢略有抗拒語，但以詭譎爲誠實，包藏爲智謀，緘默爲沉鷙，遂致二聖蒙塵，后妃、親王與無辜之人流離北去。想陛下龍潛濟、鄆，嘗親聞見張邦昌、耿南仲輩所爲也。

陛下入繼大統，即將前主和議者竄之嶺外，使天下冤抑之氣，一旦舒快。自後臣竊聞陛下日與二、三大臣論思講畫，必欲大雪我廟朝之耻，激厲卒伍，勸率義士，俾思剿絶，以正夷夏。不意陛下復聽姦邪之語，又浸漸望和，迂回曲折，爲退走計。臣願陛下試一思之，陛下初即位，何故以講和爲非，遂逐當時議臣；陛下近日又何故只信憑姦邪與賊虜爲地者之畫，營繕金陵，迎奉元祐太后，仍遣省官迎太廟木主，棄河東、河西、河北、京東、京西、淮南、陝右七路千百萬生靈，如糞壤草芥，略不顧恤。比賊虜遣姦狡小醜，假作使僞楚爲名，來覘我大宋虚實。臣見如是，因納諫狀與留守范訥，乞收賊虜奉使之人，置之牢狴，奏取朝廷指揮。庶激軍民士庶懷冤之心，俾肯力戰，仰贊陛下再造王室、中興大宋基業之意。今却令遷置别館，優加特遇。臣奉此詔令，憂思涕泣，心欲折死。不知二、三大臣何爲於賊虜情款如是之厚，而於我國家訏謨如是之薄。臣每思京師人情物價，漸如我祖宗時，若鑾駕一歸，則再造之功與中興之烈，必赫奕宏大，跨商周而越漢唐矣！何姦邪之臣，尚狃和議，惶惑聖聰，伏望陛下察之。臣之樸愚，不敢奉詔，以彰國弱。此我大宋興衰治亂之機也，臣願陛下思之。陛下果以臣言爲狂，願盡賜褫削，投之瘴烟遠惡之地，以快姦邪賊。臣之心不勝痛憤激切之至。臣藉藁闕下，以俟誅戮。謹録奏聞，伏候敕旨。」此奏又見《歷代名臣奏議》卷八五。

《建炎以來繫年要録》卷七：「（建炎元年七月丁未）先是，上命京城留守宗澤移所拘虜使於别館，優加待遇，澤謂『二聖在虜，必欲便行誅戮，恐貽君父憂。若縱之使還，又有傷國體。莫若拘縻於此，俟車駕還闕，登樓肆赦，然後特從寬貸』。及是詔下，澤上奏曰：『臣不意陛下復聽姦臣之語，浸漸望和，爲退奔計。營繕金陵，奉元祐太后，仍遣官奉迎太廟木主，棄河東、河西、河北、京東、京西、淮南、陝右七路生靈，如糞壤草芥，略不顧惜。又令遷虜使別館，優加待遇。不知二三大臣於賊虜情款何如是之厚，而於國家訏謨何如是之薄也。臣之樸愚，必不敢奉詔，以彰國弱。此我大宋興衰治亂之機，願陛下察之。陛下果以臣言爲狂，請投之遠惡，以快姦賊。』詔答曰：『卿彈壓强梗，保護都城，深所倚仗。但拘留〔虜〕使，未達朕心。』澤猶不奉詔。（澤《遺事》云：『公奉詔，即出八人，縱之，且上表謝。』按傅雱《通問録》，雱以今年十一月使還，奏乞釋金使，詔可。明年，宇文虛中出使至汴，澤在病告，虛中始釋之。《遺事》誤也，今不取。）」

又同書卷一〇：「（建炎元年十一月辛卯）時河東軍前通問使、宣教郎傅雱，副使、閤門宣贊舍人馬識遠至汴京。詔趣還，問所得金人意。……雱見留守宗澤，諭使縱遣所拘北使，澤不從。」

又同書卷一六：「（建炎二年七月癸未朔）初，澤既拘留虜使，上屢命釋之，澤不奉詔。至是資政殿大學士、充大金祈請使宇文虛中至東京，而澤已病，虛中攝留守事，遂歸之。」

《宗忠簡公事狀》：「繼奉詔，令所拘留虜使，遷置別館，優加待遇，公上疏。（疏見前。）再奉詔，（詔見前。）因出金人，縱之，上表謝。（表見前。）丙寅，賜對衣、金帶、鞍馬，上表謝。（表見前。）」

《宋史》卷三六〇《宗澤傳》：「時金遣人，以使僞楚爲名，至開封府。澤曰：『此名爲使，而實覘我也。』拘其人，乞斬之。有詔，所拘金使延置別館。澤曰：『國家承平二百年，不識兵革，以敵國誕謾爲可憑信，恬不置疑。不惟不嚴攻討之計，其有實欲賈勇思敵所愾之人，士大夫不以爲狂，則以爲妄，致有前日之禍。張邦昌、耿南仲輩所爲，陛下所親見也。今金人假使僞楚，來覘虚實。臣愚乞斬之，以破其姦，而陛下惑於人言，令遷置别館，優加待遇。臣愚不敢奉詔，以彰國弱。』上乃親札諭澤，竟縱遣之。」《遺事》和《宗忠簡公事狀》爲諱避宗澤與宋高宗的矛盾，不敢承認宗澤拒不奉诏，而曲意篡改史實，説宗澤「奉詔，即出八人，縱之」，而源自南宋《中興四朝國史·宗澤傳》之《宋史》本傳又承襲曲筆。

《宗忠簡公集》卷二《謝親札令縱遣虜使表》（建炎元年八月，知開封府日）：「懷柔遠人，親灑宸翰。既哀矜於僞使，復肆宥於愚臣。仰承曠蕩之湛恩，但增感涕；恭俟熒煌之法駕，早賜回鑾。（中謝。）伏念臣垂釣渭濱，耦耕莘野，居厲舉毛之志，誓端造膝之誠。斷斷無他，皇皇有素。偶承宣於滏水，辱顧盼於潛龍，依日角之照臨，見天顔之咫尺。恪攄情悃，瀝竭論思，願戡外侮之艱難，力助中興之事業。曩聞虜使，祇賫僞楚之書；因憤戎心，失奉本朝之意。是藉口以覘虚實，欲合衆以苟侵陵。實不憤於誕謾，遂乞收於囹圄。庶全國體，以爍姦謀。豈敢涉於自專，乃上貽於北顧，恐懼承旨，倉惶改圖。文列雲漢之昭回，精神滉漾；筆現奎躔之赫奕，耳目疏通。旋收錯愕之魂，仰認撫綏之意。更聽警蹕，永保生成。臣云云。」此處之「恐懼承旨，倉惶改圖」，文字似可疑。參前引《要録》卷七「莫若拘縻於此，俟車駕還闕，登樓肆赦，然後特從寬貸」之記載，則「更聽警蹕，永保生成」，可能仍是此意。

時議者多以公拘囚虜人爲非，獨尚書左丞許景衡知公最深，上疏辨之曰：「臣竊聞讒者第未知宗澤之爲人，及其爲政，固不能上逃聖鑒。第未知多指開封尹宗澤過失事，未知是否如何。宗澤之爲人，及其爲政，固不能上逃聖鑒。然原其本心，只緣忠義所激，出於果指何事而言也？若只拘留金國使人，此誠宗澤之失也。然臣自浙渡淮，以至行在，得之來自京師輕發，未審國家事體耳，不知別有何等罪犯也？然臣自浙渡淮，以至行在，得之來自京師者，皆言澤之爲尹，威名政績，卓然過人，誅鋤强梗，撫循善良，都城帖然，莫敢犯者，又方修守禦之備，歷歷可觀。臣雖不識其人，竊用嘆慕。每以爲去冬京城之内，不能固守，良由大臣無謀，尹正非才之故。使當時有如宗澤等數輩，赤心許國，相與維持，則其禍變亦未至如此其酷也。往者不可咎，來者猶可追。今若較其末節小疵，便以爲罪，而不顧其盡忠報國之大節，則臣雖至愚，竊以爲過矣。况宗澤昔在河朔，遭遇陛下，遮留拱衛，繼參幕府，宣力尤多；今尹天府，其績效又章章如此，則其所爲終始，亦可觀矣。議者獨不能少優容之，其不恕亦已甚。且開封宗廟、社稷之所在，其擇人居守，尤非他州別路之比。今若罷宗澤，則當別選留守，不識今之縉紳，其威名政績亦有加於宗澤者乎？若有其人，則除受交割，尚費日月，兵民亦未信服，防秋是時，計將奈何？若未有其人，則宗澤未宜遽然更易也。人才難得，久矣，惟聖人以天地爲度，包容長養，兼收而並用之，庶幾其濟也。其宗澤伏望聖慈上爲宗廟、社稷，下爲京師億萬生靈，特賜主張，厚加委任，使成禦侮治民之功，天下幸甚。」〔一〕

〔一〕《横塘集》卷九《論宗澤劄子》：「臣竊聞議者多指開封尹宗澤過失事，未知是否如何。澤之爲人，及其爲政，固不能上逃聖鑒。第未知果指何事而言也？若只緣拘留金國使人，此誠澤之失也。然〔原〕其本心，只緣忠義所激，出於輕發，未盡識國家事體耳，又未知别有何等罪犯也？然臣自浙度淮，以至行在，得之来自京師者，皆言澤之爲尹，威名政術，卓然過人，誅鉏强梗，撫循善良，都城帖然，莫敢犯者，又方修守禦之備，歷歷可觀。臣雖不識其人，竊用歎慕。以爲去冬京城之内，不能固守，良由大臣無謀，尹正不（非）才之故。使當時有如澤等數輩，赤心許國，相與維持，則其禍變亦未至如此其酷也。往者不可咎，来者猶可追。今来只校其末節小疵，便以爲罪，而不顧其盡忠報國之大節，則臣雖至愚，竊以爲過矣。况澤昔在河朔，遭遇陛下，遮留拱衛，繼參幕府，宣力爲多；今尹天府，其績效又彰彰如此，則其所爲終始，亦可考矣。而議者獨不能少優容之，其不恕亦甚矣乎！且開封宗廟、社稷之所在，其擇人居守，尤非他州别路之比。今若罷逐澤，則當别選留守，不識今之搢紳，其威名政績亦有加於澤者乎？若有其人，則除授交割，尚費日月，兵民亦未信服，防秋是時，計將奈何？若未有其人，則澤未宜遽然更易也。人材難全，久矣，惟聖人以天地爲度，包容長養，兼收而並用之，庶幾其有濟也。其宗澤伏望聖慈上爲宗廟、社稷，下爲京師億萬生靈，特賜主張，厚加委任，使成禦〔戎〕治民之功，天下幸甚。臣無任懇切拳拳之至，取進止。臣所論宗澤事本欲請對敷奏，緣臣所患未安，所以先次封進，上勤聖覽，伏望獨斷，力賜主張，其留中及付外廷，並取聖裁。」此奏又見《歷代名臣奏議》卷一四二，今據以參校。

《建炎以來繫年要録》卷八：「（建炎元年八月乙酉）御史中丞許景衡言：『臣聞議者多指開封尹宗澤過失，未知所指何事。若只拘留金國使人，此誠澤之失也。然原其本心，但激於忠義，未審國家事體耳。臣自浙渡淮，以至行在，聞澤之爲尹，威名政術，卓然過人，誅鋤强梗，撫循善良，都城帖然，莫敢犯者，又方修守禦之備，歷歷可觀。臣雖不識其人，竊用歎慕。以爲去冬京城之内，有如澤等數輩，赤心許國，相與維持，則其禍變未至如此其酷也。今若較其小疵，便以爲罪，不顧其盡忠報國之節，其不恕亦已甚。且開封宗廟、社稷之所在，苟欲罷澤，别選留守，不識今之縉紳，其威名政績亦有加於澤者乎？伏望聖慈上爲宗社，下爲億萬生靈，特賜主張，厚加任使。』」

《宗忠簡公墓誌銘》：「數上疏，迎請鑾輿還闕。然論事梗直，稍忤貴近，不悦者因媒孽其短。獨尚書左丞許景衡論其不然，以謂『前日不能固守者，良由大臣無謀，尹正非人。使當時有如宗澤者，相與維持之，禍變必不至此。今若較其末節小疵，而不顧其盡忠報國之大節，臣竊以爲過矣。不識今之縉紳，威名政績有加於澤者乎』？上素知公獨立無助，即以景衡奏章付公，以示不疑。公亦恃上察己，自信而無所妨，至死不貳其守。」

《宗忠簡公事狀》：「時議者多以公拘囚虜使爲非，獨尚書左丞許景衡知公最深，上疏抗辯。（疏見前。）」

《宗忠簡公傳》：「會公拘囚虜使，議者紛然，獨許景衡言：『臣聞宗某之爲尹，政術卓然過人，誅鋤强梗，撫循善良，都城帖息，莫敢犯者，又方修守禦之備，歷歷可觀。臣雖不識其人，竊用嘆慕。開封乃宗廟、社稷之所在，苟欲别選留守，不識今之縉紳，其威名政績亦有加於澤者乎？伏望上爲宗社，下爲生靈，特賜主張，厚加任使。』疏入，上大悟，封示公。」

《宋史》卷三六〇《宗澤傳》：「言者附潛善意，皆以澤拘留金使爲非。尚書左丞許景衡抗疏力辨，且謂澤之爲尹，威名政績，卓然過人，今之縉紳，未見其比，乞厚加任使，以成禦敵治民之功。」按許景衡時任御史中丞，另據《建炎以來繫年要録》卷一〇建炎元年十一月戊申，《宋史》卷二四《高宗紀》，卷三六三《許景衡傳》，許景衡升尚書右丞在此後。《宗忠簡公墓誌銘》《遺事》《宗忠簡公事狀》和《宋史》本傳稱時任「尚書左丞」，小誤。

《斐然集》卷二六《資政殿學士許公墓誌銘》：「今上登極之八日，遂以給事中召，至則除御史中丞。病暑，未及朝，聞東京留守宗澤爲當路所忌，將罷去。公即具奏，言澤不可罷狀。事遂寢。……惡宗澤者毁之不已，公曰：『澤忠義之節，居守之狀，非特臣能言之，東都宗廟所在，北抗强敵，責任不輕，必欲易之，非左右大臣不可。』謗者默然，故迄公之去，澤賴以安。」

《建炎以來繫年要録》卷一八：「（建炎二年十一月辛丑）光州觀察使、樞密都承旨邢焕爲保靜軍承宣使。焕常爲上言，馬伸言事切當，宗澤忠勞可倚。再上疏，論黄潛善、汪伯彦誤國，進戰退守，皆無策可施。其言多所補益。」

《宋史》卷四六五《邢焕傳》：「諫議大夫衛膚敏言，后父不當班從臣，遂改光州觀察使，除樞密都承旨。煥屢奏馬伸言事切當，宗澤忠勞可倚，黄潛善、汪伯彦誤國。其言多所裨益。遷保静軍承宣使。」《梁谿全集》卷一七五《建炎進退志總叙》上之下：「澤至京師，果能彈壓撫循，軍民畏愛，修治城池、樓櫓，不勞而辦。屢出師，以挫賊鋒，雖嫉之者深，竟不能易其任也。」

八月二十八日，奉聖旨：「朝廷别無行遣，亦無臣僚論列章疏，劄下照會。右劄送京城留守、宗延康。」公拜命，上表稱謝。（表佚）〔一〕

〔一〕《宗忠簡公事狀》：「八月二十八日，奉聖旨：『朝廷别無行遣，亦無臣僚論列章疏，劄下照會。』公拜命，上表謝。（表佚。）」

《宗忠簡公傳》：「會公拘囚虜使，議者紛然，獨許景衡言：『臣聞宗某之爲尹，政術卓然過人，誅鋤强梗，撫循善良，都城帖息，莫敢犯者，又方修守禦之備，歷歷可觀。臣雖不識其人，竊用嘆慕。開封乃宗廟、社稷之所在，苟欲别選留守，不識今之縉紳，其威名政績亦有加於澤者乎？伏望上爲宗社，下爲生靈，特賜主張，厚加任使。』疏入，上大悟，封示公。」

《建炎以來繫年要録》卷八：「（建炎元年八月乙酉）先是，論者多以澤爲非，景衡入朝，以病未得見，首上疏辯之。疏入，上大悟，詔朝廷别無行遣，亦無臣僚章疏，仍封景衡奏示澤，由是澤賴以安。」

《宋史》卷三六三《許景衡傳》：「高宗即位，以給事中召，即至，除御史中丞。宗澤爲東京留守，言者附黄潛善等，多攻其短，欲逐去之。景衡奏曰：『臣自浙渡淮，以至行在，聞澤之爲尹，威名政事，卓然過人。雖不識其人，竊用歎慕。臣以爲去冬京城内，有赤心爲國，如澤等數輩，其禍變未至如是之酷。今若較其小短，不顧盡忠狥國之節，則不恕已甚。且開封宗廟、社稷所在，苟欲罷澤，別遣留守，不識搢紳中威名政事有加於澤者乎？』疏入，上大悟，封以示澤，澤乃安。」

《中興小紀》卷二：「（建炎元年八月）資政殿學士宗澤留守京城，於四壁置統領官，募義兵分隸之，仍團練軍民之可用者，以備緩急，及治城池，修器械略備，而宗廟、宫室、臺省皆随宜緝治。澤乃上疏，乞不南幸，其辭甚切。又遣使将兵保護西京陵寢。〔時〕群盜並起，王善兵十萬，擾京東，王再興兵五萬，掠京西，揚進號没角牛，兵尤衆，圍光州甚急。澤徧遣人招之，悉聽命。而宰執黄潛善、汪伯彦皆忌澤，將罷之。於是許景衡言：『得宗澤，方能保東京，有東京，行在始安枕。』上悟，遽封所上章示澤，故終景衡之去，澤賴以安。」此條以《皇朝中興紀事本末》卷二參校。

《横塘集》卷一一《乞備兩京糧草劄子》：「臣訪聞東京近日所管糧草不多，守禦之計所宜預備。伏望睿旨下宗澤，契勘合用人馬之數，每月約支若干，今來倉塲見在可支幾箇月。其未足之數，伏乞下户部，速與那撥綱運應副。其應天府人馬全然數少，理合增置，其糧草亦乞依此施行，庶使向後不致闕事。凡此皆今日之急務，伏乞聖慈特賜留神，臣不勝懇切之至，取進止。」

又同書卷一二《乞備兩京糧草第二劄子》：「臣今月初五日曾具劄子，爲東京所管軍糧不多，乞令宗澤契勘合用之數，下户部疾速那撥綱運應副。及應天府所管人馬數少，若蒙分兵防守，亦合措置，約支芻糧。二事最爲急切，至今多日，未蒙指揮。契勘去年東京和糴，實助經費。今來汴水向淺，竊恐綱運漸艱。欲乞詳酌，令兩京措置和糴，或只坐倉支錢，則公私兩便，及户部那撥綱運應副。並望睿旨下所屬疾速施行，或稍後時，則不及事矣。取進止。」

《宋史》卷四四八《陳求道傳》：「先是，陳留河決，四十餘日漕輸不通，京城大恐。開封尹宗澤命求道治之，七日，河盡復故道。」按許景衡兩奏與《陳求道傳》所載，不得其時，今姑附於此。

九月，真定、懷、衛間，虜兵甚盛，州郡有乘城固守者，虜亦大治兵，爲攻拔計。公欲時暫過河，措置事宜，乙未，上劄子。（劄見前。）庚子，公回自河北，具因依奏聞。（奏佚。）〔一〕辛丑，准省劄：（劄見前。）「九月五日，三省同奉聖旨，依令宗澤，其功罪尤甚之人，申取朝廷指揮。右劄送東京留守、宗延康，准此。」〔二〕繼拜詔奬〔三〕諭曰：「昔趙廣漢之尹京兆，民稱頌不容口，以爲自漢興，治三輔者皆莫能及。朕念京師兵火之後，遴選撫綏彈壓之才，以卿帥府舊僚，從班耆宿，擢居尹正之任，肅然政令之行，摧折豪强，發擿姦伏，剛果不撓，盜賊屏跡。夷考前躅，能以嚴治，威克允濟，亦莫如卿。比陞秘殿之隆名，仍專留司之重寄，視古無媿，乃績可嘉。載惟王畿千里之封，實爲諸夏本根之地。都邑閭閻之衆，既遂謐寧；甸服田畝之間，益當安輯。以至練防衛之兵，謹城守之備，經營財用，預思可繼之圖，拯濟艱虞，務存善後之策。諒卿體國之志，必通時事之宜。嗣有寵休，靡忘褒

贊。故兹昭示，想宜知悉。」上表謝。（表見前。）〔四〕

〔一〕《宗忠簡公集》卷一《奏乞過河措置事宜劄子》：「臣契勘河北西路真定、懷、衛、濬等處，見有番賊占據，今又分留賊馬於洺州，四向劄寨，密栽鹿角，意欲攻打。若河西諸州不守，即賊之姦計包藏不淺，京師雖爲備禦，未易可居。臣爲見有上件事宜，已於今月初七〔日〕統押人馬，自游家渡過河，會約河西忠義統制等商議，隨宜措畫，若事理可行，即一面招集，同心協力，以圖收復，安集流移，爲久遠利。若賊勢厚重，不可施行，即具所見利害的確便宜，畫一敷奏。伏望聖慈體念河北繫天下根本，河北不守，則干戈弓矢，〔豈〕易櫜戢。臣每思前日之失，蓋繇將相恃賴太平，恬不爲恤，朝進一言，暮入一説，惟以講和乞盟爲意。今更沿襲，不習武備，臣竊憂之。兵法曰：『先爲不可勝，以待敵之可勝。』臣不揆衰苶無能，見過河相度，别具奏聞者。」此奏又見《歷代名臣奏議》卷二三二。

《與河北西路招撫張所書》：「某惶恐再拜，上覆河北西路招撫太傅，春和，恭惟鈞候動止萬福。竊惟即日虜兵大驅入寇，懷、衛等處聲息甚緊。伏望招撫速持兵扼其去路，吾以重兵截其後。虜人知我軍有備，自不敢進，待彼勢疲，乘虛擊之，無不克矣。强弱在此一舉，機會莫失，不勝激切徯望之至。」按此處稱張所爲「太傅」，文字應有訛傳。

《宋史》卷二四《高宗紀》：「（建炎元年九月甲午）宗澤往河北視師，七日還。……乙巳，宗澤表請車駕還闕。」

又同書卷三六〇《宗澤傳》：「真定、懷、衛間，敵兵甚盛，方密修戰具，爲入攻之計；而將相恬不爲慮，不修武備。澤以爲憂，乃渡河，約諸將共議事宜，以圖收復。」

《建炎以來繫年要録》卷八：「（建炎元年八月乙亥）時河東經制副使傅亮軍行才十餘日，伯彥等以爲逗遛，復命東京留守宗澤節制，使即日渡河。亮言：『今河外皆屬虜人，而遽使亮以烏合之衆渡河，不知何地可爲家計？何處可以得糧？恐誤大事。』綱爲之請，潛善等不以爲然。」

又同書卷九：「（建炎元年九月甲午）是日，東京留守宗澤引兵，至河北視師。時真定、懷、衛間，〔虜〕兵甚盛，州郡有乘城固守者，〔虜〕大治兵，爲攻拔計。澤乃自游家渡過河，會河西忠義統制等，議所宜。翌日以聞，且乞罷講和，仍修武備。」

「（庚子）是日，宗澤自河北引兵還京師。」

「（壬寅）直秘閣、河北西路招撫司參謀官王〔圭〕陞招撫判官，代張所也。於是所落直龍圖閣，嶺南安置。」

「（戊申）河北招撫司都統制王彥率裨將張翼、白安民、岳飛等十一將，以所部七千人渡河，與金人戰，破之，是日遂復新〔鄉〕縣。」因李綱罷相，張所罷官，宗澤原擬與張所兩路出師，收復河北之謀中輟。

《梁谿全集》卷一七七《建炎進退志總叙》下之下：「（王）瓕、（傅）亮行纔十餘日，樞密院復取旨，令留守宗澤節制，即日過河。亮申朝廷，以與前議及元降指揮不同，『今欲令過河，無不可者。但河外皆金人界分，本司措置，全未就緒。既過河後，何地可爲家計？何處可以得糧？烏合之衆，使復爲金人之所潰散，何自可以得兵？亮等不足惜，第恐有誤國事』。」

又同書卷一八〇《建炎時政記》下：「八月十二日，臣同執政官奏事，進呈河東路經制使司奏狀，元降畫一聖旨指揮，許令於陝府置司，候措置招集軍馬齊集日，渡河。續奉聖旨，令聽宗澤節制，於陽武渡河。伏乞明降指揮，以憑遵守。」按汪伯彦掌管的「樞密院復取旨」，令河東路經制使司「聽宗澤節制」，其實決非要擴大宗澤事權，旨在撤销李綱所设之河東路經制使司。故其目標達到後，「聽宗澤節制」便成空文。

《宋史》卷三五八《李綱傳》：「有旨，令留守宗澤節制傅亮，即日渡河。亮言：『措置未就而渡河，恐誤國事。』綱言：『招撫、經制，臣所建明；而張所、傅亮，又臣所薦用。今潛善、伯彦沮所及亮，所以沮臣。臣每鑒靖康大臣不和之失，事未嘗不與潛善、伯彦議而後行，而二人設心如此，願陛下虛心觀之。』既而詔罷經制司，召亮赴行在。」

〔二〕《三朝北盟會編》卷一一三：「（建炎元年九月初五日壬辰）臣僚乞考驗京城失守將吏、士卒，效命與逃遁者誅賞示戒。臣僚上言：『竊觀去冬京師失守，城池非不高深，兵甲非不堅利，士卒非不衆多，然上下弛慢，嬉戲城上，坐觀其填濠，復縱其登城。又且公然逃遁，無復衛上之心。遁於城内者，反導虜寇，刦掠居民；遁於城外者，結集徒衆，焚刦州縣。逮今未能偃兵，何以爲戒？若命留守司於胡虜登城之所三二百步内，考驗將吏、士卒姓名，效命致死者，褒其忠義，賞賚其家，永保廪給；逃遁得生者，梟首示衆，屏逐其家，永離其處。則人知效死則享榮名，而福家屬；偷生則受顯戮，而禍妻孥。忽有師旅之事，其誰不以死衛其上乎！』有旨，令宗澤具功罪尤甚之人，申朝廷指揮。」《建炎以來繫年要録》卷九：「（建炎元年九月壬辰）言者謂去歲京城之破，將士弛慢，嬉戲城上，坐觀填濠，縱敵攻城，公然逃遁。請命留守宗澤於金人登城之所，考驗將士效命與逃遁者，而誅賞之。詔以付宗澤。」

〔三〕獎，原作「將」，據《宗忠簡公事狀》改。

〔四〕《宗忠簡公事狀》：「九月，真定、懷、衛間，虜兵甚盛，州郡有乘城固守者，虜亦大治兵，爲攻拔計。公欲過河，措置事宜，乙未，上劄子。（劄見前。）庚子，公回自河北，具因依奏聞。（奏佚。）九月五日，三省同奉聖旨，依令宗澤，其功罪尤甚之人，申取朝廷指揮。繼拜詔獎諭，（詔見前。）上表謝。（表見前。）」

公感上知遇，益自奮勵。京城四壁，各置統領、守禦使臣，每壁立界至，以所招義兵分隸之。隨處置教場，爲閱習訓練之地。造決勝戰車。又據形勝，立堅壁二十四所於城外，隨大小駐兵數萬。别選有謀略勇敢之士四人，充四壁提領。公往來親按試之，周而復始。沿大河鱗次創連珠寨。結連河東、河北山水寨忠義民兵，及陝西、京東、西路諸路人馬，咸願聽公節制。開五丈河，以通南北商旅。京畿十六縣内，兩縣瀕河，共七十二里，均之諸縣，縣護四里有奇，各令開濠，深廣丈餘，於南岸埋鹿角。內又團結班直諸班人兵，外則隨寨軍兵、百姓丁壯等，以備緩急之舉，各有條序。〔一〕

〔一〕《宗忠簡公集》卷一《條畫五事疏》：「臣爲見尋常防河，只以數千卒伍，沿河分布，賊有數騎侵犯，即奔走潰散，不復支吾。臣今合京畿十六縣，內有兩縣瀕河，共七十二里，均之諸縣，縣管四里有畸，各令開河，闊一丈八尺，於南岸埋鹿角，連珠劄寨。賊有侵犯，併力禦之。」

又同書卷一《乞回鑾疏》（建炎元年十月，通前後表疏，係第八次奏請）：「臣契勘京城四壁，濠河、樓櫓與守禦器具，其當職官吏恊心併力，夙夜自公，率厲不懈，增築開濬，起造輯理，浸皆就緒。臣又製造決勝戰車一千二百兩，每兩用五十有五人：一卒使車，八人推車，二人扶輪，六人執牌，輔車，二十人執長槍，隨牌輔車，十有八人執神臂弓弩，隨槍射遠。小使臣兩員，專幹辦閱習車事。每十車差大使臣一員總領，爲一隊。見今四壁統制官日逐教閱坐作進退，左右回旋曲折之陣，委可以應用。又沿河十六縣，與上下州軍相接，作聯珠寨，以嚴備禦。」

《宗忠簡公事狀》：「公感上知遇，益自奮勵。京城四壁，各置統領、守禦使臣，每壁立界至，以所招義兵分隸之。隨處置教塲，爲閱習訓練之地。造決勝戰車。據形勝，立堅壁二十四所於城外，隨大小駐兵數萬。別選謀略勇敢之士四人，充四壁提領。公往來親按試之，周而復始。沿大河鱗次創連珠寨。結連河東、河北山水寨忠義民兵，及陝西、京東、西路諸路人馬，咸願聽公節制。開五丈河，以通南北商命十六縣分守之，縣各四里有奇，皆開濠，深廣丈餘，於其南植鹿角。又團結班直、諸軍及民兵之可而復始。沿大河鱗次爲壘，結連兩河山水寨及陝西義士。開五丈河，以通西北商旅。京畿瀕河七十二里，所記殊不同，疑伯彦得於傳聞，今不取。）又據形勝，立二十四壁於城外，駐兵數萬。澤往來按試之，周十五人爲右角，二十五人爲前拒，二十五人爲後拒，共四隊，凡一車用百人。』今按澤車制甚備，與伯彦曲折，可以應用。（汪伯彦《中興日曆》云：『宗澤戰車，初是劉浩創造，每一兩以二十五人爲左角，二士守京城，且造決勝戰車千二百乘，每乘用五十有五人，運車者十有一，執器械輔車者四十有四，回旋

《建炎以來繫年要録》卷九：「（建炎元年九月乙巳）東京留守宗澤復上表，請車駕還京師。時澤募義制。有詔如淮甸，澤上表諫，不報。」

城外，沿河鱗次爲連珠砦，連結河東、河北山水砦忠義民兵，於是陝西、京東、西諸路人馬咸願聽澤節

《宋史》卷三六〇《宗澤傳》：「而於京城四壁各置使，以領招集之兵。又據形勢，立堅壁二十四所於植鹿角。」

次爲壘。結連兩河山水寨及陝西義士。開五丈河，以通商旅。京畿瀕河七十里，命十六縣分守，開濠，進退，周旋曲折，可以應用。又據形勢，立二十四壁於城外，駐兵數萬，往來按試，周而復始。沿河鱗

《宗忠簡公傳》：「公感上知，益自奮勵。且造決勝戰車千二百乘，每乘五十有五人，十乘爲隊，坐作埋鹿角。內又團結班直諸班人兵，外則随寨軍兵、百姓丁壯等，以備緩急之舉，各有條序。」

旅。京畿十六縣內，兩縣瀕河，共七十二里，均之諸縣，縣護四里有奇，各令開濠，深廣丈餘，於南岸

用者。」

《鶴林集》卷二〇《邊備劄子》：「中國所以制馬之具，亦豈無策。如宗澤軍以戰車當其衝，韓世忠軍以長斧斫其足，劉錡軍以竹筒盛熟豆亂其群。近世畢再遇、扈再興之徒猶能募敢死軍，用麻扎刀以截其脛。」

《文獻通考》卷一五八《車戰》：「高宗建炎初，宗澤造戰車法：運車者十有一，執器械輔車者四十有四，每車計五十五人。李綱造戰車法：兩竿雙輪，上設皮籬，以捍矢石，下施鐵裙，以衛人足，旁施鐵索，聯可爲營，四人推竿以運車，一人登車以發矢，二十人執軍器，發車之兩旁，每車用二十五人。其法竟不及施，蓋自渡江後，東南沮洳之區，險隘之地，不以車爲主也。」

《舊聞證誤》卷三：「宗澤造戰車，初是劉浩創造，試之不可用。每一兩以二十五人爲左角，二十五人爲右角，二十五人爲前拒，二十五人爲後拒，共四隊，凡一車用百人。迨元帥府分遣澤往開德，乃用浩車制旋造。（出趙甡之《遺史》）按宗公《遺事》載，其京城所造車式，每乘用五十有五，運車者十有一，執器械輔車者四十有四，回旋曲折，可以應用。與趙公〔所〕記殊不同。」

《玉海》卷一四六《建炎車制圖》：「建炎初，宗澤建車戰法，運車者十有一，執器械輔車者四十有四，每車計〔五〕十五人。」

乙巳，上表，（表見前。）奏入，不報。〔一〕再上疏，（疏見前。）不報。〔二〕再上疏，（疏見前。）不報。〔三〕再上疏。（疏見前。）〔四〕詔令遣官迎奉六宮，往金陵。公復上疏。（疏見前。）〔五〕公防秋守禦悉備，宮室、宗廟、省府臺部並見營葺，規模宏麗，不減全盛時，以東門乃回鑾迎奉之地，首加增修。所分布人馬及閱習戰車，招集人兵，足以禦敵。〔六〕

〔一〕《宗忠簡公集》卷二《乞回鑾表》（建炎元年九月，通前後表疏，係第三次奏請）：「臣聞君陳之尹東郊，深敕謀猷之告后；宋璟之守京兆，極明得失而進言。皆所以啟沃君心，箴規政闕。矧荷聖神之知眷，有懷宗社之安危。敢忘斧鉞之誅，仰瀆冕旒之聽。（中謝。）

竊以天子居九重之奧窔，非務蒙塵；京師爲諸夏之本根，當思奠枕。倘值艱虞之會，未詳利害之機，或輕萬乘以遠巡，致駭四方之群聽，則本根斯弱，華夏奚安？遠稽唐室之浸微，寔乃商鑒之可擬。越自運啟炎宋，卜都大梁，宅中而包三萬里之幅員，創業以貽二百年之基緒。重熙累洽，端拱垂衣，非緣三歲之親祠，曷見六龍之遠御。

曩值澶淵之寇，或陳楚、蜀之巡。賴有直臣，卒排異議，星奔一鏃，膽落四夷。豈圖姦蠹之擅朝，繼被羯胡之猾夏，二聖既以北狩，中都幾至内訌。所幸人無離心，市不易肆，日徯真人之繼統，心傾我后之來蘇。果致宗廟降靈，上穹悔禍。皇帝陛下天縱上聖，運叶中興，載纘璇圖，增光火德。親屈鑾輿，以冒犯霜露；躬整師旅，以殄滅犬羊。

然行在久留於别都，清蹕未回於魏闕。逆胡尚熾，群盜繼興。比聞遠近之驚傳，似有東南之巡幸。

此誠王室安危之所繫，天下治亂之所關，仰祈聖慮之深詳，宜戒屬車之輕動。且以中國之倚恃，寔爲兩河之盛强。前自虜騎長驅，列城畏遁，獨懷忠憤，糾進義兵，力抗賊鋒，率多俘馘。然久闕王師之助援，已深民庶之睽疑。近者雖時遣將徂征，渡河深入，尚闕膚功之奏，先傳南幸之音。慮增四海之疑心，謂置兩河於度外，因成解體，未諭聖懷。倘胡人乘之而縱横，則中國將何以制禦？

臣叨膺委寄，代匱留司，兹緣密託於雲天，偶遂敉寧於畿甸。遽報翠華之移幸，深虞中外之難安。願罄孤忠，冀回淵聽。昔奉春委輅建策，猶止洛陽之都；張禹驛馬抗章，尚返江陵之駕。矧丁聖世，曷愧前修。伏願陛下秉虞舜察言之明，體成湯從諫之聖，輟巡南服，回駕汴都，以安東北兵民之情，以慰溥率雲霓之望。則人神悦豫，夷夏謐寧，邊陲指日以肅清，盗賊不令而衰息。咸資睿斷，用杜危機。瀝悃扣閽，罔避龍鱗之觸；傾都拭目，佇迎天仗之還。願俯徇於愚誠，誓益堅於忠憤。臣無任，云云。」《建炎以來繫年要録》卷九建炎元年九月乙巳也載此表，及稱宋高宗「不報」。

〔二〕《宗忠簡公集》卷一《乞回鑾疏》（建炎元年九月，通前後表疏，係第四次奏請）：「臣聞聖人中天下而立，定四海之民。夫中原，天下之中也；京師，又中原之中也。我太祖、太宗受天景命，始基於汴，肇造無疆，膺大歷服，固欲傳之億萬世。偶去冬今春，信憑賊虜姦詐，遂致二聖蒙塵。陛下不得已，應天順人，纘承寶緒，四海生靈，謳歌忭舞，自西自東，自南自北，罔不率俾，以俟庶績咸熙，萬邦嘉靖。

陛下既即位，乃宴安南京，四方聞之，懷疑胥動，遞相鼓扇。聞諸州縣，間有驚劫傷殘之患。蓋是小民無知，因疑致憂，因憂致變，旋相踐蹂，弗奠攸居。茲無他，由陛下寅畏過當，駐蹕别都，俯狥姦謀，預圖遷幸，使狡獪皇惑，敢爾横肆，盜據竊發，〔因〕循踼蹐□□□以歸畎畝，以操耒耜，鑄劍戟爲農器，思不犯於有司爾。

若陛下敕翠華之御，俾千乘萬騎，回復輦轂，奠枕九重；臣竊謂可以垂衣裳而天下治，可以坐視天民之阜，王室自然再造，大宋可以中興，尚何夷狄之足憂，盜賊之足慮乎！古先哲王，凡有大疑，必詢之左右，又詢之卿士，又詢之國人，又詢之卜筮。臣蒙陛下矜憐顧遇，待罪開封。臣夙夜思念，竊恐陛下所親信左右輔弼之臣，於對揚獻納之際，不思祖宗創業之艱難，與致一統之匪易，輕狥臆説，有誤國家大計。所以狂妄冒死，觸犯天威。臣不勝憂憤戰慄激切之至。」此奏又見《歷代名臣奏議》卷八五，《建炎以來繫年要録》卷九建炎元年九月乙巳也載此奏，及稱宋高宗「再不報」。

〔三〕《宗忠簡公集》卷一《乞回鑾疏》（建炎元年九月，通前後表疏，係第五次奏請）：「臣恭惟我大宋深仁厚德，滲漉方夏，幾二百年。一旦金賊邀迎二聖，京師士民，皇皇無依，嗷嗷無告，若窮民無所歸者，若嬰兒而失其慈母者。忽聞陛下龍潛在濟，於是謳歌竭蹶，交走道路，茲乃祖宗湛德浹洽，得其心故也。

陛下紹登寶祚，尚留南都。臣自到京師，聞道路籍籍，咸曰陛下何不認我宗廟乎？何不眷顧我朝廷乎？何故使我社稷無所依乎？何輕捨我生靈，使我未有所仰乎？是都人之望陛下也，切切如此。臣願早回六龍，俾人感翠華之至，深慰其心。

臣前劄具奏，以謂得其民，當得其心，其所欲與之、聚之，所惡弗施爾也。若陛下回鑾汴邑，是人心所欲也，願陛下與之、聚之。陛下聽姦邪畏避賊虜之言，妄議遷幸，是人心所惡也，願陛下勿施爾也。老臣血誠，言不盡意。」此奏又見《歷代名臣奏議》卷八五，《建炎以來繫年要録》卷九建炎元年九月乙巳也載此奏，及稱宋高宗「又不報」。

〔四〕《宗忠簡公集》卷一《乞回鑾疏》（建炎元年九月，通前後表疏，係第六次奏請）：「臣學問膚淺，不能式是古訓，對揚天休。今再瀝悃誠，干冒睿聽，以臣耳目所親聞見事，一、二疏進。伏望陛下哀憐，特賜俞允。伏睹國家嘗變更三舍之法以取士，意謂皋、夔、稷、契，皆自此塗出。卒之迫於月試，剽竊時文，罔有稽古者，是三舍果不足以取士也。又嘗尊崇道教以奉真，亦謂神僊、莊、老，皆自此塗出。卒之誕謾譎怪，汙染成風，罔有成就者，是道術果不足以奉真也。又嘗進貢花石，以昭享上。卒之驕淫矜誇，蠹耗財計，無有紀極，是貢花石果不足以享上也。又嘗結好虜人，欲以息民。卒之邀迎二聖，劫掠侵欺，靡所不至，是守和議果不足以息民也。當時行之，固有阿意順旨，作爲歌頌，以叨富貴者；其間亦有毅然獨立，不相詭随，以鯁亮獲罪者。陛下觀之，昔富貴者爲是乎？被罪者爲非乎？

臣每思之，宗廟、社稷岌嶪如是者，盡繇姦邪憸人，鼓唱四事，俾民病弊，幾不聊生，所以致有今日之患。《詩》曰：『商鑒不遠，在夏后之世。』兹覆轍，正陛下蕭墻之鑒。今之言遷幸者，猶前日之言四事爲可行，阿諛諂佞，動爲身謀，翕翕訿訿，更相助成；今之言不可遷幸者，猶前日之言四事不可行，而罹其罪者也。

且我京師，是祖宗二百年積累之基業，是天下大一統之本根。陛下奈何聽先入之言，輕棄之，欲以遺海陬一狂虜乎？臣觀河東、河西、河北、京東、京西之民，咸懷冤負痛，感慨激切，想其慷慨之氣，直欲吞此賊虜。陛下何忍怙聽諛順，而不令剛正之士，率厲同心，剿絶凶殘乎？今東京市井如舊，上下安帖，但嗷嗷之人，思望翠華之歸，謁款宗廟，垂衣九重，不啻饑渴之望飲食，大旱之望雲霓也。臣竊謂陛下一歸，則王室再造矣，中興之業復成矣。陛下如以臣爲狂率誕妄，願延左右之將士，試一詢之。昔周勃入北軍，使左袒、右袒，以卜劉、吕，蓋非獲已也。臣區區誠意，願陛下以遷幸大計，不獨謀之一、二大臣，當與億萬之衆同之。臣忠憤，不勝涕淚交下，激切屏營之至。」此奏又見《歷代名臣奏議》卷八五，《建炎以來繫年要録》卷九建炎元年九月乙巳也載此奏，並在此奏後叙事如下：「澤每疏奏，上以付中書省，黄潛善、汪伯彦皆笑以爲狂，張慤獨曰：『如澤之忠義，若得數人，天下定矣！』二人語塞。」

《三朝北盟會編》卷一一三：「又劄子曰：『且我東京，是祖宗二百年積累之基業，是天下大一統之本根。陛下奈何聽先入之言，而輕棄之，欲以遺海陬一狂虜乎？臣觀河東、河北、京東、京西之民，咸懷冤負痛，感慨激切，想其慷慨之氣，直欲吞此賊虜。陛下何忍怙聽諛順，而不令剛正之士，率同厲心，剿絶凶殘乎？今東京市井如舊，上下安帖如舊，但嗷嗷之人，思望翠華之歸，謁款宗廟，垂衣九重，不啻饑渴之望飲食，大旱之望雲霓也。臣竊謂陛下一歸，則王室再造矣，中興之業復成矣。』」

又同書卷一一七：「（張）慤俄除尚書左丞，上幸維揚，除中書侍郎。黄潛善、汪伯彦當政，慤以忠梗自任，不附會黄潛善、汪伯彦。潛善、伯彦屢笑宗澤顛狂，慤曰：『如宗澤顛狂之士，多得數人，則天下定矣！』二人語塞。」

《中興小紀》卷二：「（建炎元年十二月丙辰朔）時宗澤守東京，右僕射黄潛善、門下侍郎汪伯彦皆笑其狂，慤曰：『如澤之忠義，若得數人，天下定矣！』於是二人語塞。（此據《野記》修入。）」此條又見《皇朝中興紀事本末》卷三。

《宗忠簡公傳》：「守備已固，乃上表，略曰：『今逆胡尚熾，群盜繼興。比聞遠近之驚傳，已有東南之巡幸。此誠王室安危之所係，天下治亂之所關。慮增四海之疑心，謂置兩河於度外，因成解體，未諭聖懷。』不報。又疏云：『回鑾汴京，是人心之所欲；妄議行幸，是人心之所惡。京師乃祖宗二百年基業，今陛下一歸，王室再造，中興之業復成。』每疏奏，上以付中書，黄潛善、汪伯彦皆笑以爲狂。張慤獨曰：『如澤之忠義，若得〔數〕人，天下定矣！』二人語塞。」

〔五〕《宗忠簡公集》卷一《乞回鑾疏》（建炎元年九月，通前後表疏，係第七次奏請）：「伏睹朝廷前遣翁彦國營繕金陵，比有詔，復欲遣官奉迎太后、六宫以往，且謂『朕當獨留中原』。臣伏讀詔書，私竊疑之。此必有進言者勸陛下過江避寇，而不思天下大計，託爲愛君之迹，以濟其不忠。臣願陛下察其利害之實，斷自淵衷，早賜定論。

重念本朝提封萬里，京師號爲腹心，以祖宗都此，垂二百年，宗廟、社稷所在，而民人依之以居者，無慮萬萬計。今兩河雖未敉寧，猶一手臂之不伸也，而乃遽欲去而之他，非唯不能療一手臂之不伸，并與腹心而棄之，豈祖宗所以付託之意，與天下睽睽萬目所以仰望之心哉！彼進言之臣，談何容易，且利害之端，曉然可見。臣乞陛下且駐蹕南都，未可輕議舉動。

臣雖老矣，尚當矍鑠鼓勇，立辦禦敵之具，以圖萬全之舉。然後掃除宫禁，嚴備扈從，奉迎鑾輿，示謁見九廟，非特使神祇、祖考安樂之，庶幾中原增重，不失天下之大勢也。不然，則是徒爲走計爾，示虜以弱，非唯不恤兩河，抑又不恤中原，且去宗廟、社稷而不顧，陛下豈忍乎？臣重爲陛下惜者，此爾。故敢直輸血誠。幸陛下留意無忽。

昔景德間，契丹寇澶淵，警報一聞，中外震恐。是時王欽若，江南人，即勸章聖幸金陵；陳堯佐，蜀人，即勸幸成都。惟寇準毅然闢之，請帝親征，卒用成功。顧臣庸謬，何敢望準，然事適相類，不敢不以章聖望陛下也。

臣又自期，既已奉迎鑾輿還都，即當身率諸道之兵，直趨兩河之外，蹀血虜廷，非特生縛賊帥，直迎二聖以歸，庶雪靖康一再之耻。然後奉觴玉殿，以爲聖天子億萬斯年之賀。臣之志願始畢矣。竊自謂愛陛下者，無逾老臣。然不知臣者，必指臣以爲狂妄，臣亦非所恤也。伏望陛下觀事之宜，察臣之心，則知臣之忠於爲國。」此奏又見《歷代名臣奏議》卷八五。

《三朝北盟會編》卷一一三：「（建炎元年八月）二十五日丁丑，元祐皇太后發應天府。元祐皇太后自應天府進發，中原之人皆知翠華將有江都之幸，京師父老有相聚涕泣者。

東京留守宗澤奏劄，乞且駐蹕南都，勿爲巡幸。

『臣伏睹朝廷前遣翁彦國營繕金陵，比有詔，復遣官奉迎太后、六宫以往，且謂朕當獨留中原。臣讀詔書，私竊疑之。此必有進言者勸陛下聲爲此言，其意必有所屬。進言者欲陛下過江避賊，而不思天下大計，託爲愛君，以濟其不忠。臣願陛下察其利害之實，斷自淵衷，早定大計。

臣學術空疏，不能引古爲證，姑借近事一、二，爲陛下別白言之。朝廷異時改更三舍以取士，欽崇道教以奉真，進貢花石以媚上，屈意賊虜以講和。當時士大夫阿意順指，例蒙旌賞；其間有識者議論不合，稍加裁抑，則必以悖戾怠慢，加之譴斥。陛下試以前日之事概之，其頗僻遵承，例需識擢者，果皆忠藎者乎？巡幸之事，利害所關，萬倍於此三者。比進言諸臣，談何容易，又況利害之端，曉然可見。陛下何不討正其實，而早黜之，無使此曹如異時阿諛承順之人，得便文自營，而國家獨坐受其弊。

臣重念本朝提封萬里，汴京號爲腹心，祖宗都此，垂二百年，宗廟、社稷所在，而人民依之以居者，無慮萬萬計。今兩河雖未敉寧，猶一手臂之不伸也，而乃遽欲去而之他，非唯不能療一手臂之不伸也，又併與心腹而棄之，豈祖宗所以付託之意，與天下睽睽萬目所仰之心哉！臣乞陛下且暫駐蹕南都，無輕議動。

臣雖老矣，尚當矍鑠鼓勇，立辦禦敵之具，以圖萬全之舉。然後掃除宫禁，嚴備扈從，奉迎鑾輿，謁見九廟，非特使神祇、祖考安樂之，庶幾中原增重，而不失天下之大勢也。不然，是徒爲走計耳，示虜以弱，非惟不恤兩河，抑又不恤中原，且去宗廟、社稷而不顧，陛下豈忍乎？臣重爲陛下惜者，此爾。故敢直輸血誠，幸陛下留意，毋忽』。」此處所載，實爲摘録與合併第六奏與第七奏之文字，而文字亦有異。

《建炎以來繫年要録》卷九：「（建炎元年九月）乙卯，詔成都、京兆、襄陽、荆南、江寧府，鄧、潭州皆備巡幸，帥臣修城壘，治宫室，漕臣積錢糧。京城留守宗澤上疏言：『……（中略）……』（此繫澤第〔七〕奏。）是時，宗廟、宫室、臺省，澤皆營繕略備，又以東門乃回鑾奉迎之地，特增修之。」

〔六〕《宗忠簡公事狀》：「上表乞回鑾，（表見前。）奏入，不報。再上疏，（疏見前。）不報。再上疏，（疏見前。）不報。再上疏。（疏見前。）詔令遣官迎奉六宫，往金陵。公復上疏。（疏見前。）公防秋守禦悉備，宫室、宗廟、省府臺部並見營葺，規模宏麗，不減全盛時，以東門乃回鑾迎奉之地，首加增修。所分部人馬及閱習戰車，招集人兵，足以禦敵。」

《宋史》卷三六〇《宗澤傳》：「澤視師河北還，上疏言：『陛下尚留南都，道路籍籍，咸以爲陛下舍宗廟、朝廷，使社稷無依，生靈失所仰戴。陛下宜亟回汴京，以慰元元之心。』不報。

復抗疏言：『國家結好金人，欲以息民，卒之劫掠侵欺，靡所不至，是守和議果不足以息民也。當時固有阿意順旨，以叨富貴者，亦有不相詭隨，以獲罪戾者。陛下觀之，昔富貴者爲是乎？獲罪戾者爲是乎？今之言遷幸者，猶前之言和議爲可行者也；今之言不可遷者，猶前日之言和議不可行者也。惟陛下熟思而審用之。且京師二百年積累之基業，陛下奈何輕棄，以遺敵國乎？』

詔遣官迎奉六宫。往金陵，澤上疏曰：『京師，天下腹心也。兩河雖未敉寧，特一手臂之不信爾，今遽欲去之，非惟一臂之弗瘳，且并與腹心而棄之矣。昔景德間，契丹寇澶淵。王欽若，江南人，即勸幸金陵；陳堯叟，蜀人，即勸幸成都。惟寇準毅然請親征，卒用成功。臣何敢望寇準，然不敢不以章聖望陛下。』又條上五事，其一言黃潛善、汪伯彦贊南幸之非。澤前後建議，經從三省、樞密院，輒爲潛善等所抑，每見澤奏疏，皆笑以爲狂。」

十月戊午，復上疏。（疏見前。）〔一〕公前後申奏〔二〕，多降特旨，事由三省、樞密院，則沮抑之。〔三〕至是公條具五事。（疏見前。）〔四〕聞有詔，車駕還闕，公上表。（表見前。）〔五〕繼拜詔，將還闕，公喜甚，再上表。（表見前。）〔六〕

〔一〕《宗忠簡公集》卷一《乞回鑾疏》（建炎元年十月，通前後表疏，係第八次奏請）：「臣契勘京城四壁，濠河、樓櫓與守禦器具，其當職官吏恊心併力，夙夜自公，率厲不懈，增築開濬，起造輯理，浸皆就緒。臣又製造決勝戰車一千二百兩，每兩用五十有五人：一卒使車，八人推車，二人扶輪，六人執牌，輔車，二十人執長槍，隨牌輔車，十有八人執神臂弓弩，隨槍射遠。小使臣兩員，專幹辦閱習車事。每十車差大使臣一員總領，爲一隊。見今四壁統制官日逐教閱坐作進退，左右回旋曲折之陣，委可以應用。又沿河十六縣，與上下州軍相接，作聯珠寨，以嚴備禦。臣見使王彦、曹中正在河西攻擊，收復州縣。西京、河陽、鄭、滑等州，同爲一體把截，探伺次第。賊虜畏讋，已不敢輕動，冒犯自速殄滅。臣自到京，奉揚陛下仁風，布宣陛下德意，今街巷市井，人情物態，皆已忻悦，敉寧嘉靖，同祖宗太平時。

顧臣犬馬之齒六十有九，比緣陛下委付之重，常患才力不任，惕惕憂懼，近日頓覺衰瘁。儻萬一溘先朝露，辜負陛下眷恤憐憫之意，臣死目不瞑矣！〔倘〕使臣與官吏、士民，望翠華回輦之塵，瞻仰天顏，俯伏百拜；然後臣退填溝壑，如生之年，死骨不朽。《論語》曰：『爲政以德，譬如北辰居其所，而衆星拱之。』京師乃我祖宗基命，肇造二百年大一統基業本根之地，陛下奈何偏聽如張邦昌輩邪佞之語，以巡幸爲名，輕去其所，使四海来享来王之人，徜徉道路，於偏僻州軍爲朝宗之地乎？臣果得以此老身，俯伏道左，迎陛下千乘萬騎，垂拱九重，奉陛下指揮號令，賊虜可以消滅，寇盜自然平蕩，王室於焉再造，大宋中興可必。若誕妄之人，言臣欲以海陬餘孽，貽君父憂，即臣自頂至踵，甘俟斧鉞。

臣已修整御街御廊、護道杈子，平整南薰門一帶御路。聞萬邦百姓寓於京師者，日夜顒顒，望陛下迎奉祖宗之主，與隆祐太后、皇后、妃嬪、皇子、天眷歸安大内，以福天下。臣夙夜憂思，眷眷念念，繼之以泣。願陛下憐臣孤忠，矜臣衰暮，惟恐心力不逮，或有誤陛下國家大計。今年河流不冰，惟陛下斷自淵衷，毋惑群（辟）邪之議，《書》曰：『惟克果斷，乃罔後艱。』臣下情不勝激切之至，〔取進止〕。」

此奏又見《歷代名臣奏議》卷八五。

《三朝北盟會編》卷一一三：「（建炎元年八月十四日辛未）又别奏曰：『臣契勘京城四壁，濠河、樓櫓與守禦器具，其當職官吏協心併力，夙夜自公，率厲不懈，增築開濬，起造輯理，寖皆就緒。臣又製造決勝戰車一千二百輛，每輛用五十五人：一卒使車，八人擁車，二人扶輪，六人執牌，護車，二十人執長鎗，隨牌護車，十八人執神臂弓弩，隨鎗射遠。小使臣專幹辦閲集車事。每十車差大使臣總領，爲一隊。見今俾統制官日逐教習變化進退，左右周旋曲折之陣，於城外劄寨。又沿河一十六縣，與上下州軍相接，作聯珠寨，以嚴備禦。臣見使王彦、曹中立在河西攻擊，收復州縣。西京、河陽、鄭、滑等州同爲一體把截，探伺次第，賊虜畏讋，必不敢輕動，冒犯，自速殄滅。』

又曰：『臣已修整御街御廊、護道杈子，平治南薰門一帶御路。聞萬邦百姓寓於京師者，日夜顒望陛下迎奉祖宗之主，與隆祐太后、皇后、妃嬪、皇子、天眷歸安大内，以福天下。臣民夙夜憂思，眷眷念念，繼之以泣。』」

《建炎以來繫年要録》卷一〇：「（建炎元年十月庚申）東京留守宗澤復上疏，論其治兵，且言：『……（中略）……』」

〔二〕奏，原作「明」，據《宗忠簡公事狀》改。

〔三〕《建炎以來繫年要録》卷九：「（建炎元年九月乙巳）澤每疏奏，上以付中書省，黄潛善、汪伯彦皆笑以爲狂。」

《宗忠簡公傳》：「每疏奏，上以付中書，黄潛善、汪伯彦皆笑以爲狂。」《遺事》稱「公前後申明，多降特旨，事由三省、樞密院，則沮抑之」，蓋爲宋高宗曲意掩諱。

〔四〕《宗忠簡公集》卷一《條畫五事疏》：「臣衰老孱愚，誤膺簡記，但思瀝竭，知無不爲。凡所敷奏，仰干天聽，過蒙採納，委曲俞允，臣非木石，豈不知感。但有經從三省與樞密院事，百端阻抑，幾不可行。臣欲隱忍不言，首鼠承稟，切慮事干國體，臣雖萬死，奈宗廟、朝廷、天下根本與數百萬生靈何？臣所管留鑰與畿甸事，所繫實大，願陛下憐憫孤忠，毋以近言，惶惑聖聰。臣且以近日三省、樞密院戒約之文，臣有五疑焉。

器甲、械用、衲襖、棕衫、兵幕之類，皆椿管準備，不得擅有支遣。今遣將出師，此是軍中合用之物，不可闕誤，而先行椿管，不容支遣，此一可疑也。

臣近召募人，於四城劄寨，爲守禦之備。今承問所召募之人，係是何等色額？如此則古人使貪使愚者，皆不可憑信矣，二可疑也。

臣爲見尋常防河，只以數千卒伍，沿河分布，賊有數騎侵犯，即奔走潰散，不復支吾。臣今合京畿十六縣，内有兩縣瀕河，共七十二里，均之諸縣，縣管四里有畸，各令開河，闊一丈八尺，於南岸埋鹿角，連珠劄寨。賊有侵犯，併力禦之。已蒙聖慈矜允，行之亦似允當。今樞密院行下約束，只令依倣陝西，以三、七分爲率，三分出戰，七分出助軍錢。陛下念畿縣居民，例遭殘破，平時保甲，十亡五、六，若止用此，其寔無幾，况重遭傷殘之餘，勞來安集之，猶恐散去，又烏可以助軍錢阨之，使速去耶？此三可疑也。

今歲守禦之具與城池之備，雖已粗辦，尚多鹵莽，未能如舊去處，必須曉夕修造，補葺繕備。今三省、樞密院指揮諸場、庫、務，如修城，造器械，見僱工役，不令支錢。今修城，糴場與軍器監、八作司皆縮手無所爲，此四可疑也。

夫人之情，無大小，無貧富，靡不懷鄉土，顧妻孥，戀墳墓。舉千萬人，貌雖不同，情即皆一。歷世聖王，所以成天下之大順，而得多助之至，天下順之者，以能順人之情而已矣。臣伏想陛下貔貅扈從，億萬之衆，多西北人。陛下無偏聽三、四重臣之言，試廣詢僉同叶從之輿論，斷自淵衷，以決行幸。臣竊見僕射黄潛善、樞密汪伯彦、張慤，皆無遠識見，無公議論，偏頗回遹，惟富貴是念。朝入一言，暮入一説，皆欲贊陛下南幸，此五可疑也。

伏望聖慈察臣之忠，聽臣之言，早賜睿旨，天下幸甚，臣不勝激切之至。」

《建炎以來繫年要録》卷一〇：「（建炎元年十月庚申）始宗澤條上五事，曰：『近者有旨，椿占器甲，不得擅支。今命將出師，而椿占軍中當用之物，此可疑一也。近募兵於四城守禦。今樞密院問，所募人繫何色額？如此則古人使貪使愚，皆不可矣，此可疑二也。臣爲平常防河，止以數千卒，沿河分布，如有數騎侵越，即奔潰不支。故開濠，剳寨，亦似允當。而樞密院乃用陝西例，令三分出戰，七分出助軍錢。今京畿殘破，民未復業，勞來安集，猶恐散去，又何以助軍錢扼之，使速去邪？此可疑三也。今守禦之具與夫城池，雖已粗辦，尚多鹵莽。而三省、樞密院指揮，所雇工役，不令支錢，此可疑四也。臣竊見僕射黄潛善，福建人，樞密汪伯彦，徽州人，内張慤雖是北人，然無公識，無遠見，議論偏頗，皆欲贊陛下南幸，此可疑五也。』」按《建炎以來繫年要録》所載，爲《條畫五事疏》摘要，然而「僕射黄潛善，福建人，樞密汪伯彦，徽州人，内張慤雖是北人」一句，爲今存奏中所無。

〔五〕《宗忠簡公集》卷二《聞車駕將還闕賀表》（建炎元年十月，通前後表疏，係第九次奏請）：「臣今月六日承遞報，車駕將還闕者。恭聞明命，肅詔回鑾。歡騰率土之謡，和浹中天之氣。里閭喜悦，如嬰孺之將見慈親；道路光輝，若翳霾而忽瞻白日。人情至此，天意可知。（中謝。）竊以列聖格言，先正垂裕。天難諶而聰明自我，人至衆而好惡匪殊。但觀自我之是非，可驗匪殊之嚮背。是知人所欲者，自然天亦從之。所以君子不務小同，自然天下能成大順。恭惟皇帝陛下，以道觀政，以德行仁，密韜神武之機，獨斡乾剛之斷。整齊萬乘，來歸九重。宇宙澄鮮，預想屢豐之慶；廟堂肅穆，式隆宏濟之休。昊穹降福以穰穰，寰海來宗而濟濟。六軍有雷動雲行之勢，四夷蒙風驅電掃之威。赫奕重光，崇高再造。列辟駿奔而忭舞，寰區竭蹶以欽承。臣無任，云云。」

《建炎以來繫年要録》卷一〇：「（建炎元年十月）既而澤見詔書有『俟四方稍定，即還京闕』之語，壬戌，澤上表以謝，表曰：『……（中略）……』」

〔六〕《宗忠簡公集》卷二《聞車駕議還闕賀表》（建炎元年十月，通前後表疏，係第十次奏請）：「恭膺明命，肅詔回鑾。下蘇徯后之情，仰對在天之意。葱葱佳氣，增光二百年之休；勉勉遠猷，駿惠大一統之盛。佇觀丕應，聿享咸寧。（中謝。）竊以太祖肇基，奕世嗣服，並據本根之地，宏施實德之風。宅四表，而率服吾君；奄九有，而來崇真主。曩緣辰告，暫聽時巡。知人久戀於睿慈，聚議獨形於英斷，欲繼志而述事，遂斡乾而轉坤。時方奉於詔書，顧忽聞於雷震。是天喜悦，爲人音聲，想衆懽呼，應時舞蹈。河伯安流而迎駕，雨師洒道以清塵。兒童爭提攜於壺漿，父老願平治於道路。里閭皞皞，田野熙熙。收兩河山寨之心，鎮遠徼夷人之聽。然後御端門而肆赦，滌舊染以維新，款宗廟而告歸，儼威容而如在。憂勤祖述，恭儉緝熙，大成有截之功，永以無疆惟恤。臣無任，云云。」此表又見《建炎以來繫年要録》卷一〇建炎元年十月壬戌。

《宗忠簡公事狀》：「十月，復上疏。（疏見前。）公前後申奏，多降特旨，事由三省、樞密院，則沮抑之。至是公條具五事。（疏見前。）聞有詔，車駕還闕，公上表。（表見前。）繼拜詔，將還闕，公喜甚，再上表。（表見前。）」

《宋宰輔編年録校補》卷一四引《中興遺史》：「東京留守宗澤屢奏，乞車駕回京師。是時，黄潛善、汪伯彦與朝臣力贊維揚之幸。澤雖屢奏，終不省納。……中原之人皆知翠華將有江都之幸，京師父老有相聚涕泣者。東京留守宗澤屢奏剳言之，不省。」

公自留鑰，甫半載，威譽四馳，遠近歸心。招致賊衆，如王再興兵五萬，李貴兵幾二萬人，往來淮上，王善兵號七十萬，騎護萬乘，寇濮州，楊進自號没角牛，兵三十餘萬，并王大郎等諸頭項人馬百餘萬衆，所至侵掠。公徧遣人，喻以禍福，招來之。群盜素知公，悉聽命，相繼至。進尤所敬慕，願效死，軍聲甚振。公諭曰：「軍中老弱婦女，久被驅擄，吾不忍其無辜，宜盡釋之。」進等奉命，諸軍所放幾萬人。善寇濮州，直欲來據京城。公單騎往，造其巢，一見，執其手，仰天號泣曰：「朝廷當危難時，無一人出爲時用。使當時有如公輩，豈復有今日患！」善感泣曰：「敢不效力！」諸將謂公此行不返，及歸，迎於郊，公曰：「事畢矣！」善有帶甲解甲之請，幕下未有處，公據案命筆，書「從便」二字。越三日，來降，善乃下馬，擅入者斬！」此留守司門，曰：「左右止之，既至，餘皆解甲。止以五百甲騎随，許以節使。臨行，請公趨入，拜於庭。公繼以禮接之，曰：「軍禮不得不如此。」乃延之飲，到寨，撫諸軍將。有請勿行者，公獨信之篤，入其寨，第賞有差。〔一〕

〔一〕《梁谿全集》卷一七九《建炎時政記》中：「先是，僉議於上前，謂盜賊勢須招撫，因而用之；然非朝廷威令已振，則雖欲招撫，因而用之，勢不可得。今去行在不二百里間，有此數處盜賊竊發，多者至數萬，少者不下七八千，若不遣將帥，應時討殄，何以使四方群盜恐懼聽命？有旨，令召王淵等到都〔堂〕戒勵，令各占地〔分〕，須管破蕩。仍諭以自上即位，方此遣兵，正當信賞必罰，能立功者優議推賞，敗衄誤事，亦必行法之意。諸將喜躍自奮，不旬月間，四處皆告捷。王淵生擒杜用，破其衆二萬人；喬仲福斬李昱首以獻，破其衆三萬人；黎驛、魚臺賊皆七八千人，討捕净盡。王淵、劉光世以功並建節，餘人等第進秩。於是湖北群盜閻瑾、黨忠、薛廣、祝靖等，皆赴行在。丁順、楊進等皆河北巨盜，赴招撫司自效。其餘皆赴東京留守宗澤納款。京東、西與淮南州縣漸得休息。」

《宋會要輯稿》兵一三之一：「建炎元年七月一日，詔差御營使司都統制王淵、統制官張俊討陳州叛兵杜用，都巡檢使劉光世討黎驛馬忠下叛兵，統制官喬仲福討京東賊李昱，統制官韓世忠討單州魚臺軍賊。仍宣諭宰職（執）召王淵等赴都堂，授以方略。其後光世、仲福、世忠盡破李昱、黎驛、魚臺賊衆，各斬首以獻。王淵、劉光世以功除節度使，張俊、喬仲福、韓世忠各轉三官，其餘有功官兵等第轉官資。

於是劇賊如湖北閻瑾、黨忠、薛廣、祝靖等，皆入宿衛。河北丁順、楊進等，赴招撫司自效。餘皆赴東京留守宗澤納款，盜益衰止。」

《宋朝南渡十將傳》卷五《韓世忠傳》：「是歲，詔討單州賊魚臺，平之。其初被命也，實與王淵、張俊、劉光世、喬仲福等分任討賊，受方略於都堂。淵、俊討陳州叛兵，光世破黎驛叛兵，仲福討京東賊李昱，而世忠討單州賊魚臺。世忠既破魚臺，而黎驛之叛兵亦爲世忠擊敗，皆斬之以獻。於是群盜悉平，入備宿衛。而河北賊丁順、楊進等皆赴招撫司，宗澤收而用之。」

《宋史》卷三六四《韓世忠傳》：「是歲，命王淵、張俊討陳州叛兵，劉光世討黎驛叛兵，喬仲福討京東賊李昱，世忠討單州賊魚臺。世忠已破魚臺，又擊黎驛叛兵，敗之，皆斬以獻。於是群盜悉平，入備宿衛。而河北賊丁順、楊進等皆赴招撫司，宗澤收而用之。」

《宗忠簡公事狀》：「公自留鑰，甫半載，威譽四馳，遠近歸心。招致豪傑，如王再興兵五萬，李貴兵二萬，往來淮上，楊進號没角牛，兵三十餘萬，王大郎等諸頭項人馬百餘萬衆，所至侵掠。公徧遣人，喻以禍福，招徠之。群盜素知公，悉聽命，相繼至。楊進尤所敬慕，願效死，軍聲甚振。公諭曰：『軍中老弱婦女，久被驅掠，吾不忍其無辜，宜盡釋之。』進等奉命，尽釋所掠幾萬人。王善兵七十萬，騎萬乘，寇濮州，直欲來據京城。公單騎往，造其巢，一見，執其手，仰天號泣曰：『朝廷當危難時，無一人出爲時用。使有如公一、二輩，豈復有今日患乎！』善感泣曰：『敢不效力！』翌日，善有帶甲解甲之請，公命筆，書『從便』二字。越三日，來降，止以五百甲騎随，餘皆解甲。善拜於庭，公以禮接之，與飲，許以節使。臨行，請公到寨，撫諸軍將。有請勿行者，公篤信不疑，獨入其寨，第賞有差。」

《三朝北盟會編》卷一二〇：「又有王大郎者，名善，濮州人，亦有衆數十萬，分爲六軍。善初爲亂也，濮州弓兵執其父，殺之。善有衆既盛，乃以報父仇爲辭。攻濮州，不下；又攻雷澤縣，亦不下。與（張）用合軍，皆受留守宗澤招安，既而復反。」可知王大郎即王善，《遺事》敘事重複，應以《事狀》爲準。「既而復反」，是指宗澤死後，杜充繼任東京留守，王善又重新爲盜，被岳飛所破。

《宗忠簡公傳》：「王善者，河東之巨寇也。領兵七萬，〔寇〕濮州，謂京城殘破，不足語勇，直欲據之。公自料勢未易敵，戒都統以下守城，吾將親招之，單騎竟造賊巢。善亦訝公之來，約與公會。公略不出一語，但執其臂，仰天號慟，徐曰：『朝廷二百年涵養，當危難時，無一人出爲時用。使當時如有公一、二輩，豈復有今日之患！今正立功之秋。』王善爲公忠義感動，亦同聲而泣，且曰：『敢不效力！』公附耳語之曰：『來日當以節度使相處。』諸將謂公此行不復返矣，及公歸，諸將出迓，公曰：『事畢矣！』善隨以狀至，欲卜領衆歸降，且有解甲帶甲之請，公書『從便』二字。善益心服，越三日，來降，衆疑不決，人情洶洶，公獨信之篤也。善以五百甲騎從，餘皆解甲。既至，左右止之，曰：『此留守司門，擅入者處斬！』善乃下馬，趨入，拜于庭。公繼以禮接之，曰：『公禮相見，不得不如此。』延之以飲，臨行，曰：『昨已許公節度使，先授照帖，當即具奏。』善大喜，且請到寨撫諸將。公許之不疑，既入寨，第賞有差。自是軍聲大振。

又有王再興掠西京，李貴往來淮上，楊進者，號没角牛，及王進等頭項人，所至侵掠。公徧遣人，諭以禍福，招來之。群盜素服公名，相繼而至。楊進者尤所敬慕，公曰：『軍中老弱婦女，久被驅虜，吾不忍其無辜，宜盡釋之。』進等奉命，諸軍所放幾萬人。

楊進屯城南，王進屯城北，二人氣不相下。一日，領衆相拒于天津橋，都人頗恐。公以片紙喻之曰：『爲國之心，固如是耶？當戰陣立功，勝負自見。』二人相顧，慚沮而退。」

「丁進者，亦巨寇也。其初來降，人情鼎沸，謂非真降者，或請以兵陰衛。公曰：『不然，正當披心腹待之，雖木石可使感動，况人乎！』及進至，公慰勞存撫，又呼首領者數人，飲食之，待之如故吏。明日，按其寨。進益感畏，黨有陰結爲亂者，進自擒殺之，有相率遁者，進自追，治之。

馬皋者，（丁）進之次也，每戰必先登。一日，傷而還，公方撫勞，而羽報又至。公曰：『誰可代汝行者？』皋曰：『非皋不可！』裹瘡而前，數日，擒一酋而歸。」

《三朝北盟會編》卷一一五：「（建炎二年正月二十二日丁未）丁進以其衆，詣京城留守司請降。丁進自退壽春府，擾於京東、京西，至是請降於留守司。進，壽春府軍兵也，逃走，遇亂，復歸鄉里，就蘇村團結，聚人作過。初自十、百至千、萬，至有數萬，皆面刺六點或八點，或刺『入火』。進自號丁一箭，圍壽春府，安撫使康允〔之〕禦退之，至是請降。」

《建炎以來繫年要録》卷一〇：「（建炎元年十一月）初，壽春卒丁進被罪而竄，遇亂，復還鄉里，聚衆於蘇村，後至數萬，皆面刺六點，或『入火』二字。進自號丁一箭，遂圍壽春府。守臣、直秘閣康允之悉取銀帛，以賞將士，士皆效死。允之以城危急，募進士呂某，權安撫司幹辦公事，出城見進，許以金幣犒師。進怒，殺使者，盡取士卒家屬之在城外者，戮之。圍城二十五日，不能拔，乃引去。其後軍張勝以所部自趨光州，進不能禁。允之，淮寧人也。」

又同書卷一一：「（建炎元年十二月庚辰）武翼大夫、閤門宣贊舍人丁進特放罪，仍遷二官。進既去壽春，東京留守宗澤遣使招進，進遂納款。澤以便宜補授，言於朝，招進充京城四壁外巡〔检〕，以所部赴京城四面屯駐。」

《宋史》卷二四《高宗紀》：「（建炎元年十一月）是月，軍賊丁進圍壽春府，守臣康允之拒却之。」「（十二月辛巳）丁進詣宗澤降。」

《宗忠簡公傳》：「趙海，亦招賊之雄也，屯板橋，輒塹路設橋，以阻行者。閭勍發者八人，過海營，海怒曰：『我畏閭太尉邪？』悉臠之。偵者以聞，公呼之，海以甲士五百從。公方接客，遽語曰：『殺發者誰？』海曰：『無之。』出報狀示，海具服，命械繫獄。客曰：『姑徐之，奈甲士何？』公曰：『何怯邪？治海者某，諸公何預。』喻次將曰：『領衆還營，趙海已械送所司，告偏裨，善護卒伍。』明日，誅海，聞者股慄。」

《建炎以來繫年要録》卷一五：「（建炎二年四月戊午）時有降寇趙海者，屯板橋，輒塹路，以阻行者。管軍閭勍發者八人，過其壘，海怒而臠之。覘事者以告，澤召之，海以甲士五百自衛而入。澤方對客，海具伏，即械之繫獄。客曰：『彼甲士甚衆，姑徐之。』澤笑謂其次將曰：『領衆還營。』明日，誅海於市，聞者股慄。統制官楊進屯城南，王善者，有衆二千餘，皆山東游手之人，先進來降，屯城北。二人氣不相下，一日，各率所部千餘，相拒於天津橋，都人頗恐。澤以片紙諭之曰：『爲國之心，固如是耶？當戰陣立功時，勝負自見。』二人相視，慙沮而退。」

《宋史》卷三六〇《宗澤傳》：「王善者，河東巨寇也。擁衆七十萬，車萬乘，欲據京城。澤單騎馳至善營，泣謂之曰：『朝廷當危難之時，使有如公一、二輩，豈復有敵患乎！今日乃汝立功之秋，不可失也。』善感泣曰：『敢不效力！』遂解甲降。時楊進號没角牛，兵三十萬，王再興、李貴、王大郎等各擁衆數萬，往來京西、淮南、河南、北，侵掠爲患。澤遣人諭以禍福，悉招降之。」按兩處文字之「王善者，河東巨寇也」，應爲「京東巨寇也」。

《建炎以來繫年要録》卷一〇：「（建炎元年十月壬戌）先是，群盜王再興以兵數萬人，〔李〕貴萬餘人，往來河上。王善以車百乘，寇濮州。楊進兵尤衆，連擾京西諸郡。至德安府，守臣、直龍圖閣陳規晝夜不解甲，晝則與戰，夜刧其營，相持凡十有八日，而進技窮，乃以百餘人自衛，直抵濠上求和。規即出城，與進交臂而語，進感其至誠，折箭爲誓。明日，引衆去，圍光州甚急。澤遣使招之，皆聽命。即以進爲留守司統制，且擇其軍中老弱萬人，釋之。（進明年二月乙丑補官。）」按「李貴」原作「王貴」，據前引文字及《宗忠簡公集》卷一《奏乞回鑾仍以六月進兵渡河疏》改。

又同書卷一五：「（建炎二年二月丁丑）時楊進初以軍降澤，澤奏於上，授進武功郎、閤門宣贊舍人，充留守司統制。（《日曆》，進補官在乙丑。）」

《三朝北盟會編》卷一四五：「李道者，相州人李旺之弟也。東京留守宗澤以事斬旺，令道管其軍。」

《建炎以來繫年要録》卷四三：「（紹興元年三月）襄陽鎮撫使桑仲以其將李道知隨州。道，相州人，與兄旺聚衆。其後東京留守宗澤因事斬旺，以道掌其軍。」《宋史》卷四六五《李道傳》：「李道，字行之，相州人。其中女爲光宗后。初，道與兄旺聚衆，歸宗澤。澤因事斬旺，命道掌其軍。澤薨，道引軍依襄陽鎮撫使桑仲。」又同書卷四五三《姚興傳》：「姚興，相州人，靖康中，以州校用。劫殺金人有功，借補承信郎。建炎初，張琪聚兵，歸東京留守宗澤，興往從之。」《金史》卷七九《酈瓊傳》：「酈瓊，字國寶，相州臨漳人。補州學生。宋宣和間，盜賊起，瓊乃更學擊刺挽强，試弓馬，隸宗澤軍，駐于磁州。未幾，告歸，括集義軍七百人，復從澤，澤署瓊爲七百人長。」《敬鄉録》卷一〇陳炳《宗忠簡公畫像贊》：「後守留鑰京師，以忠義激〔奮〕將士，兩河豪傑投誠聽命，〔至〕以一押字，得兵二十萬，皆願效死力麾下。」《劍南詩稿》卷二七《書憤》：「山河自古有乖分，京洛腥膻實未聞。劇盜曾從宗父命，遺民猶望岳家軍。……（宗澤守東都，巨盜來歸百萬，號宗爺。岳家軍，蓋紹興初語。）」關於宗澤收編群盜，另參見本卷後文。

時岳飛偶犯，有司欲正典刑。公一見，奇之，曰：「此將材也！」留軍前。適羽報虜犯汜水，遣飛爲踏白使，以五百騎授之，公語曰：「吾釋汝罪，今當爲我立功！」且戒無輕鬥。

飛禀命即行，凱還，補爲統領，後遷統〔一〕制。〔二〕自是軍聲大振。

〔一〕統，原作「總」，據《鄂國金佗稡編》卷四《鄂王行實編年》與《宗忠簡公傳》改。

〔二〕《鄂國金佗稡編》卷四《鄂王行實編年》：「先臣自知爲（王）彦所疑，乃自爲一軍，歸宗澤，澤命爲留守司統制。」

《宗忠簡公事狀》：「秉義郎岳飛犯法，請正典刑。公一見，奇之，曰：『此將材也！』使立功贖罪。適羽報虜犯汜水，公遣飛爲踏白使，以五百騎授之，曰：『汝當爲我立功！』飛即行，大捷而凱還，補爲統領。公曰：『爾智勇才略，古良將不能過。但好爲野戰，非萬全計。』因授以陣圖。飛答曰：『陣而後戰，兵法之常，運用之妙，存乎一心。』公是其言，共參機務，飛由此知名，後遷〔統〕制。」

《宗忠簡公傳》：「十二月，虜駐兵于河之北，稍稍南渡，西犯汜水，北侵胙城，時擾滑、濬。……初，岳飛（當缺『偶』）犯，有司將正典刑。公一見，奇之，曰：『此將材也！』不加之罪，留之軍前。至是遣爲踏白使，以五百騎授之，曰：『汝罪當死，吾釋不問，今當爲我立功。往視敵勢，毋得輕鬥！』飛謝罪禀命，鼓勇而前，竟與虜接，敗之。公喜，（當缺『補爲』）統領，後遷統制，自是每出必捷。」

《宋史》卷三六〇《宗澤傳》：「秉義郎岳飛犯法，將刑，澤一見，奇之，曰：『此將材也！』會金人攻汜水，澤以五百騎授飛，使立功贖罪。飛大敗金人而還，遂升飛爲統制。飛由是知名。」

《宋史》卷三六五《岳飛傳》：「隸留守宗澤，戰開德、曹州，皆有功。澤大奇之，曰：『爾勇智才藝，古良將不能過。然好野戰，非萬全計。』因授以陣圖，飛曰：『陣而後戰，兵法之常，運用之妙，存乎一心。』澤是其言。」《宋史》之《岳飛傳》源自宋《中興四朝國史》之《岳飛傳》，而上引「陣而後戰」之語，應源於《宗忠簡公事狀》。

《鄂國金佗稡編》卷四《鄂王行實編年》：「澤大奇先臣，謂之曰：『爾勇智材藝，雖古良將不能過。然好野戰，非古法，今爲偏裨尚可，他日爲大將，此非萬全計也。』因授以陣圖。先臣一見，即置之。後復以問先臣，先臣曰：『留守所賜陣圖，飛熟觀之，乃定局耳。古今異宜，夷險異地，豈可按一定之圖。兵家之要，在於出奇，不可測識，始能取勝。若平原曠野，猝與虜遇，何暇整陣哉！況飛今日以裨將聽命麾下，掌兵不多，使陣一定，虜人得窺虛實，鐵騎四蹂，無遺類矣。』澤曰：『如爾所言，陣法不足用耶？』先臣曰：『陣而後戰，兵之常法，然勢有不可拘者，且運用之妙，存於一心。留守第思之。』澤默然，良久，曰：『爾言是也。』」按岳珂諱言「岳飛犯法，將刑」，並降官秉義郎，不載此事，又將岳飛與宗澤討論陣法改繫於靖康二年初隸宗澤時，係誤。

《黄氏日抄》卷九一《跋宗忠簡行實》：「非公守磁，我高宗已先入虜庭，雖江南誰與保。公雖身不及用，尚能爲我宋得一岳飛。」

公誅鋤强梗，撫民居，經制財用，各有條緒。凡兩河、京東、西州郡文移往來，求軍需者，則撤在京所有，隨多寡應之，欲其同心濟難，不以彼此爲間。〔一〕時行在所遣中使傳宣撫問，上表謝。（表見前。）〔一〕繼聞車駕南幸，公復奏疏。（疏見前。）〔二〕批答曰：「朕惟上都據四方之中，開基歷十世之久。祖宗創業，置諸奠枕之安；城社奔流，勢若建瓴之順。兹請特巡之制，姑爲近甸之行。思宏濟乎艱難，致殫勞於櫛沐。每念本根之重，嘗思監守之懷。迄綏靖於侯邦，即趨歸於觀闕。任卿司守，屬在王畿，共傾戴后之誠，來效回鑾之請。睠言忠藎，良劇嘆嘉。」公奉御筆，聞京師有稱御前收買珠玉人，紛擾民間，或至强市，即時立賞，委緝捕人收捉，及出榜告報都人。上表謝。（表見前。）〔四〕

〔一〕《建炎以來繫年要録》卷一〇：「（建炎元年十月壬戌）澤理財有方，凡兩河及京東、西諸郡求軍須者，皆輟東京所有與之，不以爲間。上遣中使撫問。」

〔二〕《宗忠簡公集》卷二《謝中使傳宣撫諭表》（建炎元年十月）：「星使自天，玉音在耳。恭被聖神之賜，頓增畿甸之光。臣固衰微，倏望天顔於咫尺；人咸慶抃，願隨獸舞以駿奔。感戴而思，涕淚以血。（中謝。）恭惟皇帝陛下聰明睿智，恭儉憂勤，禀天縱之多能，亶日新之盛德。整淵衷之孝悌，思沙漠之父兄。天鑒昭回，必助恭行之罰；人心激勵，盡懷敵愾之誠。因矜浩穰之都，遂遣皇華之命。里閭見九天之軺從，競夾道以焚香；父老聞萬歲之歡呼，但吞聲而飲泣。伏望陛下誕宣温詔，早敕回鑾，庶寬大旱之望雲，式慰調饑之念食。卑誠懇切，輿論傾依。臣無任，云云。」

〔三〕《宗忠簡公集》卷一《乞回鑾疏》（建炎元年十月，通前後表疏，係第十一次奏請）：「臣聞《易》

於《渙》之卦曰：『渙汗其大號。』此言人君發號施令，如汗焉，一出而不可反也。臣竊觀陛下踐膺大寶，權時之宜，駐蹕近甸，天下之民，延頸企踵，日望鑾輿之歸，經理中原，以建中興之業。故迺者親降詔書，即將還闕，恭謁宗廟，延見父老。中外聞之，莫不鼓舞相慶，以謂陛下英斷如此，何事不立！何功不就！何浮言之可惑？何戎狄之足憂？太平基業，正在此舉。下詔之後，日復一日，尚未聞千乘萬騎，涓日啟行，民心不能無疑焉。

臣愚竊意陛下乾剛不撓，離明並照，洞見安危之幾，必不肯失信於天下。是必有姦臣誤陛下，負失信之謗也。伏見邇者河陽水漲，斷絶河梁，有姓馬人妻王氏者，率衆討賊，賊勢窮窘，不知所爲。此天亡虜寇之時也，天與不取，反其咎。欲因此時，遣閭勍、王彦各統大兵，乘其危孤，大振軍聲，盡平賊壘。

伏願陛下亟還京闕，以繫天下之心，則孰不用命？且投機之會，間不容穟，願陛下毋惑於姦臣之言，斷自淵衷。臣自謂茲舉可保萬全，無可疑者也。或姦謀蔽欺天聽，未即還闕，伏願陛下從臣措畫，勿使姦臣沮抑，以誤社稷大計。陳師鞠旅，與之決戰，掃盡胡塵，擴清海宇。然後奉迎鑾輿，歸還京闕，以快天下之心，以塞姦臣之口。臣蒙陛下知遇，誓效死節，區區愚忠，不能自已。伏望聖慈特賜睿斷，天下幸甚。」此奏又見《歷代名臣奏議》卷八五，《三朝北盟會編》卷一一六有節録。

《建炎以來繫年要録》卷一〇：「（建炎元年十月壬戌）既而澤聞上已南幸，又上疏請還京：『……（中略）……取進止。』上優詔答之。（澤條上五事在戊午，今牽聯書之。）」

〔四〕《宗忠簡公集》卷二《謝收捕開封府稱御前收買珠玉仍出榜告諭都人表》（建炎元年十〔一〕月）：「基王化而宅域中，端臨萬國；躬儉實以先天下，懋迪群黎。宸翰誕頒，民風丕變。朝野識德意之所嚮，邦家知泰階之可期。伏讀訓辭，第增感涕。（中謝。）恭以治自近始，化繇躬行。儀倡肇黼扆之嚴，視聽徹要荒之表。好惡所示，治忽可稽。弗剪茅茨，堯俗於變；躬履革舄，漢治勃興。深惟治化之端，實以樸儉爲本。恭惟皇帝陛下秉德紹統，建極御圖，誠意正心，以齊家國，復樸敦本，以律士民。念國步之猶艱，慨民俗之浸靡。克勤克儉，去泰去奢。屏服用玩好之奇，聚左右圖書之富。申嚴厲禁，豈特却璀璨之珍；昭示儉純，蓋將揚絲綸之化。農知重穀而力穡，士知守義以遵繩。革蜉蝣之僭奢，成行葦之忠厚。一人表正，四海風傾。臣猥以菲才，誤膺繁使。惟知樸直以報國，不敢偷薄以示民。仰聖訓之丁寧，激孤忠而抃躍。臣敢不播揚純儉之化，恪遵禁令之嚴。一道德以同風，冀追太古；修政事而攘狄，行見丕平。臣無任，云云。」

十二月甲子，邊寨駐於大河之北，大會酋長，引兵至河上，稍稍南渡，西犯汜水，〔一〕北侵胙城。〔二〕虜人雖知公名，不敢輕入，亦時擁衆，以擾瀕河州縣。滑州以南沿河諸寨，欲并兵力戰，斷河梁，申乞授師。議者曰：「賊鋒未易當，不若堅守自固。」公笑曰：「去冬城潰，正坐此耳！厥鑒不遠，尚可襲乎？」命統制劉衍趨滑，劉達走鄭，各提兵二萬，戰車二百乘，以分衝突之勢；且戒諸將不得輕動，極力保護河梁，以俟大兵過河，毋致臨期誤

事。虜聞之，夜斷河梁而遁，所獲甚衆。〔三〕

〔一〕《建炎以來繫年要録》卷一一：「（建炎元年十二月）癸亥，金人犯汜水關。」《宋史》卷二四《高宗紀》：「（建炎元年十二月）癸亥，粘罕犯汜水關。」按前述「金人攻汜水，（宗）澤以五百騎授（岳）飛，使立功贖罪」云云，即此時事。

〔二〕《三朝北盟會編》卷一一四：「（建炎元年十一月）二十七日癸丑，車駕至揚州駐蹕。窩里嗢自燕山率衆由清、滄渡河，以寇山東。粘罕自雲中率衆下太行，渡河陽，再陷西京，又遣女真萬户銀术、拔束、茶曷馬等，以寇漢上。

《（金虜）節要》：『時鄭建雄守河陽，翟進扼河清白磊。賊不得渡河，遂攻河陽南城，建雄之軍遂潰。粘罕兵得渡，首敗姚慶軍於偃師，慶死之。西京官吏棄城南走，殘民開門以降。粘罕遂入西京，屯於大内，以代州叛臣李嗣本知河南府事，且遣女真萬户銀术輩寇漢上。粘罕不自行者，以時宗澤守東京，恐澤邀其後。故自據西京，與澤相持，使漢上之兵無後顧之憂也。』

十二月八日癸丑，金人陷鄭州，知軍州事董庠棄城走。前知階州董庠者，因來勤王，潰散，無所歸。宗澤留守東京，令庠知鄭州。金人犯境，澤出兵援之，爲金人所敗，庠亦棄城而走。金人不入鄭州而退去，遂專往京西。

《（中興）遺史》曰：『金人寇西京，車駕在揚州。金人議進兵，殘擾京西，乃遣銀术大王自汜水渡河，犯西京。〔京〕西路制置、河南尹孫昭遠不敢當，引兵即避之。金人陷西京。』」

《建炎以來繫年要録》卷一一：「（建炎元年十二月）癸亥，金人犯汜水關。初，左副元帥宗維聞上幸維揚，乃約諸酋分道入寇。宗維自河陽渡河，攻河南。（十二月，入西京。）右副元帥宗輔與其弟宗弼自滄州渡河，攻山東。（明年春，陷青、濰。）陝西諸路選鋒都統婁宿與其副撒離喝自同州渡河，攻陝西。（明年正月戊子，陷長安。）撒離喝者，金主晟從弟也。時西京統制官翟進扼河清白磊，帶御器械鄭建雄守河陽，敵不得濟。宗維乃屯重兵於河陽北城，以疑建雄，而陰遣萬户銀朱自九鼎渡河，背攻南城。銀朱陷南城，建雄遂潰。西京留守孫昭遠既罷西道都總管，所調西師，以非所隸，悉引去。昭遠數以洛無城池，而彊虜對境侵軼之狀，聞於朝，且遣其子書曰：『今日捍禦甚難，若假一歲，庶幾可保。吾四男二女，今不復念，要爲忠義死耳！』乃遣驍將姚慶，拒之於偃師縣，軍敗，慶死之。昭遠知城危，即命其將親衛大夫王仔奉啟運宫神御，間道赴行在。既而金人大入，昭遠引餘兵南去。翟進率軍民，上山保險。宗維據汜水，引軍而東，命銀朱分軍，犯京西。先是，知階州董庠以勤王兵入援，潰散，無所歸。東京留守宗澤以庠知鄭州。澤聞金兵入境，遣將劉達援之，未至，庠棄城走。是日，銀朱至鄭州，不入城而去，遂徑如京西，中原大震。」

「（己卯）是日，銀朱陷汝州。初，金右副元帥宗輔既渡河，議先攻汴京，且分兵趨行在。而東京留守宗澤增修守禦之備，城外千里，無糧可因。敵擾瀕河州郡，諸將請斷河梁，嚴兵自固。澤笑曰：『去歲城破，正坐此爾！尚可襲其軌乎？』命統制官劉衍趨滑州，劉達走鄭州，各率車二百乘，戰士二萬人；

且戒衍毋得輕動，極力保護河梁，以俟大軍北渡。金人聞之，夜斷河梁而遁。完顏宗弼乃遣使告左副元帥宗維，謂獨力難攻。宗維將輟西京之行，併圍汴京。既而知澤未可圖，遂已。時孫昭遠既棄河南去，西京殘民無主，乃開門出降。宗維入西京，（未見本日，當求他書修附。）以叛臣李嗣本知河南府，自屯西京大内，與澤相持。嗣本者，燕人，宣和末，以都統制守代州。宗維入代，義勝軍執之以降，因爲金用。金人既陷汝州，將兵挾京西北路提點刑獄公事謝京以遁，金人擊殺之。州民王氏二婦爲金兵所得，擁置舟中，遂投漢江以死，屍皆浮出，不壞。（此據陳恬《手記》。）軍校王俊收集潰兵，後據繖蓋山，有衆數萬。」

《皇朝中興紀事本末》卷三：「（建炎元年十二月）金虜左副元帥粘罕之自草地歸雲中也，遣使往夏國，約同寇陝西，夏人從之。及知張邦昌已廢，遂率諸酋分道入寇。右副元帥窩里嗢與其弟兀术自燕山率衆，由滄州渡河，寇山東。粘罕自雲中率衆，下太行，將由河陽渡河，攻西京。又別遣萬户婁室，副以萬户撒离曷及孛堇黑峰，寇陝西，又萬户銀朱等寇漢上。燕山軍欲先圍汴京，又分兵趨揚州。時留守宗澤增修禦敵之備，城外地方千里，無糧可因。兀术乃遣人告粘罕，謂獨力難攻。粘罕報以將輟西京之行，併力圍汴。既而知未可圖，如兀术所言，遂已。於是燕山軍肆暴於京東諸路。而婁室等至河中府，本朝官軍扼蒲津西岸，賊不得渡，遂潛由上流韓城縣，一夕履冰而過，直犯長安。於是蒲津官軍不戰自潰。」此條又見《中興小紀》卷二，而《中興小紀》文字經清人篡改。

又同書卷四：「（建炎二年正月）金虜左副元帥粘罕攻河南府，留守孫昭遠遣驍將姚慶拒之于偃師，軍敗，慶死。昭遠命將官王仔奉啓運諸殿神御，間道走行在。至是虜兵益熾，昭遠戰不利，己亥，其下擁昭遠南去避虜。昭遠罵之曰：『若等衣食縣官，不以此時報國，南去何爲？』叛兵怒，擊昭遠死焉。昭遠，扑孫也。是秋，神御乃至行在。粘罕恐東京留守宗澤以兵邀擊萬户銀朱，故自據西京，與澤相持，使銀朱無後顧之憂云。」此條又見《中興小紀》卷三，而《中興小紀》文字經清人篡改。

《金史》卷三《太宗紀》：「（天會五年九月辛亥）闍母取河間，大敗宋兵于莫州，雄州降。撻懶克祁州，永寧軍、保州、順安軍皆降。……

十二月丙寅，右副元帥宗輔伐宋，徇地淄、青。烏林答泰欲敗宋將李成于淄州。趙州降。阿里刮徇地濬州，敗敵兵，遂取滑州。……己卯，賽里下汝州。」

又同書卷一九《世紀補》：「睿宗立德顯仁啟聖廣運文武簡蕭皇帝諱宗堯，初諱宗輔，本諱訛里朵。……天會五年，宗望薨，帝爲右副元帥，駐兵燕京。十一月，分遣諸將伐宋，帝發自河間，徇地淄、青。」按完顏訛里朵宋人譯稱窩里嗢等。

又同書卷七二《銀术可傳》：「宗翰趨洛陽，賽里取汝州，銀术可取鄧州，殺其將李操等。薩謀魯入襄陽，拔离速均州，馬五取房州，擒轉運使劉吉、鄧州通判王彬。拔离速破唐、蔡、陳三州，克潁昌府，沙古質別克舊潁昌。」

又同書卷七二《彀英傳》：「與都統馬五徇地漢上，至上蔡，以先鋒破孔家軍。」

又同書卷七二《拔离速傳》：「與銀术可略地襄、鄧，入均州，還攻唐、蔡、陳三州，皆破之，克潁昌府。」

又同書卷七四《宗翰傳》：「宗翰遂趨洛陽。宋董植以兵至鄭州，鄭州人復叛。宗翰使諸將擊董植軍，復取鄭州。遂遷洛陽、襄陽、潁昌、汝、鄭、均、房、唐、鄧、陳、蔡之民於河北，而遣婁室平陝西州郡。」

又同書卷七七《宗弼傳》：「宗望薨，宗輔爲右副元帥，徇地淄、青。宗弼敗宋鄭宗孟數萬衆，遂克青州。復破賊將趙成於臨朐，大破黃瓊軍，遂取臨朐。宗輔軍還，遇敵三萬衆於河上，宗弼擊敗之，殺萬餘人。」

又同書卷七七《昌傳》：「撻懶爲元帥左監軍，徇地山東，取密州。迪虎取單州，撻懶取鉅鹿，阿里刮取宗城，迪古不取清平、臨清，蒙刮取趙州，阿里刮徇下濬、滑、恩及高唐，分遣諸將趣磁、信德，皆降之。」

又同書卷八〇《突合速傳》：「宗輔駐師鄧州，突合速、馬五、拔離速西取均、房，遂下其城。攻唐、蔡、陳州及潁昌府，皆克之。」按此處稱「宗輔駐師鄧州」，係誤。

又同書卷八〇《赤盞暉傳》：「從睿宗經略山東，既攻下青州，復從闍母攻濰州。暉督其裨校先登，而城中積芻茭，乘風縱火，發機石，暉率將士沖冒而下，力戰敗之。」

〔三〕《宗忠簡公墓誌銘》：「自狂寇再犯都城，所至將士皆望風引遁去。及公司留鑰，虜人素知公名，雖不敢輕入，亦時擁衆，以擾瀕河郡縣。元年十二月，西犯汜水，北侵胙城，議者欲堅守自固。公笑曰：『去冬城潰，正坐此耳！』令統制劉衍趨滑，劉達走鄭，以分衝突之勢，所獲甚衆。」

《宗忠簡公事狀》：「十二月，邊寨駐於大河之北，大會酋長，引兵至河上，稍稍南渡，西犯汜水，北侵胙城。滑州以南沿河諸寨，欲并兵力戰，斷河梁，申乞援師。議者曰：『賊鋒未易當，不若堅守自固。』公笑曰：『去冬城潰，正坐此耳！厥鑒不遠，尚可襲乎？』命統制劉衍趨滑，劉達走鄭，各提兵二萬，戰車二百乘，以分衝突之勢；且戒諸將不得輕動，極力保護河梁，以俟大兵過河，毋致臨期誤事。虜聞之，夜斷河梁而遁，所獲甚衆。」

《宗忠簡公傳》：「十二月，虜駐兵於河之北，稍稍南渡，西犯汜水，北侵胙城，時擾滑、濬。公所屯河上，諸寨欲併兵禦之，因乞濟師。或曰：『賊鋒未易當，不若堅守自固。』公曰：『去冬之變，正坐此也！』命統制劉衍趨滑，劉達趨鄭，各與卒二萬，戰車二百乘以往。」

《宋史》卷三六〇《宗澤傳》：「金將兀朮渡河，謀攻汴京。諸將請先斷河梁，嚴兵自固。澤笑曰：『去冬金騎直來，正坐斷河梁耳！』乃命部將劉衍趨滑，劉達趨鄭，以分敵勢；戒諸將極力保護河梁，以俟大兵之集。金人聞之，夜斷河梁，遁去。」

二年〔一〕正月壬辰，復自鄭入，直抵白沙鎮，〔二〕距京三四十里，都人恐甚。虜先堅壁不動。寮屬請間，議守禦之策，公方延賓圍棋，笑語如無事時。衆莫敢言，退而分布部伍，撤弔橋，披甲登城，都人愈恐。公始知之，戒諸將曰：「何事自爾張皇？」命諸軍將士解甲歸寨，曰：「劉衍等在外，必能爲我禦敵。」選精鋭數千，以益之，戒曰：「宜繞出虜後，設伏歸路，毋輕出戰，伺其至，則縱兵夾擊。」且諭僚屬曰：「上元密邇，盍奉舊法以迎之。」命榜諸市，張燈五日，暫弛夜禁，往來軍〔三〕馬，不異平日。虜游騎至城下，疑不敢入。人亦不知所懼。衍與虜遇，大戰，敗之，收復延津、胙城、河陰，至滑州，尚有屯兵州之西三十里，衍分兵夜擣之，大捷，悉得其輜重。甫及收燈之夕，捷書鼎至，衆始知元夕正王師接戰於板橋之時。公謂僚屬曰：「吾知劉衍必勝，百姓可使由之，不可使知之。若得豫聞，徒擾擾敗吾事。」〔四〕丁未，公復上疏，（疏見前。）〔五〕公再上表。（表見前。）〔六〕

〔一〕《忠簡公年譜》：「建炎二年戊申，公年七十。」

〔二〕據《元豐九域志》卷一，白沙鎮屬開封府中牟縣。

〔三〕軍，《宗忠簡公事狀》作「車」。

〔四〕《建炎以來繫年要録》卷一二：「（建炎二年正月壬辰）是日，金人犯東京，至白沙鎮，留守宗澤遺兵擊却之。初，金以知滑州王宣善戰，不敢窺其境，乃遣兵自鄭州抵白沙，距京才數十里，都人甚恐。澤方與客對奕，僚屬請議守禦之策，澤不應。諸將退，布部伍，撤吊橋，披甲乘城，都人益懼。澤聞之，命解甲歸寨，曰：『何事張惶？』時統制官劉衍、劉達將車二百乘，在鄭、滑間。（此據澤《遺事》，附傳云：『劉衍等又撤去城中吊橋，開掘陷馬坑，都人愈恐。澤聞，召衍等，欲斬之。』與《遺事》不同，附傳恐誤。）澤益選精鋭數千助之，下令張燈如平時，民始安堵。」

「（庚子）虜游騎至京城下，見宗澤不之備，疑不敢入。是日，統制官劉衍與虜人遇於板橋，敗之。追擊至滑州，又敗之，虜人引去。」

「（辛丑）是日，金人陷鄭州，通判州事、直秘閣趙伯振率兵巷戰，爲流矢中，墜馬，虜剖其腹而殺之。後贈五官，爲朝請大夫，官其二子。伯振，靖康末爲鄭州司録事，捍禦有力，故就用之。至是金圍城八日而陷。（此以紹興元年六月戊寅其家乞贈官狀修入，狀云：『建炎二年正月十六日，城陷。』故繫此日。）」

「（正月）金人陷潁昌府，守臣孫默爲所殺。初，劉汲之未死也，檄承事郎裴祖德權通判府事。祖德時丁母憂，默奏起復。會金人入犯，默乞退保郾城。既而巡檢趙俊密報祖德，金人不來。祖德以挈家爲詞，紿默暫歸陽翟，乃妄申留守司，言默遁去。宗澤信之，以祖德權府事。默大怒，劾於朝。未報。俄金人再至潁昌，默被殺，澤乃假祖德直秘閣，知潁昌府。（潁昌之陷，諸書不見，今以紹興四年八月十三日臣僚章疏修入，不得其年月，故且附金人破唐、鄧之後，更須詳考。）」

《宋史》卷二五《高宗紀》：「（建炎二年正月）壬辰，金人犯東京，宗澤遣將擊却之。」

《鄂國金佗稡編》卷四《鄂王行實編年》：「（建炎二年）春正月，合詧宣贊（失其名）軍，與金人戰于胙城縣，大敗之。又戰于黑龍潭、龍女廟側官橋，皆大捷。擒女真李千户、渤海、漢兒軍等，送留守司。」此爲岳飛在宗澤指揮下之戰績。

〔五〕《宗忠簡公集》卷一《乞回鑾疏》（建炎二年正月，通前後表疏，係第十二次奏請）：「臣聞《易》曰：『天下之動，貞（原作正，蓋避仁宗御諱）夫一。』孟子曰，『天下〔惡〕乎定』？『曰定于一』。恭惟京師是我太祖皇帝肇造大一統之本根也，奕世聖人，繼繼承承於此，坐視天民之阜，所以自西自東，自南自北，莫敢不來享，莫敢不來王，薄海内外，罔不率俾。

陛下天錫勇智，入紹寶緒。天下之人，竭蹶稽首，咸曰一哉王心！今既奄有九有，實萬世無疆之休。陛下奈何不念四海生靈切切徯后之意，乃偏聽姦邪之言，託爲時巡，駐蹕淮甸，不思我宗廟、朝廷祠享報上，垂拱視下；又不思我二聖、后妃、親王、天屬蒙塵，朝夕懷想迎取之志；又不思我諸帝、諸后陵園、廟貌，以時祀祭，所以貽厥子孫之情。

臣竊謂陛下若於二月間，詔敕回鑾，登樓肆赦，則天下皆知一人來歸九重，强者當革心遠罪，弱者當屏迹復業，必無憂疑，聚爲盜賊。諸軍將士，震奮感激，願敵所愾。四夷凶殘，必滅心爍謀，以就殄滅，尚何惡之能爲乎？《書》曰：『時哉！弗可失。』臣若有毫髮誤國大計，臣有一子五孫，甘被誅戮，以謝天下。

臣竊恐州縣狃於搔擾，百姓扇摇，不能耕桑；果耕桑失時，則衣食之源盡廢；衣食不給，使諸大臣中雖有皋、夔、稷、契、伊尹、周公，亦不能善其後矣。願陛下以祖宗二百年大一統基業爲意，不可憂思過計，而信憑邪佞自爲身謀者之語，早敕回鑾，則天下幸甚！

臣犬馬之齒已七十，於禮與法，皆合致其事，以歸南畝。臣漏盡鐘鳴，猶僕僕不敢乞身以退者，非貪冒也。寔爲二聖蒙塵北狩，陛下駐蹕在外，夙夜泣血，惟恐因循後時，使天下自此失我祖宗大一統之緒。所以狂妄，屢有敷奏，非臣好爲此激訐，恭望睿慈委曲詳察。」此奏又見《歷代名臣奏議》卷八五。

《建炎以來繫年要録》卷一二：「（建炎二年正月丁未）東京留守宗澤復奉表請上還京師且曰：『……（中略）……取進止。』遣開封府判官范世延以聞。（此係澤第十二奏。張嵲《擬留守司請回鑾表》：『習祥而征，自潛消夫彊敵；振旅以入，宜復幸於奧區。敢控忱誠，仰干睿聽。竊以衆人以宴安爲意，咸思克定於厥家；王者撫艱難之時，蓋或不常於厥邑。是以漢祖之戰京索，時歸幸於櫟陽；光武之復東京，亦暫休於河内。皆匪定都之會，實爲行衛之區。眷此臨安，久稽大駕。雖宫室庳陋，弗稱於九重；而井邑夥繁，粗贏於七校。况官寺之有所，復廟祏之已安。儻回曦馭之臨，允慰斯民之望。恭惟皇帝陛下遠稽古昔，下順黎元，鑒瀆武之無庸，知從政之盡濟。詔太僕而效駕，命髦頭以先驅。回軫旋衡，壹賜經行之録；復勞休士，聊稱告至之觴。』」）

〔六〕《宗忠簡公集》卷二《乞回鑾表》（建炎二年正月，通前後表疏，係第十三次奏請）：「臣言：今月二十四日，準范世延等齎降詔命，車駕將欲還闕者。比遣屬僚，仰輸誠款，薦瀆蓋高之聽，益懷履薄之憂。睿眷矜憐，特賜回鑾之詔；愚忠戀慕，愈增徯后之誠。（中謝。）竊以萬乘來歸，六龍扈從，雨伯前驅而灑道，河神迎駕以安流。不煩夾道之壺漿，自有随師之甘露。人情皞皞，如聽南風；天意昭昭，乃回西顧。再斡乾坤之造，重增宇宙之光。赫有宋之中興，奄多方而大定。想瞻原廟，應加肅穆之儀；爰御端朝，愈見鬱葱之氣。雍容對越，駿惠緝熙，宏收率土之歡，誕作普天之宥。下所欲者，上必從之。

恭惟皇帝陛下踐祚應天，時巡淮甸，備歷艱難之事，盡昭勤儉之風。謂京師爲諸夏本根，而元后作斯民父母。念本根不宜摇動，謂父母自合依歸。兹俄奉於詔音，衆但知於抃舞。願陛下繼志述事，整頓萬機；願陛下命將出師，邀迎二聖。平蕩戎夷之窟，保全疆埸之封。坐視穆清，時躋仁壽。臣無任，云云。」另有《遣少尹范世延詣行闕乞進兵渡河疏略》，按范世延時任開封府判官，非少尹，此作疑僞。

《建炎以來繫年要録》卷一二：「（建炎二年二月）乙丑，開封府判官范世延奉宗澤表至行在，上諭以旦夕北歸之意。澤復上奏以謝，言：『……（中略）……』」按此處引宗澤表，則「澤復上奏以謝」之語有誤。

《宗忠簡公墓誌銘》：「二年，復自鄭入，抵白沙鎮，距京四十里，都人恐甚。僚屬請問計議守備之策，公方延賓圍棊，笑語如無事時。選精鋭，繞出賊後，伏要路，俟其至，則縱兵夾擊。虜聞有備，引師直遁。其出奇決勝，屢出敵人不意，加之賞罰明，號令信，開心見誠，故人樂爲用。」

《宗忠簡公事狀》：「二年正月，復自鄭入，直抵白沙鎮，距京三四十里，都人恐甚。僚屬請守禦之策，公方對客圍棊，笑語若無事時。衆莫敢言，退而分布部伍，撤弔橋，披甲登城，都人愈恐。公曰：『何事自爾張皇？』命諸軍將士解甲歸寨，曰：『劉衍等在外，必能爲我禦敵。』選精鋭數千，以益之，戒曰：『宜繞出虜後，設伏歸路，毋輕出戰，伺其至，則縱兵夾擊。』且諭僚屬曰：『上元密邇，盍舉舊法行之。』命榜市，張燈五日，暫弛夜禁，往來車馬，不異平日。虜游騎至城下，疑不敢入。衍與虜遇，大戰，敗之，收復延津、胙城、河陰，至滑州，尚有屯兵州之西三十里，衍分兵夜擣之，大捷，悉得其輜重。及收燈之夕，捷書鼎至，衆始知元夕正王師接戰於板橋之時。公謂僚屬曰：『民可使由之，不可使知之。若得豫聞，徒擾敗事。』公復上疏，（疏見前。）再上表。（表見前。）」

《宗忠簡公傳》：「建炎二年正月，虜復自鄭抵白砂鎮。距京城四十里，都人恐甚。僚屬議守禦之策，公方延客圍棋，談笑自若。衆不敢言而退，各以己意，部分兵伍，撤城隍之梁，乘城而備。公曰：『何張皇如是？』命諸軍解甲歸營，曰：『吾遣劉衍，必能禦寇。』復選精鋭數千，益之，潛戒曰：『宜繞出虜後，設伏以待，伺至，擊之。』又諭吏曰：『上元在邇，可舉舊例。』張燈，因弛夜禁，士民遊觀如平時。虜不敢進。衍與戰，大破之，遂復延津、胙城、河陰，收其輜重。甫及收燈，捷書已至，衆益大服。」

《宋史》卷三六〇《宗澤傳》：「二年，金人自鄭抵白沙，去汴京密邇，都人震恐。僚屬入問計，澤方對客圍棋，笑曰：『何事張皇？劉衍等在外，必能禦敵。』乃選精鋭數千，使繞出敵後，伏其歸路。金人方與衍戰，伏兵起，前後夾擊之，金人果敗。」

《宋會要輯稿》食貨四〇之一三：「（建炎）二年正月二十七日，詔以京師闕米，令榷貨務於椿下河北路寄糴斛斗錢内，支錢五十萬貫，委宗澤置場收糴，仍下兩浙、江、淮路轉運司，出榜曉示客旅，通行知委。」

二月丙辰，虜騎再犯東京〔一〕。公遣統制〔二〕官李景良、閻中立，統領郭俊民等領兵萬餘，趨鄭〔三〕，遇虜，大戰，爲虜所乘，中立死之，俊民降虜，景良以無功南遁。公捕得之，謂曰：「一勝一負，兵家之常，不勝而歸，罪亦可恕，私自逃遁，是無我也！」命斬之，管軍閭勍、統制官藍整等咸爲景良乞貸，責以後效，公姑收繫之，後竟斬首以徇。繼俊民與虜將史官人〔四〕、燕人何仲祖〔五〕、王義等，以數百騎直抵八角鎮〔六〕，與都巡檢丁進遇，進擒之，生致麾下。初欲持書誘公，公毅然曰：「郭俊民，吾統兵官也，失利就死，尚可爲忠義鬼，後有知者，不失血食。今全軀苟活，反爲虜人持書，以脅中原，有何面目見人乎？」命斬之。謂史官人曰：「京城不守，主上巡幸，領重兵在近甸，命我守此，有死而已。何不以死敵我，而反以兒女語脅我耶？」亦命斬之。顧謂仲祖曰：「爾本吾宋人，脅從而來，豈出得已。」命釋縛，犒以酒肉，縱之。〔七〕

〔一〕東京，原作「西京」，據《建炎以來繫年要録》卷一三改，按金軍於建炎元年十二月占西京，尚未撤退。

〔二〕制，原作「御」，據《建炎以來繫年要録》卷一三改。

〔三〕趨鄭，《建炎以來繫年要録》卷一三，《續宋中興編年資治通鑑》卷一，《宋史全文續資治通鑑》卷一六和《宋名臣言行録》别集上卷五《宗澤》作「趨滑、鄭」。按此戰後兩日，劉衍即自滑州凱旋，則應以《遺事》所載爲準。

〔四〕虜將史官人，《建炎以來繫年要録》卷一三作「虜將史姓者」，《續宋中興編年資治通鑑》卷一作

「虜史其姓人」，宗澤後又將他處斬，應爲女真人。然而據《金史拾補五種》第二種卷二《漢姓女真姓的對照説明》，女真人之相應使用漢姓者，無史姓。《宗忠簡公事狀》作「虜將史儀」，則是女真人使用漢姓漢名。

〔五〕何仲祖，《建炎以來繫年要録》卷一三，《宋史全文續資治通鑑》卷一六和《宋名臣言行録》别集上卷五《宗澤》作「何祖仲」。

〔六〕據《元豐九域志》卷一，八角鎮屬開封府祥府縣。

〔七〕《建炎以來繫年要録》卷一三：「（建炎二年二月丙辰）是日，虜再犯東京。宗澤遣統制官李景良、閻中立，統領官郭俊民等領兵萬餘，趨滑、鄭，遇虜，大戰，爲虜所乘，中立死之，俊民降虜，景良以無功遁去。澤捕得，謂曰：『勝負，兵家之常，不勝而歸，罪猶可恕，私自逃遁，是無主將也！』即斬之。既而虜令俊民持書招澤，俊民與虜將史姓者及燕人何祖仲直抵八角鎮，都巡檢使丁進與之遇，生獲之。澤謂俊民曰：『汝失利就死，尚爲忠義鬼。今乃爲虜游説，何面目見人邪？』捽而斬之。謂史虜曰：『上屯重兵近甸，我留守也，有死而已。何不以死戰我，而反以兒女語脅我邪？』又斬之。謂祖仲本吾宋人，脅從而來，豈出得已，解縛而縱之。諸將皆服。」

《宋史》卷二五《高宗紀》：「（建炎二年）二月丙辰，金人再犯東京，宗澤遣統制閻中立等拒之，中立戰死。」

《宗忠簡公事狀》：「二月，虜騎再犯西（東）京。公遣統禦（制）李景良、閻中立，統領郭俊民等領兵萬餘，趨鄭，遇虜，大戰，爲虜所乘，中立死之，俊民降虜，景良遁去。公捕得景良，謂曰：『勝負，兵家之常，不勝，罪可恕，私逃，是無主也！』斬首以徇。繼俊民與虜將史儀、燕人何仲祖、王義等，以數百騎直抵八角鎮，與都巡檢丁進遇，進擒之，致麾下。持書誘公，公毅然曰：『閻中立失利死，尚爲忠義鬼。爾全軀苟活，反爲虜人持書相誘，何面目見人乎？』命斬之。謂史儀曰：『主上巡幸，領重兵在近甸，我守此土，有死而已。爾不能以死敵我，而反以兒女子語脅我耶？』亦命斬之。顧仲祖曰：『爾本吾宋人，脅從而來，豈出得已。』命釋縛，犒以飲食，縱之。」

《宗忠簡公傳》：「二月，虜犯西（東）京，公命統制官李景良、閻中立、郭俊民等領兵萬餘，趨鄭，大戰，爲虜〔所〕乘，中立死之，俊民降虜，景良南遁。公捕得之，曰：『一勝一負，兵家之常，不勝而歸，罪猶可恕，私自逃遁，是無我也！兵法固如是邪？』命斬之。繼而俊民與虜將史官人、燕人何仲祖、王義等，以數百騎直抵八角鎮，與丁進遇，擒之。初欲持書誘公，既生致麾下，公曰：『郭俊民，吾統兵官也，失利就死，尚可爲忠義鬼，後有知者，不失血食。今全軀苟活，反爲虜人用，何面目見人乎？』命斬之。謂史官人曰：『京城不守，主上巡幸，領重兵在近畿，命我守此，有死而已。何不以死敵我，反爲兒女子語脅我邪？』亦斬之。謂何仲祖曰：『爾本吾宋人，脅從而來，豈出得已。』犒而縱之。」

《宋史》卷三六〇《宗澤傳》：「金將黏罕據西京，與澤相持。澤遣部將李景良、閻中立、郭俊民領兵趨鄭，遇敵大戰，中立死之，俊民降，景良遁去。澤捕得景良，謂曰：『不勝，罪可恕，私自逃，是無主將也！』斬其首以徇。既而俊民與金將史姓者及燕人何仲祖等，持書來招澤。澤數俊民曰：『汝失利死，將，不能以死敵我，乃欲以兒女子語誘我乎？』」亦斬之。謂仲祖脅從，貸之。」

戊午，劉衍領兵凱還，入自鄭門，公勞問士卒，第賞奏功，散犒金帛有差。虜知衍班師，甲子，復入滑。報至，公謂諸將曰：「滑當衝要，必争之地也，有虞，則京師不可守。不欲再煩諸將，可爲我守城，當親提兵取之。」内儒將張撝越衆曰：「撝當效力！」公甚喜，選兵五千付之，特加賞勞，士卒忻然而行。公戒撝曰：「若衆寡不敵，毋輕戰，以需援師。」公親餞於郊，撝兼程至滑。已已，撝身率將士，與虜遇。虜騎十倍於撝，將士請曰：「衆寡不敵，宜少避其鋒，以求援兵。」撝曰：「退而偷生，何面目見宗公乎？」鏖戰至暮，殺傷相當，虜爲少却。援不至，撝爲所害。公聞報，遣統領官王宣領五千騎援之，且戒之曰：「虜惟恃衆，當設奇以取勝。」宣以辛未至滑城，與虜大戰於北門，士卒争奮。虜忽退兵河上，宣曰：「虜必夜渡河上。」收兵不追，虜果夜渡，及半，以千人進擊之，斬首數百級，殺傷甚衆。報至，公即令宣權知滑州，且令載撝喪還京。公爲服緦麻，哭於佛寺，出俸飯僧，哀慟感人，復詣其家，優厚撫恤。至死事之家，遣官問勞，出錢帛給之。人咸曰：「死則榮矣！」條奏功績，且乞撝恤典甚厚。上嘉納之。〔一〕

〔一〕《建炎以來繫年要録》卷一二：「（建炎二年二月戊午）劉衍自滑州引兵還汴京。」「甲子，金人犯滑州。東京留守宗澤聞之，謂諸將曰：『滑衝要必争之地，失之則京城危矣！不欲再勞諸將，我當自行。』右武大夫、果州防禦使張撝曰：『願效死！』澤大喜，即以鋭卒五千授之。」「己巳，張撝至滑州，身率将士，與虜迎。敵衆且十倍，諸将請少避其鋒，撝曰：『退而偷生，何面目見宗元帥？』鏖戰數合，日暮，虜少卻。澤遣統領官王宣以五千騎往援，未至。撝再戰，死之。後二日，宣至滑州，與虜大戰於北門，士卒争奮。虜出不意，退兵河上，宣曰：『虜必夜濟。』收兵不追，半濟而擊之，斬首數百，所傷甚衆。澤即命宣權知滑州，且令載撝喪以歸，爲之服緦，厚加賻恤，仍請於上，贈撝拱衛大夫、明州觀察使，録其家四人。虜自是不復犯東京矣。」「丙子，金人陷淮寧府，知府事、起復中散大夫向子韶死之。先是，子韶爲京東轉運副使，以父喪免，居於淮寧。會蔡州缺守，蔡人願得子韶三年，部使者上其事，而蔡已除新守矣，乃起復子韶知淮寧府。至半歲，銀朱犯淮寧，子韶率諸弟城守，諭士民曰：『汝等墓墳之國，去此何之？吾與汝當死守之！』時郡有東兵四千人，第三将岳景綬欲棄城，率軍民走行在。子韶不從，景綬引兵迎敵而死。虜晝夜攻城，子韶親擐甲冑，冒矢石。遣其弟子率赴東京留守宗澤，乞援，兵未至，城陷。子韶率衆巷戰，力屈，爲所執。虜坐城上，欲降之，酌酒於前，左右按令屈膝。子韶直立不動，戟手駡，遂殺之。其弟新知唐州子褒等，與闔門皆遇害，惟一子鴻得存。事聞，再贈通議大夫，官其家六人，後謚忠毅。子韶，子諲兄也。（按子韶死事甚偉，而《日曆》乃無一字及之，獨《會要》略載其恤典，今以楊時所作子韶墓誌修入。趙甡之《遺史》云：『金人犯陳州，知州向子褒固守。第三將岳景綬以將兵迎戰，不勝，軍亂，殺子褒，其家屬或散或亡，既而城陷。』按陳守乃子韶，甡之誤記也。甡之記子韶死事，與時所作墓誌全不同，疑傳聞不詳，今從墓誌。）金兵既陳、蔡，東京留守宗澤檄知尉氏縣陳長寧權淮寧府，武經郎張某權蔡州。蔡領十縣，民牒浩繁，張不能辨。時閻孝忠已罷去，郡人詣部使者，乞以孝忠權知州，從之。（此據趙甡之《遺史》。按此時京西南路帥臣劉汲已死，監司權提刑陳芾一人，當考。）」

《宋史》卷二五《高宗紀》：「（建炎二年二月）甲子，金人犯滑州，宗澤遣張撝救之，戰死。乙丑，澤遣判官范世延等表請帝還闕。河北賊楊進等詣澤降。」

又同書卷四四七《向子韶傳》：「建炎二年，金人犯淮寧，子韶率諸弟城守，諭士民曰：『汝等墳墓之國，去此何之？吾與汝當死守！』時有東兵四千人，第三將岳景綬欲棄城，率軍民走行在。子韶不從，景綬引兵迎敵而死。金人晝夜攻城，子韶親擐甲冑，冒矢石。遣其弟子率赴宗澤，乞援，兵未至，城陷。子韶率軍民巷戰，力屈，爲所執。金人坐城上，欲降之，酌酒於前，左右抑令屈膝。子韶直立不動，戟手責罵，金人殺之。其弟新知唐州子褒、朝請郎子家等，與闔門皆遇害，惟一子鴻六歲，得存。事聞，再贈通議大夫，官其家六人，後謚忠毅。」

《盧溪文集》卷四七《故左奉直大夫直秘閣向公行狀》：「就起復知陳州。至是虜人圍陳，忠毅公誓以死守，先遣公走京師，求援于留守宗澤。公見澤無出師意，急歸，而城已破，忠毅公罵賊不屈，與諸弟三人皆死之。」

《宗忠簡公事狀》：「劉衍領兵凱還，入自鄭、滑，公勞問士卒，第賞奏功，散犒金帛有差。虜知衍班師，復入滑。報至，公謂諸將曰：『滑當衝要，必争之地，有變，則京師不可守。諸公可爲我守城，當親提兵取之。』内儒將張撝請曰：『撝當效力！』公選兵五千付之，特爲賞勞士卒，親餞於郊，戒曰：『若衆寡不敵，毋輕出戰，以需援師。』撝兼程至滑，身率將士，與虜遇。虜衆十倍，將士請少避其鋒，以需援兵。撝曰：『退而偷生，何面目見宗公？』鏖戰至暮，爲虜所害。公聞報，遣統領王宣往援，且戒之曰：『虜必夜渡河上。』收兵不追，虜果夜渡，及半，宣進擊之，斬首數百級，殺傷甚衆。捷至，公即令宣權知滑州，載撝喪還京。公爲服緦麻，哭於佛寺，出俸飯僧，哀慟感人，復優恤其家。至死事士屬，遣官問勞，出錢帛給之。人咸曰：『死則榮矣！』公條奏功績，乞撝恤典甚厚。」

《宗忠簡公傳》：「虜又犯滑，公曰：『滑衝要必爭之地，失之，則京城危。不欲再勞諸將，我當自行。』梁（果）州防禦使張撝請自效，公大喜，即以鋭卒五千授之。撝至滑，率將士迎敵。虜衆十倍，或請少避之。撝曰：『退而偷生，何面目見宗元帥？』鏖戰至暮，虜少却。公遣統領王宣以五千騎往援，未至。撝再戰，死之。後一日，宣與虜大戰於北門外，士卒爭奮。虜退河上，宣曰：『虜必夜濟。』收兵不追，及半濟而擊之，殺傷甚衆。公命載撝喪歸，爲之服緦，厚加賻恤，仍請于上，贈撝拱衛大夫、明州觀察使，録其家四人。虜自是不復犯東京矣。」

《宋史》卷三六〇《宗澤傳》：「劉衍還，金人復入滑。部將張撝請往救，澤選兵五千付之，戒毋輕戰，以需援。撝至滑，迎戰。敵騎十倍，諸將請少避其鋒，撝曰：『避而偷生，何面目見宗公？』力戰，死之。澤聞撝急，遣王宣領騎五千救之。撝死二日，宣始至，與金人大戰，破走之。澤迎撝喪歸，恤其家，以宣權知滑州。金人自是不復犯東京。」

《梁谿全集》卷一三二《哭宗留守汝霖》序：「留守京師。誅姦惡，拊善良，大得都人之心。繕治城塹，樓櫓復完壯。屢出兵，以挫賊鋒，以故能守。」

壬申，有詔，以諸處人馬雖假勤王之名，實爲聚寇之患。（詔佚。）丁丑，詔進朝奉大夫、資政殿學士，〔一〕訓詞曰：「先京師而後諸夏，布政有倫；得猛士以守四方，用人爲重。迺眷帝王之宅，數驚塞北之塵。朕首簡循良，俾司浩穰，迄臻綏靖，宜有褒嘉。具位澤材稟沉雄，器涵渾厚，仕宦至晚而鼎貴，功業遇事而遂彰。肆朕省方，俾爾留鑰。蕭何鎮守，克寬西顧之憂；畢公保釐，終底東郊之治。載疇偉績，特峻徽章，陞秘殿之華資，進文階之一等。并昭異數，庸奏膚功。瞻望國門，未泯葱葱之佳氣；巡行淮甸，豈能鬱鬱而久居。惟既乃心，以固吾圉。」公辭免，批答曰：「無德不報，實賞典之所先；有功見知，乃衆情之共悦。矧玉麟之重寄，屬荷橐之名臣，於義當褒，欲辭焉可？卿慷慨而有大志，鎮静而好遠謀。縱横康世之圖，談笑適時之略。肆朕省方於淮甸，倚卿居守於汲都。更歷春冬，帖安京輔，屹若長城之固，晏然奠枕之寧。雖蕭何之撫關中，寇恂之守河内，以卿比迹，於古有光，特陞秘閣之峻資，仍進文階之崇秩，并昭異數，丕表茂功。何必封章，以避休命，深嘉冲節，難徇雅懷。宜亟欽承，庸昭眷遇。」公上表謝。（表見前。）〔二〕壬午，詔賜對衣、玉帶，上表謝。（表見前。）三月乙酉，公復上疏，（疏見前。）〔三〕不報。〔四〕

〔一〕《文獻通考》卷五四《總學士》：「宋朝殿學士有觀文殿大學士、學士，資政殿大學士、學士，端明殿學士。殿學士資望極峻，無吏守，無典掌，惟出入侍從，備顧問而已。觀文殿大學士，非曾爲宰相不除。觀文殿學士、資政殿大學士及學士，並以寵輔臣之去位者。」

〔二〕《忠簡公年譜》：「二月，……詔進公朝奉大夫、資政殿學士，辭。復詔，上表謝。詔進禦鎮江，爲統領、都統、元帥。」

《宗忠簡公事狀》：「詔進禦鎮江，爲統領、都統、元帥。（敕見前。）」

《宋宗忠簡公全集》卷首《統領都統兵馬元帥敕》：「都統制、兵部郎中宗澤，守鎮金人，撫字民瘼，黎庶無不念德。口北關隘，番胡聞其令名，畏其聲威，懼不敢侵擾。汝有佐朝護國之綱，有推山塞海之志，設計剿殺，法令肅然。朕得江山鞏固，放下心懷，用是親賜録敕，龍飛鋒劍，表緞錦旗，扈從軍伍數萬。敕尚書兵部郎中進禦鎮江，爲統領、都統、元帥。有不聽調度者，俱該刑斬，不動奏問。治軍治民，以仁以德，太平寧静，班師加压明。故諭此敕，垂惟欽哉！右擬轉保爲統領、都統制、兵馬元帥宗澤，准此。

建炎二年二月　日」按以上兩處記載，爲今存宋代記録所無。按宋官制，統領之上爲統制，統制之上爲都統制，絶無以統領兼都統制之可能。又時宗澤鎮守開封，絶無「進禦鎮江」，即退守鎮江之事，顯係後人作僞，而又顛倒錯謬。

《宗忠簡公集》卷二《謝除資政殿學士進階朝奉大夫表》（建炎二年二月）：「秘殿參華，文階序進。繇被湛恩之厚，靡容瀝懇之辭。荷寵若驚，撫躬增愧。（中謝。）竊以真皇御宇之際，景德紀年之時，將優待於近臣，乃肇修於新職。學士有資政之號，朝廷爲盛事之傳。舉茲以旃，名稱至重。若樞廷之均逸，始獲新除；非丞轄之辭榮，未嘗輕授。豈意衰遲之跡，亦叨超躐之恩。伏念臣天賦樸忠，人推愚直。方帥幕宣威之日，嘗贊運籌；暨帝暉繼照之辰，誤蒙序爵。興言遭遇，良劇兢凌。俄分青社之符，旋拜夷門之命。就司留鑰，俾衛上都。初無椉木之先容，實出冕旒之獨斷。忠懷子翼，不忘河内之孤；功謝鄧侯，豫謹關中之守。深慚么麽，曷副使令！敢圖繼被於褒章，濫賜比蹤於前哲。顧惟宿姦之讒箭，無以中傷；乃如大佞之笑刀，莫能潛害。爰念保全之德，每懷補報之恩。敢望崇資，洊加朽質。循牆欲避，涣汗難回。茲蓋伏遇皇帝陛下堯舜性仁，湯文義洽，慶賞刑威之馭衆，尤先崇德而報功。聰明睿智以臨人，固不泄邇而忘遠。宜收簪履，用慰桑榆。光華顯設之榮，恐懼褒優之過。臣謹當堅持晚節，愈激懦衷。讀回鑾之詔書，但形鼓舞；感懋官之德意，誓竭靡捐。臣無任，云云。」此文雖爲謝表，而「宿姦之讒箭」，「大佞之笑刀」，仍直指黄潛善、汪伯彦之輩。

〔三〕《宗忠簡公集》卷一《乞回鑾疏》（建炎二年三月，通前後表疏，係第十四次奏請）：「臣聞人主中天下而立，定四海之民。恭惟太祖皇帝肇造區夏，以今京師爲天下中，故創業垂統，欲傳之億萬世。太宗、真宗、仁宗、英宗、神宗、哲廟，奕世聖人，傳以相授，皆以京師爲本根之地。所以高拱穆清，坐視天民之阜，必於天下之中也。惟奠枕於京，則自西自東，自南自北，莫敢不来享，莫敢不來王矣。

偶縁玩習太平之久，文武恬嬉，狃於驕淫矜誇，忘戰守之備，遂致賊虜横肆，殘破州縣，圍閉京城，劫迎二聖、后妃、親王與諸天眷，蒙塵北去，僑寓沙漠。此忠臣義士所以夙夜涕泣，繼之以血。

自陛下即位應天，四海萬方，歡欣鼓舞，垂髫鮐背，山農野叟，咸以手加額，仰面謝天，曰：『天下有真主矣！萬世永賴，寔天祚明德，爲無疆之休矣！』四方帖然，若遠若近，並無盜賊。曁陛下偏聽姦邪與賊虜爲地者之語，移蹕淮甸，諸處凶惡强盜，如蝟毛起，如蜂鬨聚，縱火殺掠，所在猖獗，罔有悛懼，以謂朝廷在遠，無所依歸，遽至是爾。

臣於二月十八日祇受降到黄榜詔敕云：『遂假勤王之名，公爲聚寇之患。』如是則勤王之人皆解體矣！臣竊謂自虜人圍閉京城，天下忠義之士，憤懣痛切，感厲争奮，故自廣之東、西，湖之南、北，福建，江，淮，梯山航海，越數千里，争先勤王。但當時大臣，無遠識見，無大謀略，低回曲折，憑信誕妄，不能撫而用之，遂致二聖北狩，諸親骨肉皆爲劫持，牽聯道路。當時大臣不出一語，使勤王大兵前往救援。凡勤王人例遭斥逐，未嘗有所犒賞，未嘗有所幫助，饑餓流離，困厄道路，弱者填滿溝壑，强者〔變〕爲盜賊。此非勤王人之罪，皆一時措置乖謬耳。

比來姦邪之臣方爾横肆，賊虜自然得勢，强梁惡少無縁殄滅。竊念國家聖子神孫，繼繼相承，湛恩盛德，滲漉人心，淪浹骨髓。今河東、河西不隨順番賊，雖强爲剃頭辮髮，而自保山寨者，不知其幾千萬人。諸處節義丈夫不顧其身，而自黥其面，爲爭先救駕者，又不知幾萬數也。今陛下以勤王者爲盜賊，則保山寨與自黥面者豈不失其心耶？此語一出，自今而後，恐不復肯爲勤王者矣。

噫！得天下有道，在得其民，得其民有道，在得其心。〔得其心有道，所欲與聚，所惡勿施爾也。果陛下回鑾九重，瞻拜宗廟，俾四方萬里，知有朝廷不失祖宗舊物，此人心之所欲也。願陛下與之聚之，以慰安人心。〕陛下若駐蹕淮甸，俾人顒顒之望，〔惶惶〕之情，未有所慰安，此人心〔之所不欲〕也。願陛下勿阻遏之，以失人心。

臣仰詳詔語，豈陛下之意，皆詞臣失職，不能敷繹之過。臣願陛下黜代言之臣，别降罪己之詔，許還闕之期，以大慰元元激切之意。陛下還京，登樓肆赦，則天下之人盡皆遷善遠罪，不犯於有司，豈復更有爲盜者？王室再造，大宋中興，在此一舉，願陛下睿斷而力行之。若以臣言上咈陛下之意，誅之赦之，惟陛下命。」此奏又見《歷代名臣奏議》卷八五，今以後引《三朝北盟會編》卷一一五參校。

《三朝北盟會編》卷一一五：「（建炎二年正月）二十二日丁未，詔招降盜賊。詔曰：『朕惟祖宗仁覆天下，生育休息，垂二百年，家有積聚，人知禮教，尊君親上，安業樂生，車書所通，烟火萬里。頃自姦臣誤國，邊隙既開，戎禍及於黎元，胡塵暗於京闕。兵以傷殘而潰散，民因侵軼而流亡。遂假勤王之名，公爲聚寇之患。肆朕嗣位，震慴於兹，遭時艱難，涉道寡昧，寅畏恭儉，不敢怠荒，寬大公平，庶宏共濟。閲日尚淺，群聽未孚，攻剽劫掠，寇亂滋起。重矜州縣之民，莫保田廬之安，生靈何辜，天意未悔。今朕駐蹕淮甸，寅奉廟社以來，遣使金人，屢致父兄之請。念欲復泝清汴，却還故都，而群盜猥多，師虞弗靖。膏畛截於大河之外，形勢削於累年之間，興言及兹，痛憤良切。咨爾有衆，共圖興邦，咸有鄉黨鄰里之情，豈無父、母、妻、子之念。凡今日奪攘縱暴之衆，皆異時回心忠義之人。白日照臨，明爾遷善之意；皇天覆幬，監予止殺之誠。應盜賊回心易慮，散歸田里，或失業不能自還者，令所在官司條具以聞。朕當區處，其日前犯罪，一切不問。』」此詔又見《建炎以來繫年要録》卷一二建炎二年正月丁未，然文字頗異，但「遂假勤王之名，公爲聚寇之患」一句同，其注云：「著此爲宗澤論詞臣失職事始。」

「（建炎二年二月十九日甲戌）東京留守宗澤奏對，論正月丁未詔書，乞車駕回京師。正月丁未詔書，二月壬申到東京，宗澤拜詔畢，讀之，有曰『遂假勤王之名，公爲聚寇之患』，澤曰：『使忠義之人聞之，解體矣！』乃具奏曰：『臣聞人主中天下而立，定四海之民。恭惟我宋太祖皇帝肇開區夏，以今京師爲天下中，故創業垂統，以貽萬世。太宗、真宗、仁宗、英宗、神宗、哲廟，奕世聖人，傳以相授，以京師爲根本之地。所以高拱穆清，坐視天民之阜，必於天下之中也。惟奠枕於京，則自西自東，自南自北，莫敢不來享，莫敢不來王。

偶緣玩習太平之久，文武恬嬉，狃於驕淫矜誇，忘戰守備，遂至賊虜肆虐，殘破州縣，圍閉京城，劫迎二聖、后妃、親王與諸皇族蒙塵北去，僑寓沙漠。此忠臣義士所以夙夜涕泣，繼之以血。

自陛下即位應天，四海萬方，懽忻鼓舞，垂髫鮐背，山農野叟，咸以手加額，仰面叩天，曰：『天下有真主矣，萬世永賴，實天祚明德，爲無疆之休。』四方帖然，若遠若近，並無盜賊。暨陛下偏聽姦邪與賊虜爲地者之語，移蹕淮甸，則諸處凶惡强盜，時如蝟毛刺起，如蜂鬨聚，縱火殺掠，所在狂盜，罔有悛懼，以爲天子遠，無所依歸，遽至是爾。

臣於二月十八日祇受朝廷降到黄榜詔敕云：『遂假勤王之名，公爲聚寇之患。』如是勤王之人皆解體矣。臣竊謂自賊圍閉京城，天下忠義之士，憤懣痛切，感勵爭奮，故自廣之東、西，湖之南、北，福建，江、淮，梯山航海，越數千里，爭先勤王。但當時大臣，無遠識見，無大謀略，低回曲折，憑信誕妄，不能撫而用之，遂至二聖北狩，諸親骨肉皆爲刼持，牽連道路。當時大臣不出一語，使勤王大兵前往救援。凡勤王人例遭斥逐，未嘗有所犒設，未嘗有所帮助，饑荒流離，困厄道路，弱者填滿溝壑，强者變爲盜賊。非勤王之罪，皆耿南仲輩鼓倡抑塞爲之爾。

比來姦邪之人方爾横肆，賊虜自然得勢，强梁惡少無緣殘滅。竊惟國家聖祖神孫，繼繼相授，湛恩盛德，滲漉肝心，淪浹骨髓。今河東、河西不隨順番賊，雖强爲剃頭辮髮，而自保山寨者不知幾千萬人。諸處節義丈夫，不敢顧愛身，而自黥面，爭先救駕者，又不知幾數萬人。今陛下以勤王爲盜賊，則保山寨與自黥面者豈能自顧邪？此詔一出，則自今後誰爲勤王者？

噫！得天下有道，得其民也，得其民有道，得其心也。得其心有道，所欲與聚，所惡勿施爾也。果陛下回鑾九重，瞻拜宗廟，俾四方萬里，知有朝廷，不失祖宗舊物，此人心之所欲也。願陛下與之聚之，以慰安人心。陛下若駐蹕淮甸，俾人顒顒之望，惶惶之情，未有所慰安，此人心之所不欲也。願陛下勿阻遏之，以失人心。

臣仰詳詔中語，豈陛下意，皆詞臣失職，不能敷繹之過。臣願陛下黜代言之臣，别降〔罪己〕之詔，許還闕之期，大慰元元激切之意。陛下還京，登樓賜赦，則天下之人盡皆遷善遠惡，不犯於有司矣，豈復更有爲盜者？王室再造，大宋中興，在此一舉，願陛下睿斷而力行之。臣犬馬之齒七十，狂妄之言，願陛下察之。若以臣言上拂陛下之意，誅之赦之，惟在陛下。臣無任激切之至。」《三朝北盟會編》所載宗澤此奏，文字與《宗忠簡公集》、《歷代名臣奏議》有異。

《建炎以來繫年要録》卷一四：「（建炎二年三月）丙戌，端明殿學士、東京留守宗澤爲資政殿學士，寶文閣直學士、北京留守杜充爲樞密直學士。……

先是，執政以山東盜賊踵起，建炎初，敕榜東京，其詞有云：『遂假勤王之名，公爲聚寇之患。』（詔見正月丁未。）澤恐豪傑解體，是日上疏言：『……（中略）……』不報。」按此書所載「宗澤爲資政殿學士」日期爲三月二日丙戌，而《遺事》等爲二月二十三日丁丑，疑以後者爲準。

《宋史》卷三六〇《宗澤傳》：「山東盜起，執政謂其多以義師爲名，請下令止勤王。澤疏曰：『自敵圍京城，忠義之士憤懣爭奮，廣之東、西，湖之南、北，福建，江，淮，越數千里，爭先勤王。當時大臣無遠識大略，不能撫而用之，使之饑餓困窮，弱者填溝壑，强者爲盜賊。此非勤王者之罪，乃一時錯置乖謬所致耳。今河東、西不從敵國而保山砦者，不知其幾。諸處節義之夫，自黥其面，而爭先救駕者，復不知其幾。此詔一出，臣恐草澤之士一旦解體，倉卒有急，誰復有願忠效義之心哉？』」

〔四〕《宗忠簡公事狀》：「壬申，有詔，以諸處人馬雖假勤王之名，實爲致寇之患。（詔佚。）公上疏，（疏見前。）不報。再上疏，（疏見前。）詔進朝奉大夫、資政殿學士，（詔見前。）公辭免。上批答不允，復詔，（詔見前。）公上表謝。（表見前。）詔進禦鎮江，爲統領、都統、元帥。（敕見前。）賜對衣、玉帶，公上表謝。（表見前。）三月，公復上疏，（疏見前。）報。」

有王策者，本契丹酋豪〔一〕，善用兵，有籌略，虜委任甚專。嘗從千餘騎，往來河上，措置邊事。公密令統制官王師正擒之，生致麾下。公釋縛，解衣，坐之堂上，與之飲食，從容與語曰：「契丹本我宋兄弟之國，今女真辱吾主，又滅而國，汝何不悟？義當協謀，以刷社稷之耻，他日復修舊好。我亦何忍殺汝！」策感泣曰：「策至庭下，自意必死。今蒙再生之恩，且聞公之意，使策曉悟，敢不盡死節以報！」已而使就館舍，待之如禮。公時呼與語，因問虚實，盡得其情。〔二〕

〔一〕王策爲契丹人，此處係使用漢姓漢名。據《金史拾補五種》第二種卷二《漢姓女真姓的對照説明》，契丹人耶律氏可改漢姓曰王。

〔二〕《宗忠簡公墓誌銘》：「有王策，本契丹遼酋，善用兵，有籌略，常從數百騎，往來河上。爲王師正所擒，生致麾下。公釋縛，解衣，坐之堂上，從容與語曰：『契丹本吾宋兄弟之國，義當協謀，以雪社稷之恥。我亦何忍殺汝！』策感泣，因問虜中虛實詭詐之計，皆得其實。」

《宗忠簡公事狀》：「有王策者，本契丹酋豪，善用兵，有籌略，虜委任甚專。嘗從千餘騎，往來河上，措置邊事。公密令統制王師正擒之，致麾下。公釋縛，解衣，坐之，與之飲食，從容與語曰：『契丹本我宋兄弟之國，今女真辱吾主，又滅而國，義當協謀，以刷君父之恥，汝何不悟？』策感泣曰：『蒙再生之恩，且聞公之意，使策曉悟，敢不盡死節以報！』已而使就館舍，待之如禮。公時與語，虛實盡得其情。」

《宗忠簡公傳》：「王策者，遼之舊將，善用兵。虜以千騎付之，往來河上。公密遣統制官王帥（師）正擒之。釋縛，解衣，坐之堂上，喻以悟義協討。策感泣，誓以死報，且具言虜中虛實。」

《宋史》卷三六〇《宗澤傳》：「王策者，本遼酋，爲金將，往來河上。澤擒之，解其縛，坐堂上，爲言：『契丹本宋兄弟之國，今女真辱吾主，又滅而國，義當協謀雪恥。』策感泣，願效死。澤因問敵國虛實，盡得其詳。」

《建炎以來繫年要録》卷一四：「（建炎二年三月丙戌）時有王策者，本遼舊將，善用兵。金虜以千餘騎付之，往來河上。澤密遣統制官王師正擒之。釋縛，解衣，坐之堂上，爲言：『契丹本我宋兄弟之國，汝何不悟義協討，以刷社稷之恥？』策感泣，誓以死報。澤時呼策，與語，策具言虜中虛實。澤又益喜，大舉之計遂決。（熊克《小曆》云：『有金虜之舅王策者，拘囚在東京。』與宗澤《遺事》不同，今不取。）」按《中興小紀》卷四與《皇朝中興紀事本末》卷七建炎二年十一月作「時有金虜之舅王策者，拘囚在東京。（魏）行可經由，或勸之取旨帶行，庶可爲悅虜之計。行可不敢有請，徑馳北去，戊戌，渡河」。時爲宗澤逝世後。

公大舉之計遂決，召諸將，謂曰：「汝等有忠義之心，樂相歸附，當思我宋二百年涵養之恩。今二聖遠在沙漠，君父巡幸未返，能同心協謀，剿滅狂虜，期還二聖，以立大功乎？當立請回鑾，與諸君親行。主上雖封侯建節，肯以充賞。」言訖，泣下。諸將亦掩泣，同聲應曰：「今四方義士，雲集京師，幾二百萬人，所齎糧可給半載。亦嘗密遣人，直抵兩河探伺，聞所陷州縣，每處不過數百人，餘皆脅從，令衣塞服，此輩日望王師來。某等願即日渡河，以盡死節。」公慰撫之，且曰：「進取，老少可於逐寨邊處，踏逐未復業田畝，權借耕植，各有自齎牛具、種糧，無者官給。」人皆樂從。京城内外所屯兵百八十萬人，兵革之盛，前此未有。虜人數不利，至是畏威，所屯兵悉退去，中外帖然。〔一〕

〔一〕《宗忠簡公事狀》：「大舉之計遂決，召諸將，謂曰：『汝等有忠義心，樂相歸附，當思我宋二百年涵養之恩。今二聖遠在沙漠，君父巡幸未返，能同心協謀，剿滅狂虜，期還二聖，以立大功乎？』言訖，泣下。諸將亦掩泣，同聲應曰：『今四方義士，雲集京師，幾二百萬人，所齎糧可給半載。亦嘗密遣人，直抵兩河探伺，聞所陷州縣，每處不過數百人，餘皆脅從，令衣塞服，此輩日望王師來。某等願即日渡河，以盡死節。』公慰撫之。京城内外所屯兵百八十萬人，兵革之盛，前此未有。虜人甚尊憚之，對南人言必稱宗爺爺，所屯兵悉退去，中外帖然。」

《宗忠簡公傳》：「公益喜，大舉之計遂決。時招撫河南群盜，聚城下，又募四方義士，合百餘萬，粮支歲半。公聞〔兩〕河州縣，虜兵不過數百人，餘皆脅使胡服，日夜望王師之來，復上疏。」

《宋史》卷三六〇《宗澤傳》：「遂決大舉之計，召諸將，謂曰：『汝等有忠義心，當協謀勦敵，期還二聖，以立大功。』言訖，泣下，諸將皆泣聽命。金人戰不利，悉引兵去。」

《建炎以來繫年要録》卷一四：「（建炎二年三月）己亥，東京留守宗澤復上疏，乞車駕還京。時澤招撫河南群盜，聚城下，又募四方義士，合百餘萬，（澤《遺事》云，時京城内外所屯兵凡一百八十萬人。恐未能實及此數。今但云百餘萬人，更俟考詳。）糧支半歲。澤聞兩河州縣，虜兵不過數百，餘皆脅服，日夜望王師之來。即召諸將，約日渡河，諸將皆掩泣聽命。」

己亥，公復上疏。（疏見前。）〔一〕壬寅，詔賜湯藥及傳宣撫問，上表謝。（表見前。）〔二〕

乙巳，再上表。（表見前。）〔三〕

〔一〕《宗忠簡公集》卷一《乞回鑾疏》（建炎二年三月，通前後表疏，係第十五次奏請）：「臣聞范仲淹云，天下之事（士）有二黨焉。一黨曰發必危言，立必危行，王道正直，何用曲爲？一黨曰遜言易入，遜行易合，人生安樂，何用憂爲？天下之治亂，在二者勝負耳。大抵危言危行，是欲致君於無過，置民於無怨而已，天下豈有不治者乎？若夫遜言遜行之徒，阿諛曲折，隨意所嚮，逢迎苟合，君施恩於上，而下弗被，民懷怨於下，而上弗知，如是天下豈有不亂者乎？

今之士大夫，志氣每下，議論卑陋，上者不過持禄保寵，下者不過便文自營。曾不能留心惻怛，爲陛下思承祖宗二百年大一統之基業爲可惜；又不爲陛下思父、母、兄、弟與至親天眷，蒙塵沙漠，翹翹傒望大兵救援之意；又不曾爲陛下思祖宗西京園陵、寢廟，爲賊虜所占，今年寒食節，未有祭享之地；又不曾爲陛下思京師是天下之本根，宗廟、朝廷、百司、倉廪，儼然如舊；又不曾爲陛下思河北，河東，京之東、西，陝右，淮甸，百億萬生靈之衆，罹塗炭劫掠殘破之苦。但朝進一言，暮入一説，計較泛舟，冒大風險，欲南幸湖外，此姦邪之謀耳。臣嘗思之，是一欲爲賊虜方便之計，二爲姦邪親屬，皆先已津置在南。嗟乎！爲臣不忠不義，乃至於此！孔子所謂『苟患失之，無所不至』，正謂是也！

臣夙夜痛心泣血，瀝竭愚忠，爲陛下保護京城，自去年秋冬，今春又三月矣，農務是時。陛下不早回九重，則天下靡有定止。臣不勝憤懣激切，再瀆天聽，狂妄干冒，甘俟鼎鑊。」此奏又見《歷代名臣奏議》卷八五和《建炎以來繫年要録》卷一四建炎二年三月己亥，《三朝北盟會編》卷一一六有節録。

又同書卷一《乞回鑾疏》（建炎二年三月，通前後表疏，係第十六次奏請）：「《易》曰：『幾者，動之微，吉之先見者也。君子見幾而作，不俟終日。』《孟子》曰：『雖有鎡基，不如待時。』蓋天下之事，見幾而爲之，待時而措之，則事無不成。苟或失焉，必至汗漫委靡，而不振矣。

方今輦轂之下，民俗安靖，宗廟、社稷儼然如故，以致收復伊、洛，而虜酋過河，捍蔽滑臺，而胡騎屢敗。河東、河北山寨義民，數遣人至臣處，乞出給牓、旗，引領舉踵，日望官兵之至，皆欲戮力協心，掃蕩番寇。以幾言之，則大宋中興之盛，於是乎先見矣。以時言之，則金賊滅亡之期，於是乎可必矣。惟在陛下見幾乘時，早還華闕，與忠臣義士究圖事功，則萬舉萬全，可以滅金賊，而成中興也。或者以謂自揚至汴，時有小寇，慮屬車之來，途中不能無虞。臣謂造此言者，乃姦憸小人，自爲身謀爾。殊不知盜賊所以作者，誠緣法駕久寓外郡，國勢未强，天下不能定于一，故時有竊發之事。乃若六龍來復，宅中圖大，則比屋歡呼，人各歸業，强不陵弱，衆不暴寡，豈復有盜賊耶？此事甚易明，此理甚易知，然而姦邪之蔽於營私，往往不肯開陳；而力爲陛下詳説者，惟老臣而已。

臣所以再三言之者，豈好辯哉！恭念祖宗二百年舊都，不忍爲姦臣委去也；恭念陛下聰明齊聖之資，不忍爲姦臣蔽蒙也；念赤子之嗷嗷，不忍爲姦臣坐視而不救也；念金賊之猖獗，不忍爲姦臣縱敵而不殺也。伏願陛下念兹在兹，斷自淵衷，速回鑾輿，上以對祖宗之神靈，下以慰黎元之懷想，外以平醜類之侮拂，則天下大定，指日可期。《書》曰：『敕天之命，惟時惟幾。』望陛下留神而三復之，臣今遣僚吏呼延次升及臣之子潁，詣行闕以聞。」此奏又見《歷代名臣奏議》卷八六。

《建炎以來繫年要録》卷一四：「（建炎二年三月己亥）時上遣中使譚燦賫詔書、茶、藥撫諭，澤上表謝，又疏請上還京師，且言『……（中略）……』」

《寶真齋法書贊》卷二一《宗忠簡留守司二劄家書吾友三帖》：「今差迪功郎、幹辨京城留守機宜文字、提振京城四壁一行事務等宗潁，朝奉郎、親賢宅講書、兼權太常寺丞呼延次升同捧表詣行在投進，迎請聖駕還闕，應合行事件疾速施行。右劄付幹辦機宜文字宗迪功，準此。建炎二年三月六日押。」

《宗忠簡公集》卷一《乞回鑾并罷習水戰疏》（建炎二年三月，通前後表疏，係第十七次奏請）：「臣得范瓊書，叙説所統軍兵，有海内招安使臣、水軍，奉聖旨，令於儀真駐劄，教習水戰，控扼上流，於三月八日已到真州。臣讀此語，而不知扈蹕之臣，誰爲陛下建此議也。

且王者無外，其規模約束，當使守在四夷。昔楚人城郢，史猶鄙之；况陛下奄有九有之時，可規規孑孑，爲偏霸之事乎？兹豈憸人之欲虚張賊勢，以爲可防不意，望遷延六龍進發之期爾。殊不知此聲一傳，則四方驚愕，必以謂中原不守，遂爲江寧控扼之計，如是則何以綏安四海之聽乎？蓋天子爲君萬邦，而元后作民父母。陛下回鑾，登樓肆赦，則普率之人忻忻，悦而相告曰：天子宅中圖〔乂〕，則萬邦罔不率俾矣；元后正位不承，則兆民浸浸於變時雍矣。夫如是，臣將見金賊不足滅，而中興之功與天比崇。

若使范瓊教習水戰，是聖心猶豫，尚緩還期，見中外播聞，愈自懾怯，則萬國何自而咸寧乎？此臣所以拭目注望屬車之塵，不忘夙夜。伏願陛下明詔范瓊，〔即日〕整促人馬，不須更習水戰，祗備扈駕，歸御京闕，毋使群黎百姓齎咨涕泣，則豈惟老臣之幸，寔天下萬世之幸！」此奏又見《歷代名臣奏議》卷八六，《建炎以來繫年要録》卷一四建炎二年三月己亥。

〔二〕《宗忠簡公集》卷二《謝傳宣撫諭并賜茶藥表》（建炎二年三月）：「逮陛下入承於丕緒，偶大臣密奏於偏言。託曰時巡，意圖偏伯，忘宗廟、朝廷之重，違〔天地、神明〕之心，棄大一統之規模，毁二百年之基業。且天下，陛下之天下，彼姦臣何恤於存亡？如京師，陛下之京師，想憸佞安知夫去就？但知親屬，歸在江、湖；寧顧中原，變爲夷狄。臣藺然衰憊，强爾支持，曾無毫髪之功，徒竊乾坤之造。」

〔三〕《宗忠簡公集》卷二《乞回鑾表》（建炎二年三月，通前後表疏，係第十八次奏請）：「臣言：『屢奏囊封，疊干宸扆。聖主未頒於明命，愚臣敢避於嚴誅。謹攄悃愊之誠，再瀆高明之聽。願從人欲，以格天休。（中謝。）竊以京師是諸夏本根，元后作斯民父母。本根如已深固，則枝葉自爾扶疎；父母若未安寧，則子孫無緣泰定。兹寔簡編之成理，蓋非里巷之浮言。

始陛下踐阼於應天，萬方皆欣其有主；近陛下駐蹕於淮甸，百姓因此而致疑。何前日之郡縣靖共，而近時之盜賊荒擾。由勤王者弗恤，與救駕者靡憐。贊主上遠父與兄，乃巡南服；助姦臣贖壻與子，欲棄中原。百爲秪肆於誕謾，一事罔由於誠實。迹狀如此，情意可知。

伏望陛下斷自淵衷，早回法駕。據本根而致治，體父母以視民。俾民人自勉勉以來王，天亦穰穰而降福。恩霈端門之赦，歡收寰宇之心。俗既遠罪以歸農，虜亦望風而遁跡。王室自兹再造，大宋由是中興。黎民時雍，萬世永賴。果臣有飾非之語，則臣甘誤國之誅。狂妄奏陳，憤懣流涕，臣無任，云云。』」此表又見《建炎以來繫年要録》卷一四建炎二年三月己亥。「助姦臣贖壻與子」一句，乃指汪伯彦。據《三朝北盟會編》卷七三：「金人圍相州。金人知大元帥在相州，乃遣人圍之。自京師取汪伯彦男大理寺丞汪似、壻都水監丞梁汝霖，丙戌，至城下，要議割地。」另據《宋史》卷四七三《汪伯彦傳》：「或云似之得歸，伯彦實使人贖之。似後更名召嗣。」

《宗忠簡公事狀》：「公復上疏。（疏見前。）詔賜湯藥及傳宣撫問，上表謝。（表見前。）再上表。（表見前。）」

《宗忠簡公傳》：「復上疏，大略言：『今之士大夫，曾不爲陛下思祖宗基業爲可惜，父、母、兄、弟、徯望救援之意，西京陵寢爲賊所據，未有寒食祭享之所，又不爲陛下思京師者，天下之根本，億萬生靈之塗炭。陛下〔不〕早回九重，則天下靡有定止。』上遣中使撫喻。」

《宋史》卷三六〇《宗澤傳》：「澤疏諫南幸，言：『臣爲陛下保護京城，自去年秋冬，至于今春，又三月矣。陛下不早回京城，則天下之民無所依戴。』除資政殿學士，又遣子穎詣行闕，上疏曰：『天下之事，見幾而爲，待時而動，則事無不成。今收復伊、洛，而金酋渡河，捍蔽滑臺，而敵國屢敗。河東、河北山砦義民，引領舉踵，日望官兵之至。以幾以時而言之，中興之兆可見，而金人滅亡之期可必。在陛下見幾乘時而已。』又言：『昔楚人城郢，史氏鄙之。今聞有旨，於儀真教習水戰，是規規爲偏霸之謀，非可鄙之甚者乎？傳聞四方，必謂中原不守，遂爲江寧控扼之計耳。』」

四月甲寅，磁州統制官趙世隆、世興兄弟以兵三千來歸，人以爲疑。公曰：「世隆本吾一校耳，必無他，有所訴也。」翌日，拜於庭，公面語之曰：「前日殺守臣者誰？」世隆曰：「事非得已，衆以無糧，欲殺斯人，以止亂耳。」公笑曰：「河北陷没，而吾宋法令上下之分，亦陷没耶？」顧左右拽出，斬之。衆兵露刃立庭下，世興佩刀侍側，左右莫不寒心。世隆既執，公徐謂世興曰：「汝兄犯法，當誅，固應無憾。汝能奮志立功，足以雪耻矣！」世興叩頭請罪，曰：「公之號令如此，水火畢入！」會滑州報，虜騎有屯城下者，公謂世興曰：「試爲我取滑州。」世興忻然受命，出告諸部曲曰：「吾兄擅殺守臣，已正典刑。吾屬元帥釋而不問，使我輩共取滑州，以贖前過。」衆亦鼓舞請行，公遺以金椀、戰袍、銀鎗等物，部屬之賜有差。世興辭以出，以戊午日至滑，掩虜不備，獲級數百，得州以歸。公厚賜之。〔一〕

〔一〕《宗忠簡公墓誌銘》：「趙世隆嘗應募立功者，一日殺磁守，率兵而來，人頗疑之。公曰：『世隆本吾一校耳，必無異謀，意將有所訴也。』翌日，拜於公庭，面詰，慚之，沮不能對，顧左右，曳出，斬於市。時衆兵露刃立庭下，世隆弟世興佩刀侍側，左右莫不寒心。公徐謂世興曰：『汝兄犯法，當誅，固應無憾。汝儻能立功，足以雪耻矣。』世興叩首伏地，因盡釋脅從者。於是人人悦服，中外晏然，虜騎亦不敢南向。」

《宗忠簡公事狀》：「四月，磁州統制趙世隆與其弟世興，以兵三千來歸。公先去磁時，以州事付兵馬鈐轄李侃。統制趙世隆殺之，至是來歸，人以爲疑。公曰：『世隆本吾一校耳，必無他，有所訴也。』翌日，拜於庭，公詰之曰：『前日殺守臣者誰？』世隆曰：『事非得已，衆以無糧，殺斯人，以止亂耳。』公笑曰：『河北陷没，吾宋法令與上下之分，亦陷没耶？』命斬之。衆兵露刃立庭下，世興佩刀侍側，左右莫不寒心。世隆既執，公徐謂世興曰：『汝兄犯法，當誅。汝能奮志立功，足以雪耻。』世興叩頭請罪，曰：『公之號令如此，水火畢入！』會滑州報，虜騎有屯城下者，公謂世興曰：『試爲我取滑州。』世興忻然受命，出告諸部曲曰：『吾兄擅殺守臣，已正典刑。吾屬元帥釋而不問，使我輩共取滑州。』衆亦鼓舞，公遺以金椀、戰袍、銀鎗等物，部屬之賜有差。世興至滑，掩虜不備，獲級數百，得州以歸。公厚賜之。」

《宗忠簡公傳》：「公之去磁也，以州事付兵馬鈐轄李侃。中軍將李（趙）世隆與將校郭進殺侃爲亂，至是與其弟世興將三千人歸公。世隆入拜，公詰其亂之由，世隆詞服。公笑曰：『河北陷没，而吾宋法令上下之分，亦陷没耶？』命引出斬之。時衆兵露刃于庭，世興佩刀侍立，左右皆悚然。〔公〕徐語世興曰：『汝兄犯法，當誅。汝能奮志立功，足以雪耻。』世興感泣。其後虜犯滑，公謂世興曰：『試爲我取之。』世興欣然受命，勵衆至滑，掩虜不備，急攻之，斬首數百以歸。公復厚賜之。」

《宋史》卷三六〇《宗澤傳》：「先是，澤去磁，以州事付兵馬鈐轄李侃。統制趙世隆殺之，至是世隆及弟世興以兵三萬來歸，衆懼其變。澤曰：『世隆本吾一校爾，何能爲。』世隆至，責之曰：『河北陷没，吾宋法令與上下之分，亦陷没邪？』命斬之。時世興佩刃侍側，衆兵露刃庭下。澤徐謂世興曰：『汝兄誅，汝能奮志立功，足以雪耻。』世興感泣。金人攻滑州，澤遣世興往救。世興至，掩其不備，敗之。」

《三朝北盟會編》卷一三〇：「（建炎三年六月二十八日乙亥）權知磁州蘇珪叛附於金人。初，知磁州宗澤既勤王而去也，以州事交與路分鈐轄李侃。金人圍磁州，有禁軍，有民兵，民兵甚衆，禁軍恐其勢盛。將校郭進乃作亂，有書表司趙正隆者，宗澤常以爲中軍將。正隆與進謀，遂殺侃及在州官，以通判趙子節爲知州。又同知蘇珪者，素得軍民情，亦不被殺。金人圍城急，對城築城壘，坐守以困。磁州城中皆知不可守，於是楊再興等作亂，殺子節，而進等請珪爲知州。珪曰：『有三事，能從我，則方可爲知州。』衆曰：『試言之。』珪曰：『我欲率軍民奪路，歸京師，見宗元帥，如何？』時澤已死，城中猶未知也。衆曰：『不可。』又問：『吾與爾等力戰，如何？』衆又曰：『不可。』珪曰：『盍開門乎？』衆有相從意，皆不應。珪乃與衆下城，倒旗幟，呼曰：『磁州開門投拜。』」

《建炎以來繫年要録》卷一五：「建炎二年夏四月甲寅朔，磁州統制官趙世隆以所部詣宗澤降。世隆本磁州書佐，澤在磁，以爲中軍將。澤既去磁，以州事付兵馬鈐轄李侃。金人圍磁州急，州有禁兵，有民兵，民兵甚衆，禁兵恐其勢盛，將校郭進乃作亂。世隆與進謀，遂殺侃，以通判趙子節權州事。（耿延禧《建炎中興記》云：『宗澤起兵，盡取磁之府庫金銀以行，磁倅趙上書訟之，乞元帥王旨追取數萬緡金銀，赴本州，以爲守禦之具。上命劄付澤，澤不從。至南京，亦不聞澤以軍實輸官。』按澤去郡，既以李侃權州，則子節所云，恐未必信，今不取。）至是世隆與其弟世興將三千人歸澤，將士頗疑之。澤曰：『世隆吾一校耳，必無他，有所訴也。』

乙卯，世隆入拜，澤面詰之，世隆辭服。澤笑曰：『河北陷没，而吾宋法令上下之分，亦陷没耶？』命引出斬之。時衆兵露刃於庭，世興佩刀侍側，左右皆懼。澤徐語世興曰：『汝兄犯法，當誅。汝能奮志立功，足以雪耻。』世興感泣。會滑州報，虜騎留屯城下，澤謂世興曰：『試爲我取滑州。』世興忻然受命。」

「戊午，趙世興至滑州，掩虜不備，急攻之，斬首數百，得州以歸。宗澤復厚賜之。」

《宋史》卷二五《高宗紀》：「（建炎二年四月戊午）宗澤遣將趙世興復滑州。」

《寶真齋法書贊》卷二三《宗忠簡留守司二劄家書吾友三帖》：「滑州番衆盡遁，橋亦斷之，見措畫過河，收復河西州軍。若得萬乘歸，即天下太平可必致矣。……送五三機宜收，四月十二日。」

《三朝北盟會編》卷一一五：「（建炎二年正月十三日戊戌）御營使司左軍統制韓世忠領兵，屯於河南府。韓世忠初爲王淵軍統制。屯於應天府。上即位，爲御營使司左軍統制，從車駕至揚州。至是命世忠領張遇、陳思恭等兵一萬，〔屯〕於河〔南〕府，又命知滄州劉錫密結河朔之人，自青州絶河進兵，命東京留守宗澤總大衆，自滑州而北，期集於中山府。俄爲黄潛善、汪伯彦建議，從中止之。」

《建炎以來繫年要録》卷一四：「（建炎二年三月）庚子，河南統制官翟進復入西京。先是，金人所命陝西諸路選鋒都統、孛堇婁宿入秦，既得秦川，隴右大震。熙河經略使張深厲軍民爲城守計，遣兵馬都監劉惟輔將三千人騎禦之。自千秋潰歸之餘，兵籍失八、九，僅有惟輔一軍可用。金前軍逾鞏州，距熙纔百里，惟輔留軍熟羊城，以千一百騎夜趨新店。金兵自入陝西，所過城邑輒下，未嘗有迎敵者，故恃勝不虞。黎明，軍進，短兵相接，殺傷大當。會惟輔舞稍，刺其先鋒將、孛堇黑風，（明庭傑《吴玠功績記》云：『惟輔刺其帥黑風大王。』張鈞績《中興忠義録》作『黑殺大王』，二書不同。張滙《節要》云：『建炎元年，粘罕以萬户婁宿爲陝西都統，又以萬户撒離喝、孛堇黑峰副之。』即此人也。）墮馬死，敵爲奪氣。惟輔，涇州人也。深聞婁室退，更檄隴右都護張嚴往追之。時上命御營左翼軍統制韓世忠爲京西等路捉殺盜賊，將所部及閤門宣贊舍人張遇軍萬人，赴西京。左副元帥宗維聞張嚴東出，自河南西入關，遷西京之民於河北，盡焚西京而去。由是進得以其衆，自山寨復入西京。東京留守宗澤言於朝，即以進爲閤門宣贊舍人、知河南府，充京西北路安撫制置使。（趙甡之《遺史》：『翟興、翟進與權京西北路制置使苗使，遇金人於福昌及三鄉間，苦戰終日，金人敗北。興、進取龍門路，收復洛城。金人擁鐵騎數千，相拒于龍門石道中，興、進麾将士力戰，破之。金人退保洛城，官軍乘勝轉戰，奪長夏門以入，與金人巷戰，遂復洛城。時金人益出精兵，自河陽南城至白馬坡，營壘相望，距洛不遠十數里，復欲窺伺。興遣麾下斷河橋，自是金人稍稍退去。』按進入河南，因粘罕之去，乘虛取之。所謂轉戰之兵，恐是金人所留小将耳。今附著此，更須參考。）宗維留完顔宗弼屯河間府，左監軍完顔希尹、右都監耶律余睹屯河南白馬寺，以待世忠之至，且與進相持。既而深以功陞端明殿學士。」

又同書卷一五：「（建炎二年四月）丙寅，京西北路制置使翟進襲金人於河南，敗績。時御營左翼軍統制官韓世忠至西京，會進及大名府路都總管司統領官孟世寧、京城都巡檢使丁進，與金戰。進夜襲右監軍完顔希尹營，金兵先知，反爲所敗。進又導世忠與金戰於文家寺，會丁進失期，而統領官、閤門宣贊舍人陳思恭以後軍先退，王師敗。金乘勝追擊，至永安後澗。世忠被矢如棘，其將張遇以所部救之，乃力戰得免。思恭，世儒孫也。（世儒，南昌人，故相執中子。）世忠還東京，詰先退者，一軍皆斬左右趾以徇。於是世忠與丁進不和，軍士相擊無虚日。世忠慮有變，遂收餘兵數千人南歸。希尹復入西京。」

《宋朝南渡十將傳》卷五《韓世忠傳》：「授京西等路捉殺内外盜賊。金人再犯河南，翟進會世忠兵，宗澤奏以保寧軍承宣使、主管侍衛步軍司公事閭勍爲保護陵寢使。」

夜襲悟室營，不克，反爲所敗。會丁進失期，陳思恭先遁，世忠被矢如蝟，力戰得免。還汴，詰一軍之先退者，皆斬左右趾。丁進由是與世忠有隙，尋以叛誅。」

《宋史》卷二五《高宗紀》：「（建炎二年三月）粘罕焚西京去，庚子，河南統制官翟進復西京，宗澤奏進爲京西北路安撫制置使。」

又同書卷四五二《翟進傳》：「金人犯白浪隘，將渡河，進破之。未幾，洛陽再陷。進在伊陽，裒散亡才千人。金人犯薛封，進選精鋭三百人，夜縱火，斫其營，焚死者甚衆。又戰于驢道堰，生擒金將翟海，追至梅花谷。賊冀德、韓清嘯聚南陽，進間道擊之，德降，繼斬清于艾蒿平。勒兵抵龍門，屢與金人夾河戰，乘勝入洛陽。或曰：『彼砦尚固，城未可守。』不聽。金人聚懷、衛、蒲、孟數州之衆，薄城下，斧諸門入。進率士卒巷戰，次子亮死之。遷武功大夫、閤門宣贊舍人、充京西北路兵馬都鈐轄，尋授馬、步軍副總管，升本路制置使、兼知河南府。」

《三朝北盟會編》卷一一五：「（建炎二年二月十九日甲戌）馬擴得信王，推奉爲首，倡義舉兵。初，斡离不給田與馬，令耕種贍養也。久之，馬曰耕田不即得食，願爲酒肆以自活。斡离不從之。馬欲因此親結往來之人，復與山寨通耗問。因寒食日，僞隨大姓送喪，携親的十三人，復奔詣五馬山寨。諸寨聞之喜躍，復推馬爲首。是時，傳聞信王在金人寨中，隱於民間，自稱姓梁，爲人點茶。馬一夕率其兵，刼金人寨，奪迎以歸。遂推奉信王爲首。時兩河忠義聞風響應，受旗、榜者約數十萬人。」

又同書卷一一六：「（建炎二年三月二十六日庚戌）信王遣馬擴赴行在乞兵。

《續（茆齋）自敘》曰：『……渡黃河，時皆盜魁自操舟，相送以濟。既至東京，見留守宗澤，出信王劄子，託澤早津送赴行在，并以信王二詩示之。澤曰：兒子方欲赴行在，不若先以詩進呈，如何？馬從之，馬遂行至維揚，所從之士不滿百人矣。……』」

《宋史全文續資治通鑑》卷一六：「（建炎二年三月庚子）信王榛既唱起義兵，即遣和州防禦使馬擴赴行在。先以其疏附東京留守宗澤以聞。」

《建炎以來繫年要録》卷一三：「（建炎二年二月）初，武功大夫、和州防禦使馬擴聚兵西山，既爲金所執，囚之真定。（事見去年四月甲子。）會右副元帥宗傑自京師歸北，義而赦之，欲授以官。擴辭不受，請給田，以養其母。既而又言，耕田不即得食，願爲酒肆以自活，宗傑許之。時武翼大夫趙邦傑聚忠義鄉兵，保慶源五馬山寨。擴因此雜結往來之人，復與山寨通耗。辛巳，寒食節，擴僞隨大姓送喪，携親屬十三人，奔山寨。先是，皇弟信王榛既亡去，更稱梁氏子，爲人摘（點）茶。擴等陰迎以歸，遂奉榛總制諸山寨。兩河遺民聞風響應，願受旗、榜者甚衆。」按北方不産茶，當以前引《三朝北盟會編》卷一一五「點茶」爲準。

又同書卷一四：「（建炎二年三月）信王榛既倡義起兵，即遣使聞於朝，猶慮其不達，乃與武翼大夫趙邦傑留居五馬山，而遣武功大夫、和州防禦使馬擴赴行在。榛奏略曰：『自金賊劫遷二聖，舉族三千餘口，悉驅而北。臣至慶源府，謀竄得免，今在五馬山。臣竊見邦傑與擴累與賊戰，皆獲小捷，其忠義之心，堅若金石。臣自陷虜中，頗知其虛實。賊今稍惰，皆懷歸心，且屢敗於西夏，而契丹亦出攻之。今河北、河東十陷七、八，惟山西一帶，諸寨鄉兵約十餘萬，力與賊抗。但晝夜暴露，民事失時，率皆困窘，兼闕戎器。臣多方存恤，借補官資，使忠義之徒，竭節不變。惟望朝廷早遣兵來援，不然，久之，恐反爲賊用，則河南難保。宜乘此時，速取所失州縣，以副民望。臣願陛下念祖宗創業之艱，二聖播遷之難，於布衣小官中，選其先公後私，爲國家效死之人，付以事權，即下明詔，委臣總大軍與諸寨鄉兵，約日齊舉，決見成功。仍給空名誥敕二萬道，及河東、河北兵馬元帥印，付臣佩之。臣粉骨碎首，所不敢憚。况於陛下，以禮言則君臣，以義言則兄弟，其憂國念親之心，恭想無異。興言及此，不覺流涕。』先以其疏附東京留守宗澤以聞。」

又同書卷一五：「（建炎二年四月）皇弟、檢校太傅、慶陽、昭化軍節度使、信王榛爲河外兵馬都元帥。初，馬擴自五馬山以麾下五百人渡河，至東京，見宗澤。至是始赴行在，從者不滿百人。擴既見，出榛奏事，黄潛善等皆疑非真，天子識其字，即有是命。制詞略曰：『覽封章之近奏，知行役之獨留。慨然壯懷，副朕本旨。宜就顓於節制，俾盡總於營屯，以迎二聖之還，以慰兩河之望。』於是擴自武功大夫、和州防禦使特遷拱衛大夫、利州觀察使、樞密副都承旨、元帥府馬、步軍都總管。擴將行，上奏，略曰：『臣疏遠小人，陛下斷以不疑，付以閫外之事，願鑒前世之成敗，明當世之嫌疑，俾臣得效愚忠，畢意攻取。今王師大舉，機會神速，軍期文字，不可少緩。若依常制，下都堂等處，然後以達天聽，則事涉疑似，或欲規避者，定逡巡藏匿，不以進呈。望令專置一司，不限夤夜，晝時通進。』又言，自唐以來，用中貴人監軍，奪權掣肘，每致敗事。伏望聖斷，罷差中貴監軍，及選給器械，凡四事。上皆從之，又許擴過河，得便宜從事。時潛善與汪伯彦終以爲疑，乃以烏合之兵付擴，且密授朝旨，使譏察之。擴行，復令聽諸路帥臣節制。擴知事變，遂以其軍屯於大名。（熊克《小曆》載，信王除河外元帥在八月。按紹興元年五月，馬擴屬官万俟篋家乞恩澤狀云：『建炎二年七月，河北節制應援軍馬馬擴申奏起復，從軍前去，至當年八月到大名府館陶縣駐劄。』詳此則信王除帥當在七月矣。而紹興五年七月五日，臣僚上言：『吏部取會到馬擴公文，稱建炎二年四月内恭稟聖訓，渡河討賊，責任成功，許便宜從事。至大名府館陶縣，方准朝旨，不得渡河。』據此，則信王之除蓋在四月也。今移附此，更當求他書參考。）」

「（建炎二年五月）朝廷既得信王榛奏，或言榛有渡河入京城之謀。乙酉，下詔還京，略曰：『朕即位之初，跼蹐近服。會李綱上江左之章，繼執南陽之議，鳩工藏事，寖失時幾。旋爲淮甸之行，就弭寇攘之患。守中原而弗遠，見朕意之所存。昨稽時措之宜，默辦言旋之計。設施有序，播告未先，或者不知，尚乃有請。可無委積，以謹備虞，宜令發運司盡起淮、浙入京物料及軍須、輜重等物，以次發遣赴京師。朕將還闕，恭謁宗廟。仍令三省、樞密院、御營使司條具合行事件。應臣寮、將士自應天府扈從至揚州者，並進官一等。』」

《三朝北盟會編》卷一一七：「（建炎二年七月十一日丁亥）金人窩里嗢、撻懶、闍目共陷慶源府五馬山義兵朝天、鐵壁諸寨。五馬山寨自靖康元年冬，武翼大夫趙邦傑聚衆起兵，至真定陷，又得保州路廉訪使者馬擴同主之。邦傑等請信王榛總制諸山寨，遣馬擴詣行在投表，乞師請命，擴行。寨中有亡歸賊者，告於真定同知韓慶和、女真副都統韶合。二人具陳於東路元帥府，恐擴得兵南來，故大會賊衆，力破諸寨，以絶擴之内應，以奪擴之歸心。諸寨多無井，取水汲之於澗，汲道爲賊所斷，遂至陷没。信王不知所在。」

《建炎以來繫年要録》卷一七：「（建炎二年）是秋，河外元帥府都總管馬擴既北征，會五馬山寨有亡告賊者。同知真定府韓慶和、副統韶合恐擴引兵而来，言於右副元帥宗輔、左監軍昌，即大發兵，至五馬山，攻朝天、鐵壁諸寨。諸寨無井，汲水於澗，爲賊斷澗道，諸寨遂陷。時擴在館陶，慶和獲其母、妻。信王亡，不知所在。（此據張匯《節要》，《靖康陷金皇族數》云：『信王見在五國城。』與此不同。）」

《宗忠簡公集》卷一《信王咨目》：「某咨目，頓首上呈領尹、元帥、延康台座。春和，伏惟輔國宣勞，神相忠勤，台候多福。某切以國家多艱，金賊入寇，兩犯京城，劫遷二聖，下及血屬三千餘口，長驅北去。某到慶源，遽謀逃竄，得賊中忠義數人爲力，遂脱羶網。今具河北事宜利害，敷奏聖上，竊恐姦臣賊子障蔽難達。某素知公梗概敢爲，竭節報國。遂再具奏，煩公多方繳奏，使之得到御前，得兵速至，不勝萬幸。自餘更冀上爲廟朝，倍保台重，前膺大拜，祝望之至。不宣。」

《宋史》卷二四六《信王榛傳》：「後從淵聖出郊，北行至慶源，亡匿真定境中。時馬廣與趙邦傑聚兵保五馬山砦，陰迎榛歸，奉以爲主。兩河遺民聞風響應。榛遣廣詣行在奏之，其略曰：『邦傑與廣忠義之心，堅若金石。臣自陷賊中，頗知其虚實。賊今稍惰，皆懷歸心，且累敗於西夏，而契丹亦出攻之。今山西諸砦鄉兵約十餘萬，力與賊抗，但皆苦窘，兼闕戎器。臣多方存恤，惟望朝廷遣兵來援，不然，久之恐反爲賊用。臣於陛下，以禮言則君臣，以義言則兄弟，其憂國念親之心無異。願委臣總大軍，與諸砦鄉兵約日大舉，決見成功。』廣既至，黃潛善、汪伯彦疑其非真，上識榛手書，遂除河外兵馬都元帥。潛善、伯彦終疑之，廣將行，密授朝旨，使幾察榛，復令廣聽諸路節制。廣知事不成，遂留於大名府，不進。會有言榛將渡河入京，朝廷因詔擇日還京，以伐其謀。金人恐廣以援兵至，急發兵，攻諸砦，斷其汲道，諸砦遂陷。榛亡，不知所在。或曰後與上皇同居五國城。」此處將「馬擴」改「馬廣」，蓋元史官照抄宋《中興四朝國史》之《信王榛傳》原文，雖避宋寧宗趙擴御諱而不改。

《寶真齋法書贊》卷二二《宗忠簡留守司二劄家書吾友三帖》：「承節郎劉晟齎到皇弟信王𤅢封奏狀，並與留守諮目，遣差宗機宜齎𤅢封奏，恭詣行在投進，須至指揮。右劄付宗機〔宜〕照會，齎赴行在投進施行，準此。建炎二年三月初十日押。」

《靖康稗史箋證》《呻吟語》：「（建炎二年八月）是月，信王長女生，田氏出。……

（紹興元年）十二月，信王次女生。……

（紹興二年）九月，信王三女生。……

（紹興三年九月）初五日，信王四女生。……

（紹興五年五月）信王五女生。……

（紹興十年）六月十九日，信王薨。」

《靖康稗史箋證》《宋俘記》：「榛天眷二年六月十九日，殁五國。曾娶田氏，天會六年、九年、十年、十二年，天眷元年，歷生五女。燕人趙恭曾託榛名，號召山賊助宋，榛以疑獄收禁。事雪，敕賜汪氏爲妾。」按以上兩處記載，信王趙榛之四女、五女出生時間有異，信王趙榛之死亡時間，亦差一年。其所載信王趙榛事迹，又與前引記載全然不同。信王趙榛之真僞，已成歷史疑案。關鍵是宋高宗「識榛手書」。燕人趙恭僞冒，則燕地方言與中原有異，馬擴等人應可覺察，而趙榛筆迹，亦非他人驟然便可模仿。至於宗澤與五馬山砦聯絡之事，《遺事》等完全疏略，應有所諱。

丁進，故巨寇，有嘯聚數十萬衆。其初降也，人情鼎沸，謂其非真，管軍閭勍等以甲士陰衛。公曰：「不然，正當披心腹待之，雖木石可使感動，況人乎？」及進至，公慰勞撫存甚至，呼進首領數人，飲食之，待之如故吏。進等感甚。翼日，請公詣寨，公許之不疑。進等益懷感畏。後進黨有陰結以亂京師者，進自簡殺之，有相率逃遁者，自追，治之。〔一〕

〔一〕《宗忠簡公事狀》：「丁進，故巨寇，有嘯聚數十萬衆。其初降也，人情鼎沸，謂其非真，管軍閭勍等以甲士陰衛。公曰：『不然，正當披心腹待之，雖木石可使感動，況人乎？』及進至，公慰勞撫存甚至，呼進首領數人，飲食之，待之如故吏。進等感甚。翼日，請公詣寨，公許之不疑。進等益感畏。後進黨有陰結以亂者，進自簡殺之，有相率逃遁者，自追，治之。」

馬皋者，進之次也。每命出戰，必先登。一日，自陣中傷還，見公，方問勞撫存之，而羽報又急。公曰：「誰可代汝行者？」皋曰：「非皋不可！」乃裹瘡而前，數日後，捷到，仍擒一酋長而歸。由公平日賞罰明，號令信，開心見誠，故人樂爲用命也。〔一〕

〔一〕《宗忠簡公事狀》：「馬皋者，進之次也。每命出戰，必先登。一日，自陣中傷還，公方問勞撫存之，而羽報又急。公曰：『誰可以行？』皋曰：『非皋不可！』乃裹瘡而前，大捷，仍擒一酋長而歸。由公平日賞罰明，號令信，開心見誠，故人樂爲用命。」

趙海，亦賊之雄者，屯板橋，輒塹路設橋，以阻行者。閭勍紉者八人，過海營，海怒曰：「我畏閭太尉耶？」悉臠之。覘者以聞，公呼海，海以甲士五百人從。公方迎客，遽語之曰：「殺紉者誰？」海辭曰：「無之。」出報牒讀示，海具服，命械繫獄。客曰：「奈甲士何？姑徐之。」公笑曰：「諸公怯耶？治海者某，諸公何預。」諭次將曰：「領衆還營，趙海已械送所司，告偏裨，善護卒伍。」明日，誅海，聞者股慄。〔一〕

〔一〕《宗忠簡公事狀》：「趙海，亦賊之雄者，屯板橋，輒塹路設橋，以阻行人。閭勍紉者八人，過海營，海怒曰：『我畏閭太尉耶？』悉臠之。覘者以告，公呼海，海以甲士五百人從。公方對客，公曰：『殺紉者誰？』海曰：『無之。』公出報牒示，海具服，命械繫獄。客曰：『奈甲士何？』公笑曰：『治海者某，公何怯耶？』諭次將曰：『領衆還營，善護卒伍。』明日，誅海於市，聞者股慄。」

楊進者，舊屯駐城南，王大郎〔一〕者，衆亦千餘〔二〕，皆山東游手，先楊進來降，屯於城北。二人平日氣不相下，一旦，各領千餘衆，相拒於天津橋，京城人頗恐。有告，公命筆，以片紙批令二魁曰：「爲國之心，固如是耶？當戰陣立功時，勝負自見。」二人慙沮而退。公當危疑，處之裕如如此。〔三〕

〔一〕按，王大郎即王善，《建炎以來繫年要録》卷一五作「王善」。

〔二〕衆亦千餘，《建炎以來繫年要録》卷一五作「有衆二千餘」。

〔三〕《宗忠簡公事狀》：「楊進者，舊屯城南，王大郎屯於城北。二人氣不相下，一旦，各領千餘衆，相拒於天津橋，都人甚恐，以告。公以片紙批令二魁曰：『爲國之心，固如是耶？當戰陣立功時，勝負自見。』二人慙沮而退。公當危疑，處之裕如如此。」《梁谿全集》卷一七五《建炎進退志總叙》上之下：「澤至京師，果能彈壓撫循，軍民畏愛，修治城池、樓櫓，不勞而治。屢出師，以挫賊鋒。雖嫉之者深，竟不能易其任也。」

已未，公復上表。（表見前。）〔一〕

〔一〕《宗忠簡公事狀》：「公復上表。（表見前。）」

《宗忠簡公集》卷二《乞回鑾表》（建炎二年四月，通前後表疏，係第十九次奏請）：「臣某言：《易》謂『省方』，《書》言『輯瑞』，是天子或時巡於下土，邦人可瞻仰於至尊。然古今之事勢有殊，宜觀會通而制治；況上下之人情至切，思聞詔命以回鑾。故老臣再瀝於血誠，願聖主早形於睿斷。意狂罪大。語出涕零。（中謝。）

臣伏聞先有格言，事必師古。藝祖應天，而受成命；太宗繼志，以集大勳。列聖所以繼繼繩繩（承承），諸福所以穰穰簡簡。實在京師本根之地，以爲寰宇朝覲之天。端拱而坐九重，穆清而朝萬國。

陛下纘承寶緒，紹述丕圖，當奄九有而有爲，體三無而無外。奈有姦臣之臆説，與憑賊虜之誕辭。忘周宣之中興，循晉惠之往轍。天下之來勤王者使去，義夫之黥救駕者弗知。兩河保山寨之忠民，四方作草竊之賊子。皆緣陛下久駐蹕於淮甸，咸思慕於翠華。懷抑鬱而籲天罔聞，致猖狂而遷善無路。果還法駕，大肆鴻恩，人當澡雪以歸農，虜亦遁逃而屏跡。遹追一統之大，丕昭萬世之休。兹甚易知而易行，勿謂難測而難識。但去阿諛柔佞之語，而宏剛健中正之風。必天日之照臨，應祖宗之保祐。一人有慶，庶績其凝。臣無任，云云。」

《建炎以來繫年要録》卷一五：「（建炎二年四月己未）是日，宗澤復上表，請上還京，表曰：『……（中略）……』」

《建炎以來繫年要録》卷八：「（建炎元年八月）壬申，召布衣譙定赴行在。定，涪陵人，學於伊川程頤，靖康中，召爲崇政殿説書，定以言不用，辭不受。至是猶在東都，尚書右丞許翰薦于朝，詔宗澤津遣赴行在。」

《宋史》卷四五九《譙定傳》：「高宗即位，定猶在汴。右丞許翰又薦之，詔宗澤津遣詣行在。」

《可書》：「太史楊欽時見靖康改元，即密語人曰：『後十二箇月，康王立。』蓋『靖』字是從十二月、立，又有『康』字也。後如其言。宗澤知其術數之精，薦之於朝，遂在塗而卒。」

《揮麈後録》卷三：「薛紹彭既易定武《蘭亭》石歸於家，政和中，祐陵取入禁中，龕置睿思東閣。靖康之亂，金人盡取御府珍玩以北，而此刻非虜所識，獨得留焉。宗汝霖爲留守，見之，并取内帑所掠不盡之物，馳進於高宗。時駐蹕維揚，上每寘左右。踰月之後，虜騎忽至，大駕倉猝渡江，竟復失之。」

《賓退録》卷一：「天台桑澤卿（世昌）編《蘭亭博議》一書，甚詳。然薛師正長安人，王順伯謂其攜以歸洛。宗忠簡守汴，日夕從事戰守，且其天姿剛正，王仲言謂其爲人主搜羅玩物於艱難之時，皆不敢謂然。」

當是時，契丹、九州人日有歸中國者，曰：「公之威名，外疆敬服。」每有擒獲來者，公遣契丹、漢兒〔一〕引邊坐側，推誠與語曰：「契丹與大宋修盟好，舊矣。今女真小國，既滅天祚，又侵凌中國。契丹臣民，宜與我共奮忠義，殺滅賊虜，以刷君父之耻。吾心即汝心也，我不忍殺汝。」即釋之，仍給資糧使去，及令持公據爲照，曰：「契丹、漢兒自與我宋盟約，幾百年，實兄弟之國。頃緣權臣姦議，遂結金人，壞亂耶律天祚之後。今將欲發大兵過河，盡行勦除，又恐倉卒之際，不暇辨理，枉有殺戮。已約大軍期，應契丹、漢兒特給公據，仰各收執，以爲信驗。」又各令持數百本，歸散國人。後有自燕來者，云契丹、漢兒皆願得公據，以俟王師。〔二〕

〔一〕《全遼文》卷九《蕭孝忠墓誌》：「漢兒小娘子蘇哥，所生一女，名石婆。」《三朝北盟會編》卷九八《燕雲録》：「有兵權、錢、穀，先用女真，次渤海，次契丹，次漢兒。漢兒雖劉彦宗、郭藥師亦無兵權。」「每破州郡，用一金人、一燕人、一南人同共鎮守。」按遼時稱其統治下漢人爲「漢兒」，遂爲金朝沿用，而金朝將所占原宋統治區之漢人稱「南人」，以示區別。

〔二〕《宗忠簡公事狀》：「當是時，契丹、九州人日有歸中國者，曰：『公之威名，外疆敬服。』每有擒獲來者，公遣契丹、漢兒引邊坐側，推誠與語曰：『契丹與大宋修盟好，舊矣。今女真既滅天祚，又侵中國。契丹臣民，宜與我共奮忠義，殺滅群凶，以刷君父之耻。吾心即汝心也，我不忍殺汝。』即釋之，仍給資糧使去，及令持公據爲照，各令持數百本，歸散國人。後有自燕來者，云契丹、漢兒皆願得公據，以俟王師。」

《宗忠簡公傳》：「時契丹、九州人日歸中國者，公引近座側，推誠與語，期奮忠義，給資粮遣之。且賜以公憑，候官軍渡河，以爲信驗，各令持數百本。」

又爲榜文，散示陷没州縣，曰：「訪聞邊寨中，多是我國積善良民，偶失備禦，被驅虜，髠頭絞髮，裝著塞服，侵犯州縣。其赤心忠孝，思念生處父母、血屬，但無路自新，實可憐憫。當所遣大兵前去，恐倉卒之間，不暇辨别，枉有殺戮。汝等若不忘生長墳墓、鄉井，痛心悔禍，可以相助，回戈掩殺賊人，永爲我宋太平赤子，耕養自如。各請照知。」又給公據，付被虜之人，曰「訪聞邊寨中，多是我國良民，被虜入賊。想其本心忠義，實可憫憐。今特遣大兵前去，恐倉卒難以辨别，枉有殺戮。除已出榜曉諭外，今出公據，付被虜之人收執照會。大軍到日，執呈，免致誤被殺戮。」〔一〕以措置因依，具疏奏。（疏見前）〔二〕

〔一〕《宗忠簡公事狀》：「又爲榜文，散示陷没州縣。（文見前。）又給公據，付被擄之人。（二文俱見前。）以措置因依，具疏奏。（疏見前。）」

《宗忠簡公傳》：「又爲榜文，散示陷没州縣。及爲公據，付中國被虜在北之人。連〔結〕諸路豪傑，曰：『事可舉矣！』」

《宗忠簡公集》卷一《奏給公據與契丹漢兒及本朝被擄之民疏》（建炎二年四月）：「臣契勘金人一族，本大遼之臣，曩緣群臣姦謀，苟以目前之利相結，壞亂耶律天祚，使金人假大遼之衆，侵犯中國。竊見契丹、漢兒自與我宋盟約幾百年，實脣齒之邦，兄弟之國。偶被金人殺虜，忿怨不已，止緣勢弱，未繇報冤。今若復約盟會，使得回戈，共力破敵，一舉便可滅亡。臣巳措置彫印文榜、公據，令生獲漢兒齎往傳報，自相激發。設契丹、漢兒未遽效命，金人知之，必相疑貳，庶乘機併力，賊勢可分。所有本朝被虜良民，臣亦依此措置曉諭，今繳連文榜、公據共三本在前者。」

《歷代名臣奏議》卷三四八：「（建炎）〔二〕年，澤又奏《給公據與契丹漢兒及本朝被虜之民疏》曰：『臣契勘金人一族，本大遼之臣，曩緣群臣姦謀，苟以目前之利相結，壞亂耶律天祚，使金人假大遼之衆，侵犯中國。竊緣契丹、漢兒自與我宋盟約幾百年，實脣齒之邦，兄弟之國。偶被金人殺虜，忿怨不已，止緣一時之勢，未由報冤。今若復盟會，但得回戈，共力破敵，一舉便可滅亡。臣已措置彫印文榜、公據，令生獲漢兒齎往傳報，自相激發。設契丹、漢兒未知所措，金人知之，必想疑貳，即與契丹、漢兒互相併力，自分賊勢。所有本朝被虜良民，臣亦依此措置曉諭外，今繳連文榜、公據共三本在前者。』」

《建炎以來繫年要録》卷一五：「（建炎二年四月己未）時契丹、九州人日有歸中國者。間有捕獲虜衆，澤選契丹、漢兒引近坐側，推誠與語，諭以期奮忠義，共滅金賊，以刷君父之耻，即給資糧遣之。且賜以公憑，竢官軍渡河，以爲信驗，人令持數百本去。又爲榜文，散示陷没州縣。及爲公據，付中國被虜在北之人。因驛疏以聞。（《宗忠簡公文集》《給契丹漢兒并被擄人公據疏》：『臣契勘金人一族，本大遼之臣，曩緣群臣姦謀，苟以目前之利相結，壞亂耶律天祚，使金人假大遼之衆，侵犯中國。竊緣契丹、漢兒自與我宋盟約幾百年，實脣齒之邦，兄弟之國。偶被金人殺虜，忿怨不已，止緣一時之勢，未由報冤。今若復盟會，但得回戈，共力破敵，一舉便可滅亡。臣已措置彫印文榜、公據，令生獲漢兒齎往傳報，自相激發。設契丹、漢兒未知所措，金人知之，必相疑貳。即契丹、漢兒互相併力，自分賊勢。所有本朝被虜良民，臣亦依此措置曉諭外，今繳連榜文、公據共三本在前者。』）澤遂結連諸路義兵，燕、趙豪傑，嘗謂人曰『事可舉矣！必竢回鑾，當以身先之！』故請上歸京尤力。」以上三處文字稍異。

〔一〕《宗忠簡公集》卷一《乞回鑾疏》（建炎二年四月，通前後表疏，係第二十次奏請）：「臣竊見漢光武用寇恂爲潁川太守，因從車駕擊隗囂，潁川盜賊群起，帝顧謂恂曰：『潁川迫近京師，當以時定。獨卿能平之。』恂對曰：『潁川惡少輕剽，奚能爲哉！但聞陛下有事隴、蜀，故乘間竊發耳。若乘輿南向，賊必惶怖歸死，臣願執鋭前驅。』帝即日命駕南征，盜賊悉降，遂建東漢中興之業。

臣竊見近日有招安到丁進者數十萬衆，願爲陛下守護京城。又李成願扈從還闕，即渡河，剿絶虜寇。又没角牛楊進等領衆百萬，亦願率衆渡河，迎取二聖。兹三頭項人馬，非潁川比也，今皆披瀝肝膽，同寅協恭，共濟國事。臣聞『得道者多助』，『多助之至，天下順之』。果陛下千乘萬騎，來歸九重，遹追我太祖、太宗奕世聖人二百年大一統基業，則天下必心悦而誠服。庶績其凝，萬國咸寧矣，尚何盜賊、戎虜之足慮乎？臣敢瀝悃誠，再冒天聽，伏望裁赦。」此奏又見《歷代名臣奏議》卷八六。

又奏乞差崔興知西京、專一保護陵寢，太尉閭勍充保護陵寢使。〔一〕已巳，復上疏。（疏見前。）〔二〕

〔一〕《三朝北盟會編》卷一一七：「（建炎二年五月）八日辛卯，韓世忠、閭勍進討〔京西〕。三省、樞密院進呈，陝西諸路帥臣、東京留守司、京東等處〔奏〕報，金人渡河，分〔頭〕出〔没〕，攻圍虜掠。奉聖旨，〔差〕韓世忠、閭勍各領所部人馬，前去京西攻討，劄下東京留守宗澤，差楊進等諸頭項，相爲應援。……

十五日戊戌，王彦駐軍河南。王彦在河北，其衆大集，謂之『八字軍』，爲金人所畏。方繕甲治兵，約日大舉，直趨太原，斷石嶺關路，以臨代北。告期於東京留守宗澤，澤擬彦武功大夫、忠州防禦使、制置兩河軍事。會澤以彦兵勢雖盛，然孤軍無援，不可獨進，乃遣書延彦議事。彦得書，悉召諸寨統兵官，指授方略，以俟會合，乃以萬餘人先發。既行，金人以重兵尾襲。而不敢擊。是日，濟大河，駐軍於河之南。

二十日癸卯，王彦至京師，以兵馬歸於留守司。王彦入京師，見留守宗澤，澤大喜，握彦手曰：『公力戰河朔，以沮金人之氣，忠勇無雙，海内所聞。然京師者，國家之根本，澤已屢上章，邀車駕還闕。願公宿兵近甸，以衛根本。』彦即以所部兵馬付留守司，因差統制官張偉統轄，於滑州界沿河沙店以來，上下埽把截。」

「（七月十五日丁酉）閭勍軍於河南府。閭勍以班直換授，靖康中，累遷龍、神衛四廂都指揮使、武昌軍節度使、主管侍衛步軍司公事。上幸揚州，留勍京師。留守宗澤命勍軍河南，欲會合王彦、楊進等，以圖河北。」

又同書卷一一八：「（建炎二年）九月一日壬午朔，王彦赴行在。初，王彦至京師也，以兵交付宗澤。澤令彦量帶親兵，赴揚州行在所。既到，有旨，令閤門引見，上殿。……

（十月）五日丙辰，王彦轉官，免對。宗澤遣王彦赴行在也，有旨，令閤門引見，上殿。是時，朝廷已遣宇文虚中、楊可輔爲祈請使，議和。而彦見黄潛善、汪伯彦，力陳兩河忠義民兵引頸以望王師，願因人心向順，大舉北征，犄角破賊，收復故地。言辭激切，大忤潛善、伯彦之意。是日，降聖旨，王彦沿河宣力日久，特與轉武翼郎，除閤門宣贊舍人，仍舊帶行擬元官，遂不得對。」

又同書卷一三八《姓氏録忠義傳》：「閭勍有膂力，善騎射，少以班直補官。靖康初，累遷主管步軍司公事。上南巡揚州，勍留守京師。建炎〔二〕年，京師留守宗澤命勍軍河南府，會合王彥、楊進、丁進等兵六十萬，欲渡河，迎請二帝。會暴卒而止。」

又同書卷一九八王彥行狀：「公方繕甲治兵，約日大舉，直趨太原，斷石嶺關，以臨代北，告期於東京留守、資政殿大學士宗澤。澤得以便宜從事，奏擬公武功大夫、忠州防禦使、河北制置使，遣書延公會議。公將兵萬餘，將發，悉召諸寨統兵官，指揮授方略，以俟會合。既行，虜以重兵尾襲，而不敢擊，遂濟河。既至京師，宗澤握公手曰：『公力戰河北，以沮金人之心腹，忠勇無前，海内所聞。然京師者，朝廷根本，某累上章，邀車駕還闕。願公宿兵近甸，以衛根本。』公即以所部兵馬付留守司，因差統制官張偉統轄，於滑州界沿河沙店，以上下埽把截。令公量帶親兵，赴揚州行在所。」

《宋會要輯稿》兵九之七：「（建炎）二年五月八日，陝西諸路帥臣，東京、北京留守司，京東等處奏報，金人渡河，分頭出没，攻圍虜掠。詔韓世忠、閻勍各領所部人馬，去京西攻討。令宗澤差楊進等諸軍，相爲應援。」

《皇朝中興紀事本末》卷五：「（建炎二年五月）陝西、京東諸路及北京留守並奏，金人分兵渡河。辛卯，詔統制官韓世忠、閻勍各領所部兵迎敵。令京城留守宗澤遣新招到楊進等援之。世忠至京東，爲虜所敗，其將張遇死焉。」此條又見《中興小紀》卷三，而《中興小紀》文字經清人篡改，亦不載「閻勍」，而閻勍即在宗澤麾下。

《建炎以來繫年要録》一五：「（建炎二年四月丙寅）宗澤奏以保寧軍承宣使、主管侍衛步軍司公事閻勍爲保護陵寢使。」

「（五月）辛卯，陝西、京東諸路及東京、北京留守並奏，金人分道渡河。詔遣御營左軍統制韓世忠、主管侍衛步軍司公事閭勍率所部迎敵，命宗澤遣本司統制官楊進等援之。先是，澤聞河北都統制王彥聚兵太行山，即以彥爲武功大夫、忠州防禦使、制置兩河軍事。彥所部勇士萬數，以其面刺八字，故號『八字軍』。……

戊戌，河北制置使王彥以八字軍屯河南。時宗澤以彥孤軍無援，不可獨進，乃以書延彥計事。彥遂合諸寨兵萬餘人，以是日濟河。後五日，彥至京師，澤大喜，諭以京師國家根本，宜宿兵近甸，遂命其軍屯滑州之沙店。」

又同書卷一六：「（建炎二年六月）是月，以集英殿修撰、知延安府王庶爲龍圖閣待制、節制陝西六路軍馬，涇原經略使司統制官曲端爲右武大夫、吉州團練使，充節制司都統制。詔書有曰：『儻不靖難於殘暑之前，必致益兵於秋涼之後。』先是，温州觀察使、河東經制使王瓊既遁歸，朝廷除瓊知鳳翔府，東京留守宗澤承制以庶權陝西制置使，端權河東經制使。」

《宋史》卷二五《高宗紀》：「（建炎二年五月）辛卯，以金兵渡河，遣韓世忠、宗澤等逆戰。」

又同書卷三六八《王彥傳》：「益治兵，刻日大舉，告期於東京留守宗澤。澤召彥會議，乃將兵萬餘渡河，金人以重兵襲其後，而不敢擊。既至汴京，澤大喜，令彥宿兵近甸，以衛根本。彥即以所部兵馬付留守司，量帶親兵趨行在。」

又同書卷三七二《王庶傳》：「河東經制使王𤩽既遁歸，東京留守宗澤承制以庶權陝西制置使。」

〔二〕《宗忠簡公事狀》：「又奏乞差崔興知西京、專一保護陵寢，太尉閭勍充保護陵寢使。復上疏奏。（疏見前。）」

《宗忠簡公集》卷一《乞回鑾疏》（建炎二年五月，通前後表疏，係第二十一次奏請）：「臣聞《孟子》曰：『雖有鎡基，不如待時。』故君子不先時而起，不後時而縮，當其可而已。《易》曰：『幾者，動之微，吉之先見者也。故君子見幾而作，不俟終日。』不曰如之何而已。

恭惟我國家，曩緣虜人侵犯郊畿，殘破州縣，恣爲誕妄，百端邀求。今天意悔禍，人心助順，考時與幾，寔陛下中興之會也。古聖人敕天之命，惟時惟幾者，蓋以時哉不可失，而知幾若神故也。

臣觀京師，城壁已增固矣，樓櫓已修飾矣，龍濠已開濬矣，器械已足備矣，寨柵已羅列矣，戰陳已閱習矣，人氣已勇銳矣。汴河、蔡河、五丈河皆已通流，泛應綱運。陝西、京東、滑臺、京、洛，番賊皆已掩殺潰遁矣。天下萬邦與畿甸生靈，夙夕祈天而請者，鄉南懇禱而願者，但望陛下千乘萬騎，號令風伯雨師，清塵灑道，翠華回輦，歸御九重，爲四海九州作主耳。且一人有慶，兆民賴之，茲其時也，茲其幾也。臣願陛下毋聽姦邪之言，而忽其時，忘其幾，天下幸甚。果息兩河山寨之心，與沮萬民敵愾之氣，則天下危矣！願陛下毋循東晉既覆之轍。臣老矣，不勝至誠惻怛懇切之至，願陛下哀憐之。」此奏又見《歷代名臣奏議》卷八六。

公以他日迎取二聖還京，修治隆〔一〕德宫，惟淵聖皇帝未有莅止之所，改修寶籙宫。丁丑，上疏。（疏見前。）〔二〕五月甲申，再上改修寶籙宫之奏，（疏見前。）〔三〕未報。己丑，再奏，（疏見前。）〔四〕不報，再奏。（疏見前。）〔五〕

〔一〕隆，據《建炎以來繫年要録》一五建炎二年五月己丑，應作「龍」。《宋史》卷二二《徽宗紀》：「（宣和七年十二月）庚申，詔内禪，皇太子即皇帝位。尊帝爲教主道君太上皇帝。，居于龍德宫，尊皇后爲太上皇后」

〔二〕疏見前，《宗忠簡公事狀》作「疏佚」，今此奏已佚。

〔三〕《宗忠簡公集》卷一《再奏乞修寶籙宫疏》：「臣昨奏乞修寶籙宫，爲淵聖皇帝他日涖止之所，未蒙降旨。臣聞有子曰：『孝弟也者，其爲仁之本與！』知孝悌，則不犯上，不犯上，則天下治矣。恭惟陛下孝於道君，則天下莫不愛其親；陛下悌於淵聖，則天下莫不欽其兄。是知上有所好，則下必有甚焉者矣，此所謂以身教者也。

臣竊見〔龍〕德宫面勢翬飛，孔安如舊，將來迎奉道君皇帝，自可臨御。願陛下預敕有司，洒掃嚴潔，使天下知陛下孝於父。淵聖將來還歸，未有涖止之處。臣欲乞將寶籙宫改建，以爲迎奉之地，使天下知陛下悌於兄也。推而行之，薄海内外，父父，子子，兄兄，弟弟，黎民不時雍，而萬國不咸寧者，未之有也。如蒙俞允，伏望斷自淵衷，御前處分行下，付臣施行。」此奏又見《歷代名臣奏議》卷三。

《建炎以來繫年要録》一五：「（建炎二年五月己丑）是日，宗澤再奏，乞掃洒龍德，而改建寶籙宫，使天下知陛下孝於父，而悌於兄，乞自御前處分，不報。」

〔四〕《宗忠簡公集》卷一《遺少尹范世延機幕宗穎詣維揚奏請回鑾疏》（建炎二年五月，通前後表疏，係第二十二次奏請）：「臣聞《孟子》言，『術不可不慎也』，『矢人惟恐不傷人，函人惟恐傷人。巫匠亦然』。臣因斯言，始知人心所存之邪正，與所作之是非。若以迹概之，了然區分，如辨黑白。夫忠義之人，動容周旋，無非忠義，而不忠不義之事，無自入焉。故其於上下愛戴保護，不啻如函人，惟恐其傷之也。彼不忠不義之人，動容周旋，亦無非不忠不義，而忠義之道，無自入焉。故其於上下毁裂擯棄，不啻如矢人，惟恐其不傷之也。

恭惟我國家曩緣賊虜肆横，殘破州縣，圍閉京城，劫掠邀求，靡有紀極，以至强迎二聖、后妃、親王與諸天眷，蒙塵北去。凡忠義之士，莫不痛心疾首，泣血奮厲，佐佑陛下，張皇六師，震耀神武，總領貔貅之士，掃蕩沙漠，迎奉二聖，來歸京師，俾中原生靈，還定安集，罔或流散，愛戴其上，保護其下，夙夜念念，想如函人焉，惟恐其或傷之也。

其不忠不義者，但知持禄保寵，動爲身謀，謂我祖宗二百年大一統基業不足惜，謂我京城、宗廟、朝廷、府藏不足戀，謂二聖、后妃、親王、天眷不足救，謂諸帝、諸后山陵園寢不足護，謂周室中興不足紹，謂晉〔室〕覆轍不足羞，謂巡狩之名爲可效，謂偏〔安〕之〔霸〕爲可述，儲金幣以爲賊資，椿器械以爲賊用，禁守禦之招募，慮勇敢之敵賊也，掊保甲以助軍，慮流離之安業也。欺罔天聽，凌蔑下民，凡誤國之事，無不爲之，猶矢人焉，惟恐其或不傷之也。

臣願陛下驗已試之迹，以道概之，則人心所存之邪正，與所作之是非，自然區分，無足疑矣。臣衰老孱懦，誤蒙陛下識擢，俾留守京城，兼開封尹事。臣砥礪瀝竭，知無不爲，惟恐失措，有誤國家大計。然臣每所申奏，若非陛下察臣斷斷孤忠，憐臣悄悄見愠，體天地之大德覆護，擴日月之大明照臨，臣與血屬當膏砧斧，虀粉萬狀矣！尚安能爲陛下保釐尹正，使京城市井里巷，安居樂業，熙熙皞皞，如我祖宗太平之時乎？臣之至此，豈止謗書盈篋而已耶！

臣願陛下六龍萬乘，早歸大内，下慰四海生靈瀝血懇切之望。臣之言此，寔出悃誠，痛切憤悶，所以不避姦邪詆誣，不避冒犯誅戮。臣願陛下降臣此言，榜之朝堂，俾應在朝臣僚，寔封章疏，指摘臣言。如臣言稍涉狂妄，乞正典刑，明臣罪惡；如臣言果符忠義，乞降詔敕，明告回鑾之期，庶安天下之聽。此事甚大，恭俟睿慈洞察，勿貳勿疑。〔取進止〕。」此奏又見《歷代名臣奏議》卷八六，《建炎以來繫年要録》一五建炎二年五月己丑。

《三朝北盟會編》卷一一六：「（建炎二年五月）二日乙酉，宗澤奏劄，乞車駕還京師。先是，東京留守宗澤自建炎元年七月到京師，即奏乞回鑾，凡奏十餘劄子，言詞激切，至是又奏劄，其略曰：『今之士大夫，志氣汙下，議論卑靡，上者不過持禄保寵，下者不過便安自營。曾不能留心惻怛，爲陛下思承祖宗二百年大一統基業爲可惜；又不曾爲陛下思父、母、兄、弟與至親骨肉，蒙塵沙漠，翹首徯望天兵救援之意；又不曾爲陛下思祖宗西京園陵、寢廟，爲賊虜所占，今年寒食節，未有祭享之地；又不曾爲陛下思京師天下根本，宗廟、朝廷、百官、倉庫，儼然如舊；又不曾爲陛下思河北，河東，京之東、西，陝右，淮甸，百億萬生靈之衆，罹塗炭劫掠殘破之苦。但朝進一言，暮入一説，計較泛舟，冒大風險，南幸湖外，此姦邪之計耳。臣嘗思之，是一欲爲賊虜方便之計，二爲姦邪親屬，皆先已津置在南。嗟夫！爲臣不忠不義，乃至於此！孔子所謂苟患失之，無所不至，正在是也！

夙夜痛心泣血，瀝誠竭忠，爲陛下保護京城，自去年秋冬，今春又已三月矣，農務之時。陛下不早回九重，則天下靡有定止。』

又遣少尹范世延等詣行在，奏劄子曰：『臣聞《孟子》言，術不可不慎也。矢人惟恐不傷人，函人惟恐傷人。巫匠亦然。臣因其語，始知人心所存之邪正，與所作之是非。若以道概之，了然區分，如辨白黑。何則？夫忠義之人，動容周旋，無非用忠義，而不忠義之道，自然不入焉。故其於上下愛戴保護，不啻如函人之惟恐傷人也。若彼不忠義之人，動容周旋，亦無非用不忠不義，而忠義之道，無自入焉。故其於上下毁裂捐棄，不啻如矢人之惟恐不傷人也。

恭惟國家釁緣賊虜横肆，殘破州縣，圍閉京城，劫掠邀求，靡有紀極，以致於强迎二聖、后妃、親王與諸眷屬，蒙塵北去。凡忠義之士，莫不痛心疾首，泣血奮臂，左右陛下，張王六師，震耀神威，總領貔貅之士，埽蕩沙漠，迎奉二聖，來歸京師，俾中原生靈，還定安集，罔或流散，愛戴其上，保護其下，夙夜想念，猶如函人焉，惟恐其或傷之也。

其不忠不義者，但知持禄保寵，動爲身謀，謂我祖宗二百年大一統基業不足惜，謂我京城、宗廟、朝廷、府藏不足戀，謂二聖、后妃、親王、大小之屬不足救，謂諸帝后山陵園寢不足護，謂周室中興不足紹，謂晉惠覆轍不足羞，謂巡狩之名爲可效，謂偏安之霸爲可述，儲金帛以爲賊資，椿器械以爲賊用，禁守禦之招募，慮勇敢之敗敵也，掊保甲以助軍，慮流移之安業也。欺罔天聽，陵蔑下民，凡誤國之事，無不爲之，猶矢人焉，惟恐其或不傷之也。

臣願陛下驗已試之迹，以道概之，則人心所存之邪正，與所作之是非，自然區分，無足疑矣。臣衰老孱懦，誤蒙陛下察臣斷斷孤忠，憐臣悄悄見愠，體天地之大德覆護，用日月之大明照臨，臣此身與臣血屬當膏砧斧，齏粉萬狀矣！尚安能爲陛下保釐尹正，使京城市井里巷，安居樂業，熙熙皞皞，如我祖宗太平之時乎？臣之至此，豈止謗書之盈篋而已哉！

臣伏望陛下六龍萬乘，早賜歸大内，下慰四海生靈瀝血懇切之望。臣之言此，實出悃誠，痛切憤悶，所以不避姦邪詆誣，不避犯冒誅戮。臣願陛下下臣此言，榜之朝堂，俾應在朝臣僚章疏，指謫臣言。如臣言涉狂妄，乞正典刑，明臣罪惡；如臣言符忠義，乞降詔敕，明告回鑾之期，庶慰天下之聽。此事甚大，恭候睿慈洞察，勿貳勿疑。』

至是降詔旨，言『發輜重入京師，朕將還闕，恭謁宗廟』。百姓大喜，澤在京師，日俟六龍之至，而日復一日，不聞鑾輅進發。又進劄，其略曰：『迺者親降詔書，即將還闕，恭謁宗廟，延見父老。中外聞之，莫不鼓舞相慶，以爲陛下英斷如此，何事不可立！何功不可就！何浮言之可惑？何戎狄之足慮？太平基業，正在兹舉。下詔之後，日復一日，尚未聞千乘萬騎，涓日啓行，民心不能無疑。

臣竊意陛下乾綱不撓，離明並照，洞見安危之機，必不肯失信於天下。是必有姦臣誤陛下，負失信之謗也。臣伏見近者河陽水漲，斷絶河梁，有姓馬人妻王氏者，率衆討賊，賊勢窮窘，不知所爲。此天亡虜寇之時也，夫天與不取，反受其咎。臣欲因此時，遣閭勍、王彦各統大兵，乘其孤危，大振軍聲，盡平賊壘。

伏願陛下亟還宫闕，以繫天下之心，則孰不用命？且投機之會，間不容髮，願陛下無惑於姦臣之言，斷自淵衷。臣自謂兹舉可保萬全，無可疑者也。或姦謀蔽欺天聽，未即還闕，伏願陛下從臣措畫，毋使謀臣沮抑，以誤社稷大計。陳師鞠旅，與之決戰，埽盡胡塵，廓清海宇。然後奉迎鑾輿，歸還京師，以快天下之心，以塞姦臣之口。臣蒙陛下眷注，誓效死節，區區愚忠，不能自已。伏望聖慈特賜睿斷，天下幸甚。」以上依次分别摘録宗澤第十五奏、第二十二奏與第十一奏，與《宗忠簡公集》文字有異。

〔五〕《宗忠簡公集》卷一《乞回鑾疏》（建炎二年五月，通前後表疏，係第二十三次奏請）：「臣犬馬之年已七十矣，陛下不以臣衰老無用，付之東京留鑰。臣自去年七月到任，夙夜究心，營繕樓櫓城壁，掃除宫禁闕廷，分布柵寨，訓練士卒，教習車陣。比及終冬，諸事稍稍就緒，都城貼然，風物如舊。人人延頸跂踵，日夜傒望聖駕還闕。

臣以故自今年正月、三月，兩次遣屬吏及臣之子，捧表遠詣行在投進，祈請聖駕西上，歸肆大赦於宣德門，使天下曉然，皆知陛下言旋舊都，再造王室，命令用是通達，盜賊用是消弭，無復有方命阻兵之患。

然後容臣爲陛下條畫措置，造膝陳請，遣一使泛海道，入高麗，諭以元豐惇好之舊，令出兵攻金賊之西。又復遣官從間道，趨河東，諭折氏修其舊職，以固吾圉。使三陲交攻金賊，令彼應敵不暇。吾方大舉六月之師，一道繇滑、濬，一道出懷、衛，涉河並進。北首燕路，訪大遼子孫，興滅繼絶，約爲與國，則燕、薊之感恩荷德，不患不爲吾用。

如此則金賊勢必孤弱，自可縛而臣之。二聖、天眷自此決有歸期，兩河故地自此決可收復。而況兩河之人，感祖宗二百年涵養之澤，雖陷賊踰年，而戴宋之心初無携貳。使吾大兵渡河而戰，則東北人民，必有背賊歸我，前徒倒戈，攻于後以北，誰不願爲吾死！

《孟子》曰：『雖有智慧，不如乘勢；雖有鎡基，不如待時。今時則易然也。』臣嘗以今日時勢觀之，天意悔禍，人心固結，雖三尺童子，争欲奮臂鼓勇，恨不碎金賊之首，食金賊之肉。又況當六月宣王北伐之時，機會間不容髮。陛下何憚而不亟還京師，使臣獲奉咫尺之威。請借筯以籌，黄帝書曰：『日中必彗，操刀必割。』此言時不可失也。諺曰：『當斷不斷，反受其亂。』此言〔決之貴早〕也。今日之事，臣願陛下以時果斷而行之，毋惑讒邪之言，毋沮忠鯁之論。倘陛下以臣言爲是，願大駕即日還都，使臣爲陛下得盡愚計。若陛下以臣言爲非，願陛下即日放罷老臣，或重竄責，臣所不辭。惟明主可與忠臣言，臣故昧死以聞。」此奏又見《歷代名臣奏議》卷八六。

《建炎以來繫年要録》一五：「（建炎二年五月己丑）澤又上疏言：『……（中略）……』又疏曰：『……（中略）……』上優詔答之。」

《宗忠簡公事狀》：「公以迎取二聖還京，修治隆德宫，惟淵聖皇帝未有蒞止之所，改修寶籙宫，上疏。（疏佚。）五月，再上改修寶籙宫疏，（疏見前。）未報。再奏，（疏見前。）不報。遣范少尹詣行闕，再奏。（疏見前。）」

《宗忠簡公傳》：「會諸將約日渡河，故表請上還京尤力，且言：『丁進有衆數十萬，願守京城。李成願扈從還闕。楊進等領衆百萬，願北渡。兹三頭項人皆同寅協恭，共濟國事。陛下速歸九重，群盜、戎虜皆無足畏矣。』不報。五月，再上疏，且言：『今城壁已增固，樓櫓已修飾，龍濠已開浚，兵械已足備，寨栅已羅列，戰陣已習熟，人氣已勇鋭。蔡河、五丈河皆流通。陝西、京東、滑臺、京、洛，蕃賊已皆掩殺。望陛下毋聽姦臣之言，以失兩河之心，沮萬民之氣。』」

《宋史》卷三六〇《宗澤傳》：「澤疏言：『丁進數十萬衆，願守護京城。李成願扈從還闕，即渡河勦敵。楊進等兵百萬，亦願渡河，同致死力。臣聞多助之至，天下順之。陛下及此時還京，則衆心翕然，何敵國之足憂乎！』又奏言：『聖人愛其親，以及人之親，所以教人孝；敬其兄，以及人之兄，所以教人弟。陛下當與忠臣義士合謀肆討，迎復二聖。今上皇所御龍德宫，儼然如舊，惟淵聖皇帝未有宫室，望改修寶籙宫，以爲迎奉之所，使天下知孝於父，弟於兄，是以身教也。』上乃降詔，擇日還京。」

范少尹等到闕，上撫勞之，賜予有差。詔答曰：「舜巡四岳，當歸格藝祖之文；周撫萬邦，存王歸在豐之訓。庸如帝王之軌範。咸以都邑爲本根。朕遭時多艱，思世大治，永懷撥亂之策，不憚省方之勞。俟敉寧之有期，即旋復之何晚。夙夜軫慮，寢食不忘。雖王者以天下爲家，曾靡常於臨幸；而臣子視人〔一〕君猶父，得無鬱於瞻思。卿留居千里之畿，拱護九重之闕。合數十百函之奏，傾億千萬衆之心。渴聞鳴蹕之音，虔舉回鑾之請。備觀忠藎，深可歎嘉。」〔二〕

〔一〕人，據《三朝北盟會編》卷一一七補。

〔二〕《宗忠簡公事狀》：「上撫勞之，賜予有差。詔答。（詔見前。）」

公與諸將議六月起師，及結連諸忠義山水寨人兵，約日進發。再奏，（疏見前。）不報。〔一〕

〔一〕《宗忠簡公集》卷一《奏乞回鑾仍以六月進兵渡河疏》（建炎二年五月，通前後表疏，係第二十四次奏請）：「臣聞《詩》於《小雅》，載六月宣王北伐之事。蓋夷狄以弓矢馬騎爲先，而當六月歊蒸之時，皆難於致用。故宣王乘時行師，終於薄伐玁狁，以建中興之功。

臣自留守京師，夙夜匪懈，經畫軍旅。近據諸路探報，賊勢窮促，可以進兵。臣欲乘此暑月，遣王彥等自滑州渡河，取懷、衛、濬、相等處；遣王再興等自鄭州，直護西京陵寢；遣馬〔擴〕等自大名，取洛、趙、真定，楊進、王善、丁進、李貴等諸頭項，各以所領兵分路並進。既過河，則山寨忠義之民相應者，不啻百萬。契丹、漢兒亦必同心殲殄金賊。事纔有緒，臣乞朝廷遣使，聲言立契丹天祚之後，講尋舊好，且興滅繼絶，是王政所先，以歸天下心也。况使虜人駭聞，自相攜貳邪？仍乞遣知幾辯博之士，西使夏，東使高麗，喻以禍福。兩國素蒙我宋厚恩，必出助兵，同加掃蕩。若然，則二聖有回鑾之期，兩河可以安貼，陛下中興之功，遠過周宣之世矣。

臣犬馬之齒，今年七十矣，勉竭疲駑，區區愚忠，所見如此。臣願陛下早降回鑾之詔，以繫天下之心。臣當躬冒矢石，爲諸將先。若陛下聽從臣言，容臣措畫，則臣謂我宋中興之業，必可立致。若陛下不以臣言爲可用，則願賜骸骨，放歸田里，謳歌擊壤，以盡殘年。頻煩上瀆天聽，悚恐待罪。」此奏又見《歷代名臣奏議》卷八六，《建炎以來繫年要録》一五建炎二年五月辛卯。此爲宗澤最後一份懇请回鑾上奏，到六月，因絶望於宋高宗回鑾，便不再上奏。

《宗忠簡公事狀》：「公與諸將議六月起師，及結連諸忠義山水寨民兵，約日進發。再奏，（疏見前。）不報。」

《宗忠簡公傳》：「又奏曰：『臣欲乘此暑月，遣王彦八字軍，取懷、衛、濬、相等州，遣王再興護西京陵寢，馬〔擴〕等取大名、洛、相、真定，楊進、王善、李貴等各以所部，分路並進。既渡河，則山水寨忠義相應者，不啻百萬。願陛下早下還京之詔，臣當爲諸將先，則我宋中興之業，必可致。』疏入，黄潛善等忌公，沮之。

公尹京幾歲，武備不擾而辦，屢出師挫虜，抗疏請上還京，凡二十餘奏。初述都人之言曰：『陛下何不認我宗廟乎？何不眷顧我朝廷乎？何爲使我社稷無所依乎？何輕捨我生靈，使無仰乎？是都人之望陛下切切如此。』中則斥大臣之姦臣：『託曰時巡，意圖偏伯，忘宗廟、朝廷之重，違天地、神明之心，棄大一統之規模，毀二百年之基業。且天下，陛下之天下，彼姦臣何恤於存亡？如京師，陛下之京師，想憸佞安知夫去就？但知親屬，歸在江、湖；寧顧中原，變爲夷狄。』終則力陳：『其不忠不義者，持禄保寵，動爲身謀，謂我祖宗二百年大一統之基業不足惜，謂我京城、宗廟、朝廷、府藏不足戀，謂二聖、天眷不足救，謂諸帝陵寢不足護，謂周室中興不足紹，謂晉惠覆轍不足羞，謂巡守之名爲可效，謂偏地之伯爲可述，儲金帛以爲賊資，椿器械以爲賊用，禁守禦之招募，慮勇敢之敵賊也，掊保甲以助軍，慮流移之復業也。欺罔天聽，凌蔑下民，凡誤國之事，無不爲之。』」

《宋史》卷四八六《夏國傳》：「是歲，開封尹宗澤奏疏請北伐，且言乞遣辯士，西說夏國，東說高麗，俾出助兵。」

一時權臣忌公成功，從中沮之。公嘆曰：「吾志不克伸矣！」積憂成疾，疽發於背。諸將問疾，排闥而入，公矍然起，曰：「吾固無恙，祇以二聖蒙塵之久，憂憤成疾爾。而能爲我殲滅醜虜，以成主上恢復之志，雖死無恨。」衆皆墮淚，同聲應曰：「敢不盡力！」諸將退，公復嘆曰：「吾度不起此疾，古云：『出師未捷身先死，長使英雄淚滿襟！』」翼日，公

薨，實七月十二日也。是日，風雨晦冥，公臨啟手足，連呼「過河」者三，無一語及家事。〔一〕

〔一〕《宗忠簡公墓誌銘》：「將薨之日，猶瞑目連呼『過河』者三，其忠義如此。」《宗忠簡公事狀》：「一時權臣忌公成功，從中沮之。公嘆曰：『吾志不得伸矣！』積憤成疾，疽發於背。諸將入問疾，公矍然，曰：『吾以二帝蒙塵，主上駐蹕於外，憂憤成疾。諸公能爲我殲滅醜虜，以成主上恢復之志，雖死無恨。』衆皆墮淚，同聲應曰：『願留守善保貴體，無遽出此言。敢不盡力！以負留守之望。』諸將退，惟岳飛在側，公復嘆曰：『出師未捷身先死，長使英雄淚滿襟！』翌日，風雨晦冥，公臨啟手足，連呼『過河』者三，無一语及家事。公薨年七十，爲建炎二年戊申七月十二日未時也。」《宗忠簡公傳》：「言極切至，而嫉者益深。公嘆曰：『吾志不得伸矣！』疽發，病甚。諸將排闥入問，公矍然起，曰：『吾固無恙，正以憂憤成疾耳。而能爲我殲滅醜類，以成主上恢復之志，雖死不恨。』衆皆掩泣曰：『願盡死！』諸將出，公曰：『吾度不起此疾，古語云：出師未捷身先死，長使英雄淚滿襟！』遂薨，實七月十二日也，年七十。……死之日，風雨晦冥異常，連呼『過河』者三。無一語及家事。都人號慟，朝野相弔出涕，三學之士爲文哭公者千餘人。」《中興小紀》卷三：「（建炎二年六月）資政殿學士、東京留守宗澤病，諸將楊進等曰：『今四方義士，雲集都城幾百萬，糗糧亦備。聞河北〔虜〕兵殊少，脅從者日望王師之至，而留守嬰疾，進等憂焉。』澤遂力疾而起，合諸將鋭兵數十萬，涓日渡河，復抗疏請上還京，且曰：『臣若誤國，一子〔五〕孫，甘被顯戮。』是月，澤卒，後謚曰威愍。」此條以《皇朝中興紀事本末》卷五參校。

《建炎以來繫年要録》一五：「（建炎二年五月辛卯）（王）彦方繕甲治兵，約日大舉，欲趨太原。澤亦與諸將議六月起師，且結諸路山水寨民兵，約日進發，上奏曰：『……（中略）……』疏入，黄潛善等忌澤成功，從中沮之。澤歎曰：『吾志不得伸矣！』因憂鬱成疾。澤尹京二歲，修城池，治樓櫓，不擾而辦，屢出師，以挫虜鋒。其抗疏請上還京，凡二十餘，上言極切至。潛善與汪伯彦等雖嫉之深，竟不能易其任。（《靖康小雅》云：『建炎二年，有旨，遣韓世忠之師屯伊、洛，又令滄帥劉錫密結河陽之人，自青州絶河進兵，命澤總大衆，自滑州而北，期集於中山府。澤聞命欣躍，賫金銀、兵械，纖悉畢具，行有日矣。而黄潛善、汪伯彦恐澤成功，又以姦計從中止之。澤大憤懣，鬱鬱久之，疽發背而薨。』此事史及澤《遺事》皆無之，姑附此，更須參考。）」

又同書卷一六：「（建炎二年七月癸未朔）資政殿學士、東京留守、開封尹宗澤薨。澤爲黄潛善等所沮，憂憤成疾，疽作於背。至是疾甚，諸將楊進等排闥入問，澤矍然起，曰：『吾固無恙，正以二帝蒙塵之久，憂憤成疾耳。爾等能爲我殲滅醜虜，以成主上恢復之志，雖死無恨。』衆皆流涕曰：『願盡死！』諸將出，澤復曰：『吾度不起此疾，古語云：出師未捷身先死，長使英雄淚滿襟！』遂薨，年七十。是日，風雨冥晦，異於常日。澤將没，無一語及家事，但連呼『過河』者三。遺表猶贊上還京，先言：『已涓日渡河而得疾。』其末曰：『囑臣之子，記臣之言，力請鑾輿，亟還京闕。大震雷霆之怒，出民水火之中。夙荷君恩，敢忘尸諫。』澤自奉甚薄，方謫居時，饘粥不繼，吟嘯自如。晚年俸入稍厚，亦不異疇昔，食不兼味，衣敝不易。嘗曰：『君父側身嘗膽，臣子乃安居美食耶？』所得俸賜，遇寒士與親戚貧困者，輒分之，養孤遺幾百餘人。死之日，都人爲之號慟。朝野無賢愚，皆相弔出涕。三學之士千餘人，爲文以哭澤。初，澤既拘留虜使，上屢命釋之，澤不奉詔。至是資政殿大學士、充大金祈請使宇文虛中至東京，而澤已病，虛中攝留守事，遂歸之。時上已除澤門下侍郎、兼御營副使、東京留守，命未下而訃聞，詔贈觀文殿學士，進六官，爲通議大夫，後謚忠簡。（澤門侍之除，史及他書不見，惟《遺事》及《靖康小雅》有之，熊克《小曆》云，澤謚威愍，與史不同，蓋誤。）」

「乙未，侍衛馬軍都指揮使郭仲荀爲京城副留守，朝廷聞宗澤薨故也。初澤以便宜假統制官楊進榮州防禦使、知河南府，會澤死，進遂輟行。（《林泉野記》：『宗澤爲京城留守，招降諸大寇王善、楊進、丁進等，兵勢甚盛。澤有渡河迎請二帝之意，黃潛善、汪伯彥疾其成功，又疑其爲變，遂以郭仲荀爲副留守，以察之。』按《日曆》二年七月十二日甲午，開封府言宗澤卒。十三日乙未，郭仲荀充京城副留守。蓋潛善等聞澤死，而後除之，非以察澤也。熊克《小曆》删取其語，附於元年七月澤初除留守時，亦誤。是時，楊進、丁進皆未降，汪、黃胡爲疑之？按仲荀兩爲東京副留守，其初除《日曆》不載，但於今年八月正除騎帥時，繫副留守銜。克於仲荀再除時，却不書，是以展轉繆誤，今並不取。）」

《三朝北盟會編》卷一一七：「（建炎二年七月十一日丁亥）郭仲荀爲京城副留守。宗澤爲京城留守，招降諸大寇王善、楊進、丁進等，兵勢甚盛。澤有渡河迎請二帝之意，黃潛善、汪伯彥疾其成功，又疑其謀變，遂以郭仲荀爲副留守，察之。」

「八月〔二日己酉，宗澤奏劄乞駕還京師〕。《遺史》曰：『宗澤爲東京留守，措置營葺，稍有條理，頗得士民之心。初到京師也，會金使八人，來使僞楚，澤謂有窺伺，申奏乞送獄，庶全國體。詔諭止之。澤與黄潛善、汪伯彦議論不同，澤在京師，凡有申請，多爲潛善、伯彦所沮止之。京畿十六縣境臨河者七十二里，澤措置均之，諸縣每縣四里有奇，各令開濠一丈，深八尺，於南岸埋鹿角，連珠劄寨；而樞密院行下約束，只令依倣陝西，以三七分爲率，三分出戰，七分出助軍錢。澤措置京城守禦之具，補葺甚多，其費用不少；而三省、樞密院指揮諸場、庫、務，如修城，造器械，見雇工作役，更不令支錢。澤常懷憤懣之氣，奏請鑾輿復還京師，前後數十章，嘗賜詔褒諭曰：舜巡四岳，有歸格藝祖之文；周撫萬邦，存王歸在豐之訓。庸知帝王之軌範，咸以都邑爲本根。朕遭時多艱，思世大治，永懷撥亂之策，不懼省方之勞。俟敉寧之有期，即旋復以何晚。夙夜軫慮，寢食不忘。雖王者以天下爲家，曾靡常於臨幸；而臣子視人君猶父，得無鬱於瞻思。卿等留居千里之畿，拱扈九重之闕。合數十百函之奏，傾億千萬衆之心。渴聞嗚蹕之音，虔舉回鑾之請。備觀忠款，深可嘆嘉。』

〔八日乙卯，東京留守宗澤卒。先是，東京留守宗澤自建炎元年七月到京師，即奏乞回鑾〕，有渡河恢復舊疆之意，以大名當衝要，檄提點刑獄郭永、漕臣張益謙與北京留守杜充相犄角。永得檄，即朝夕謀戰守具。因結東平權邦彦爲援，兵聲漸振。是時，王善、張用諸大盜皆招集京城下，卜日進發，以薛廣爲前驅。有陳德者，軍班换授，宣和間，燕山用兵，時爲真定府路兵馬都監，蘆溝之役，降爲承節郎，京城圍閉，在城上守禦，城陷，歸家，不出仕。澤聞其名，尋訪得之，令繼廣爲副。纔離京城，而澤暴卒。澤志大才疏，功雖不就，而人皆惜之。

《林泉野記》曰：『宗澤，字汝霖，婺州人。元祐六年登第，累遷朝奉郎。靖康初，知磁州，爲備甚嚴整，加秘閣修撰。康王同王雲奉使金國，過磁州，百姓殺雲，澤乃勸王起兵，援王室，不宜北行。王遂還相州。王既爲天下兵馬大元帥，澤與汪伯彦爲副。王至大名，澤引衆二千來，勸速進兵。副元帥汪伯彦等沮止，不從。及王欲往東平府，乃令劉浩、尚功緒、楊青、常景、王孝忠五軍，以陳淬爲都統制，軍于開德府。又令閭丘〔陞〕、孫振往，聽澤節制。澤屢請進師，伯彦恐敗和盟，檄止其行。金人自衛南來犯開德，澤遣統制孔彦舟敗之。次日，來犯行在，又爲彦舟所敗。澤與權邦彦乘勝，欲徑至京城，以戰車一百五十輛從行。至衛南，遇伏兵，敗，趨南華。虜以兩軍掩擊，推車者皆走，先鋒統制王彦忠等死之。澤再聚兵，傳檄四方，欲邀奪二帝。王即位，澤請并集天下兵親征，迎二帝，復中原。黄潛善、汪伯彦又沮其事。加徽猷閣待制，知襄陽。澤又乞十萬衆，欲復河北，不聽。李綱入相，薦爲東京留守。澤威惠兼著，民心悦服。王善以兵五萬，丁進以兵十萬，楊進以數萬衆，皆來降。補楊進滎州防禦使、知河南府。澤遷資政殿學士，命合兵閭勍，屯兵西京，會合王善、丁進、楊進，合兵六十萬，欲渡河，迎二聖。虜人頗畏憚。潛善、伯彦嫉其功，又慮爲變，乃用郭仲荀爲副，以察之。方出師，暴卒，年七十。楊進大泣，京城失望，皆哀痛之。』

《靖康小雅》曰：『門下侍郎、御營使、東京留守宗公諱澤。金人再入塞，將犯畿甸。公守磁州，抗疏力請朝廷大爲之備，自乞將兵，以與虜角。淵聖嘉之，進秘閣修撰，且使募河朔騎兵，爲夾擊之計。康王使虜，至磁州，爲百姓遮留，不使北去。公因進説，又請上便宜總河朔兵，入援京師。會淵聖以蠟書間道，拜上爲兵馬大元帥，且專誅賞。上進公待制，爲副元帥。上南至大名，或傳金人已北歸。公遂分兵邀擊，至衛南，遇賊，力戰，數日，賊兵日滋，公無後繼，既小衄，賊方北去。上嗣位，進公龍圖閣學士，拜東京留守。公既至京師，簡料戰士，信賞必罰，兵勢遂振。復招徠巨寇，如楊進、丁進之流，得兵數十萬人。又繕葺京師譙門、樓櫓，以至宮闕、官府，咸一新之，雄壯不減宣和間。連章乞車駕還闕，願率所訓兵曁所招盜賊，渡河北進討。時黄潛善、汪伯彦當國，雖力沮之，而公之意未嘗少衰。既而上悟其姦，拜公門下侍郎、御營副使，依舊留守。建炎二年，有旨，遣韓世忠之伊、洛，又令滄帥劉錫密結河朔之人，自青州絶河進兵，命公總大衆，自滑而北，期集於中山。公聞命欣躍，齎金銀、兵械，纖悉畢具，行有日矣。而潛善、伯彦恐公成功，又以姦計從中止之。公大憤懣，鬱鬱久之，疽發背而死，中外惜之。嗚呼！如公之忠義，實古之以死勤事者，不幸捐館，真可謂人之云亡，邦國殄瘁矣！公敗且不懼，沮而不屈，毅然有古忠臣烈士之風。志未克伸，功未能成，爲姦賊所誤，豈非天哉！異時秉史筆者，述至於此，必書曰：黄潛善、汪伯彦殺宗澤，正史法也。詩曰：洪河滔滔，撼野摧山，砥柱中立，力當狂瀾。胡熾凶焰，動植俱殘。公俯視之，若螢爝然。知無不爲，獨殿中原。方事北討，將以身先。赤羽若日，朱旗絳天。二賊巧沮，行或止還。雖醢二賊，奚足惜焉！奪之遽矣，中外悲嘆。』

宇文虚中權京城留守。宇文虚中與楊可輔爲祈請使、副，未行，會宗澤卒，遂留虚中權行留守事。

風雨晝晦。」

《宋史》卷二五《高宗紀》：「（建炎二年七月丙戌）宗澤薨。」

又同書卷六七《五行志》：「（建炎）二年七月癸未，風雨晝晦。是日，東京留守宗澤薨。」

又同書卷三六〇《宗澤傳》：「澤前後請上還京二十餘奏，每爲潛善等所抑，憂憤成疾，疽發于背。諸將入問疾，澤矍然曰：『吾以二帝蒙塵，積憤至此。汝等能殲敵，則我死無恨。』衆皆流涕曰：『敢不盡力！』諸將出，澤歎曰：『出師未捷身先死，長使英雄淚滿襟！』無一語及家事但呼『過河』者三而薨。都人號慟。」

《文獻通考》卷三〇六《夜妖》：「（建炎）二年七月癸未，風雨晝晦。是日，東京留守宗澤薨。」

《朱子語類》卷一三二：「宗澤守京城，治兵禦戎，以圖恢復之計，無所不至。上表乞回鑾，數十表乞不南幸，乞修二聖宮殿，論不割地。其所建論，所謀畫，是非利害，昭然可觀。觀其勢，駸駸乎中興之基矣。耿南仲沮之於南京時，勢不歸京城。汪、黄沮之淮甸時，動相掣肘，使不得一有所爲。如令椿管器甲之類，不得擅有支遺，問所召募，係何色額人，（召募得百十萬以上人。）令京民出助軍錢，不得支錢修城池，造器械數事，皆汪、黄、張慤爲之。初，宗守京，太上即位南京時，河東、北，京東、西之民，日夜自守，望駕歸京，王師之來，全無盜賊。駕一居淮甸，賊起百十萬。丁進、李成、楊進之徒競起，宗盡召之爲用，事垂成而薨。朝廷不爲諸人作主，諸人四散爲賊矣。傷哉！宗薨時，年七十，謚忠簡。」

《宋史》卷四四八《郭永傳》：「時高宗在揚州，命宗澤守京師。澤厲兵積粟，將復兩河，以大名當衝要，檄永與帥杜充、漕張益謙相掎角。永即朝夕謀戰守具。因結東平權邦彦爲援，不數日，聲振河朔，已没州縣皆復應官軍。金人亦畏之，不敢動。居亡何，澤卒，充守京師，以張益謙代之，而裴億爲轉運使。」

《浮溪集》卷二〇《郭永傳》：「車駕在維揚，命宗澤守京師。澤厲兵積粟，將復兩河，以大名當衝要，檄永與帥杜充、漕臣張益謙相犄角。永得檄，大喜，即朝夕謀戰守具。因結東平權邦彦爲援，不數日，聲驚河朔，已没州縣皆叛敵來歸。敵亦畏之，不敢動，遠近宴然。居無何，宗澤死，充守京師，以張益謙代之，而裴億爲轉運使。」

《三朝北盟會編》卷九八趙子砥《燕雲録》：「丁未五月，至燕山府。六月間，聞康王登寶位。虜人傳報，領大兵，見在南京，不日過河。虜人聞之，驚駭膽落。子砥急要潛出歸朝，誓不久處虜廷。乃陰結燕人，舊歸朝官忠翊郎、亳州兵馬監押朱國寶，承信郎、亳州指揮使王孝安二人，至中京，伺候二聖動静，恭請道君宸翰，密數金人虚實，揣求探報，知其情狀。戊申四月甲戌，南遁。六月甲子，至闕下，見留守宗澤，留連幾半月。與諸四方勤王之師，朝夕聚議。留守見子砥論虜中虚實情僞，歷歷聳聽，意欲使子砥領兵，復過大河。子砥辭云『陷虜踰年，天幸生還，急欲奔趋行在朝見，具奏二聖動静，面進道君宸翰，以寬主上聖慮。』不數日，聞宗公遽疾不起，宇文虚中代守，發來朝見。」

先乞休，訓詞曰：「忠於許國，允資劇劇之才；老矣告勞，宜遂歸休之志。眷言哲人，爰錫綸章。宗澤器識恢宏，性資方正，事達古今之要，才兼文武之全。逮予纂圖，俾守留鑰，恩威并施，夙夜惟勤。生靈賴芘以保釐，寇盜望風而披靡。方資謀畫，遽以疾聞，力貢忱辭，懇求謝事。念宣力之勤瘁，宜錫命以褒嘉。歲五百而生賢，克濟艱難之業；禮七十而致仕，益高知止之風。乃命進階，以昭貴老。尚期勿藥，以介壽康。可特命朝散大夫，依舊資政殿學士，賜如故。」繼上遺表。（表見前。）〔一〕

〔一〕《宗忠簡公集》卷二《遺表》（建炎二年七月）：「心期許國，每輸扶厦之忠；死不忘君，猶積戀軒之意。魂魄將離於形體，精忱願達於冕旒。（中謝。）伏念臣猥以樸忠，受知淵聖，擢自困躓羈窮之際，付以寇虜往來之衝。適遇陛下出總元戎，察臣粗著勞效；坐籌密計，俾臣得預屬僚。逮夫踐祚之初，首録孤危之跡。寇攘未泯，暫爲淮甸之巡；宗廟斯存，委守留司之鑰。力小任重，志大心勞。誓殄羯胡，再安王室。但知懷主，甘委命於鴻毛；無復偷生，期裹尸於馬革。夙宵以繼，寢食靡寧。斯民獲奠枕之安，胡馬無飲河之意。事爲紛至，黽勉惟多。回視頹齡，已迫桑榆之晚景；益堅素節，每期松栢之後彫。豈謂餘生，忽先朝露。尚扶病以治事，敢愛己以顧私。陰陽之寇洊深，藥石之功莫效。少延殘喘，庶畢願言。昨有招安到楊進等，約其衆多，無慮百萬。昔嘗爲寇，頗聚衆以震師；今已革心，欲爲國而戡難。足踵道路，雲集都城。已涓吉而戒塗，擬成功於指日。干戈未舉，舟壑忽移。神爽飛揚，長抱九泉之恨；功名卑劣，尚貽千古之羞。仰憑睿眷之深，必無生死之異。囑臣之子，記臣之言，力請鑾〔輿〕，亟還京闕，上念社稷之重，下慰黎民之心。命將出師，大震雷霆之怒；救焚拯溺，出民水火之中。夙荷君恩，敢忘尸諫。顒昂法座，無繇再望於清光；枯朽微生，從此永辭於宸扆。臣無任，云云。」

《宗忠簡公傳》：「遺表猶贊上還京，先言已涓日渡河而得疾，其末云：『囑臣之子，記臣之言，力請鑾輿，亟還京闕。大震雷霆之威，出民水火之中。夙荷君恩，敢忘尸諫。』」

時已有旨，除公門下侍郎、御營副使，依舊京城留守。至是贈觀文殿學士、通議大夫致仕，其詞曰：「氣勁而謀深，識高而慮遠。懷尊主庇民之志，有愛國忘家之心。逮朕省方，擢司留鑰。言多底績，勇於敢爲。折衝樽俎之間，制虜股掌之上。三軍服其紀律，百姓安於教條。方籍壯猷，以復大業，比觀奏牘，遽爾告終。未究雄圖，但聞遺愛，載用嘆嘉。李廣云亡，史有成蹊之喻；羊公已逝，時興墮淚之思。陞觀殿之華資，進文階之峻秩，特隆異數，併示眷懷。英烈如存，尚克歆享。」〔一〕

〔一〕《宗忠簡公事狀》：「公先乞休，特加朝散大夫。（敕見前。）繼上遺表。（表見前。）時已有旨，除公門下侍郎、御營副使，依舊留守。至是誥贈觀文殿學士、通議大夫致仕。（誥見前。）」

《宗忠簡公傳》：「上已除公門下侍郎、御營副使，依前東京留守。命未下而訃聞，贈觀文殿學士、通議大夫，謚忠簡。」

《宋會要輯稿》儀制一一之一〇：「資政殿學士、朝奉大夫、充京城留守、兼開封尹宗澤七月贈觀文殿學士、通議大夫。」

《宋史》卷三六〇《宗澤傳》：「遺表猶贊上還京。贈觀文殿學士、通議大夫，謚忠簡。」

公尹京未久，而威行恩洽，流亡復業，商賈輻輳，人有長城之賴。公薨之日，都人爲之號慟，朝野無賢愚，相弔出涕。〔一〕

〔一〕《宗忠簡公墓誌銘》：「公尹京雖未久，而威行恩洽，流亡復業，商賈輻輳。」《宗忠簡公事狀》：「公尹京未久，而威行恩洽，流亡復業，商賈輻輳，人有長城之賴。公薨之日，都人爲之號慟，朝野無賢愚，相弔出涕。」

《宗忠簡公集》卷七《三學祭文》：「宋興九葉，宗社阽危。凡百在位，莫克扶持。堂堂我公，百世之師。提忠仗義，力欲振之。出守滏陽，賊徒猖狂。義旅烏合，親當戎行。百戰不殆，羸老莫傷。平原、常山，千載相望。廊廟乏謀，肉食者鄙。墮賊計中，需求愈侈。賂以玉輿，質我介意。公獨沉機，抗留以死。相如、程嬰，智勇是以。帝后播遷，神器逆旅。盜臣睨之，變亂無所。公獨奮然，以屬我主。博陸、阿衡，今實準古。乃攜偏師，以抗雄敵。氣吞遐方，頓爲褫魄。兩河景從，天聲有赫。詔速公歸，邊畝動色。天子有命，尹帝之京。未幾下車，路殷懽聲。市價無二，枹鼓不鳴。二尹三王，異世並名。一司留事，國勢鼎寧。事上逮下，一以至誠。姦惡不貸，賢善必旌。人無流品，用惟其能。山公啟事。容或未精、金湯作固，衆人所先。神祖七閏，迺克僅全。以飾其壞，曾不半年，翬飛繩直，有光於前。周公營周，豈亦云然。必死之寇，野心莫測。屯備無虞，孰如昔力。守河之瀕，野無馬跡。考其情言，畏威服德。群狙披猖，阻兵嘯聚。哮噬無前，民莫旅拒。豈無朝命，曾不知顧。公一呼之，聽命如女。趙喜復生，敢此乖忤。國體從民，抗疏請還。天語諄復，不移如山。分遣諸將，開心吐誠。喻以大義，罔敢偷生。語及二聖，號呼拊膺，願身督戰，以濟中興。屬纊之際，猶未忘情。世謂金石，浸爍不侵，公之忠誠，逾石與金。讒人何辜，訾議日尋，皇天后土，實鑒此心。嗚呼哀哉！人之無祿，喪我元老，天爲雨泣，賈汝中道。稚子庸夫，罷市相吊，悍將驕卒，投兵痛悼。某等受恩甚渥，大庇久依，天子誰忍，棄子如遺。九原可作，緊誰與歸？興言及此，涕血交頤。觴豆甚薄，公其享之。嗚呼哀哉！尚享！」據《宋朝諸臣奏議》卷七九程頤《上哲宗三學看詳條制》，當時「三學」乃指「太學」、「律學」和「武學」。

《梁谿全集》卷三二《哭宗留守汝霖》：「（前文附滙注各卷，删略）數表請車駕，宜還闕，娼嫉者愈切齒，難其代者，故得不罷。今聞其疽發背而死，殆憂憤使然，殊可爲天下惜也！《詩》云：『人之云亡，邦國殄瘁。』方時危而失此一人，其可哀也矣！賦詩以哭之。

時危念人傑，濟物須材雄。尋常齷齪姿，詎可收奇功？英英宗夫子，邈與古人同。抱器實磊落，秉心鬱精忠。彭纓仕州縣，山立不妄從。青松雖未高，已足凌蒿蓬。涉世多齟齬，失官久龍鍾。擢居河朔郡，烟塵正昏蒙。今上在藩邸，持節使虜中。力争不可往，高牙建元戎。王室遂再造，廊廟當疇庸。同朝共排娼，一麾江漢東。見我論世故，慷慨淚霑胸。薦之守留鑰，付以節制隆。惠政拊疲瘵，威聲懾姦凶。金湯治城塹，樓櫓欻以崇。出師京洛間，屢挫黠虜鋒。邦畿千里寧，誇説百歲翁。抗疏請還闕，北伐歸兩宮。辭直志鯁亮，天子爲動容。姦諛更切齒，恨未能關弓。乃同歸鄉人，感憤殞厥躬。皇天不憖遺，吾道何其窮！驊騮竟委離，冀北群遂空。梁摧大厦傾，誰與扶穹窿？安能百身贖，坐爲四海恫。人亡國殄瘁，天意真懵懵。中原氣蕭瑟，灑涕臨西風。」此詩「歸鄉人」，乃引楚漢相爭時范增之典故。

又同書卷一一《象州答吴元中書》：「比殊不聞得大將爲誰，可以膺方面之寄者。有一宗澤，已不能容，况其餘乎！」

《湖山集》卷四《哭元帥宗公澤》：「嗚呼哀哉元帥公，百世一人不易逢。堂堂天下想風采，心如鐵石氣如虹。正色立朝不顧死，半生長在謫籍中。真金百鍊愈不變，流水萬折歸必東。落落奇才世莫識，欲知勁草須疾風。維時中原丁禍亂，胡塵漲天天濛濛。衆人畏縮公獨奮，毅然來建中興功。雄圖一定百廢舉，復見南陽起卧龍。

嗚呼哀哉元帥公，翩然遺世何怱怱？無乃天上亦乏才，故促我公還帝宫。公還帝宫應有用，何忍坐視四海窮！〔嗚呼〕四海正困窮，興仆植僵賴有公。公雖居東都，天下日望公登庸。公今既云亡，天下不知何時康？正如濟巨川，中流失舟航。當今士夫豈無人，請問誰有公器業？誰如公忠良？公雖不爲相，德望振要荒。公雖非世將，威稜讋豺狼。

偉哉奇節冠今古，我試一二聊舖張。靖康〔元〕年〔秋〕，胡虜正披猖。廟堂驚失色，愁睹赤白囊。公首慨然乞奉使，欲以口伐定擾攘。朝廷是時未知公，公之〔素〕志不獲償。憂國耿耿思自效，再〔乞〕守土河之旁。命下得磁州，翌日徑束裝。下車未三日，虜騎已及疆。虜人聞公亟退舍，匹馬不敢臨城隍。頃之得兵數十萬，康邸賴公王業昌。及公領留守，北顧寬吾皇。恩威兩得所，春雨兮秋霜。餘刃曾不勞，危弱成安强。姦雄盡膽落，誰敢亂紀綱。

嗚呼哀哉公死矣，民今有粟安得嘗。犬羊乘我虛，近復陷洛陽。洛陽去東都，雉堞遥相望。不聞敢侵犯，豈是軍無糧。秖畏我公霹靂手，氣懾不復思南翔。嗚呼哀哉公死矣，秋高馬肥誰與防？天子久東狩，去冬幸維揚。都人心戀主，謂言何相忘？朝夕望回輦，斷腸還斷腸。公獨以死請，百請意愈剛。嗚呼哀哉公死矣，萬乘何時歸大梁？咄咄肉食人，尚踵蔡與王，姦諛蔽人主，痛毒流萬邦。人怨天且怒，意氣猶洋洋。所冀我公當軸日，盡使此曹膏劍鋩。嗚呼哀哉公死矣，始知國〔病〕在膏肓。

我公我公經濟才，設施曾未〔竟〕所長，但留英聲與後世，永與日月爭輝光。此死於公亦何憾，顧我但爲天地傷。我聞天下哭公者，哀痛何啻父母喪。父母生我而已耳，安能保我身無殃。都人此時失所依，波迸東下紛蒼黃。我公我公不〔復〕見，秋風在處生悲涼。百身儻可贖，我願先以微軀當。靈丹如可活，我願萬金求其方。彷徨竟無起公計，安得長喙號穹蒼！

嗚呼哀哉元帥公，太平時節君不容，及至〔艱難〕君始用，民之無禄天不〔從〕。嗚呼哀哉元帥公，古來有生皆有終，唯公存亡係休戚，千年萬口長怨惆。嗟我草茅一賤士，念此抑鬱氣拂胸，銜哀忍涕何有極，願以此詩銘鼎鐘。」此詩諸版本文字有異，主要出自清人篡改「虜」字之類，今以簡體字《宗澤全集》爲底本，參校其他版本。又此詩稱「犬羊乘我虛，近復陷洛陽」，時聞勍、岳飛等駐守洛陽，洛陽並未陷落，應係傳聞之誤。

《朱文公文集》卷八八《龍圖閣直學士吴公神道碑》：「建炎初，宗澤留守東都，天下倚以爲重。一日，士女傾都南下，皆行哭失聲，言：『宗公死矣！』公時未仕，客臨安，聞之嗚咽流涕，終夕不寐，爲詩哭之，語甚悲壯。即日傳播，郵亭、傳舍處處題寫，讀者至爲感泣。」可知吴芾寫《哭元帥宗公澤》詩之背景。

《朱子語類》卷一三一：「宗忠簡公薨，其家人方入棺，未斂，軍兵輩出大廳，三日祭弔，來哭不絕，祭物滿廳無數，其得軍情人心如此。」

數日間，去者十五六。識者憂之，相與請於朝，言公之子穎常居戎幕，得士卒心，願加獎拔，以繼父功。時朝廷已用杜充爲留守，遂以穎直秘閣，充留守判官。穎以杜充頗失人心，諸將多不安，稍稍引去，且充酷而無謀，屢争不從，穎曰：「勢所不加，事必危殆。」力丐終喪，得請，扶護歸京口，與夫人陳氏合葬於京峴山。〔一〕

〔一〕《宗忠簡公墓誌銘》：「至是，數日間，去者十五。識者憂之，相與詣府，言公之子穎常居戎幕，得士卒心，願稍獎拔，以卒公功。時朝廷已用杜充爲留守，遂以穎直秘閣，充留守判官。穎既得請終喪，向所召義士亦相繼散矣。」

《宗忠簡公事狀》：「都人以公子穎居戎幕，素得士心，相與請於朝，願加獎拔，以繼父任。時朝廷已命杜充爲留守，以穎直秘閣，充留守判官。充至，酷而無謀，盡反公所爲，頗失人心，諸將多不安，稍稍引去。數日，將士去者十五六。穎以爲憂，屢争不從，穎曰：『勢所不加，事必危殆。』力丐終喪，得請，與岳飛扶護柩歸京口，與夫人陳氏合葬於京峴山。」宗穎「終喪」、「歸京口」，與岳飛駐守西京，抗擊金軍同時，時間不合，似有可疑。

《宗忠簡公傳》：「以杜充代公留守。都人請於朝，以公子穎得士卒心，請繼其任。詔以穎充留守判官。充無意於虜，盡反公之所爲，將士去者幾盡，兩河豪傑皆不爲用。穎力丐終喪，以歸葬於京口之峴山。」

《宋史》卷三六〇《宗澤傳》：「始，澤招集群盜，聚兵儲糧，結諸路義兵，連燕、趙豪傑，自謂渡河尅復，可指日冀。有志弗就，識者恨之。子穎，居戎幕，素得士心。澤薨數日，將士去者十五。都人請以穎繼父任。會朝廷已命杜充留守，乃以穎爲判官。充反澤所爲，頗失人心，穎屢爭之，不從，乃請持服歸。自是豪傑不爲用，群聚城下者復去爲盜，而中原不守矣。」

《三朝北盟會編》卷一一八：「（建炎二年九月）三日甲申，杜充爲京城留守。

《遺史》曰：『杜充爲北京留守也，提點刑獄郭永嘗畫三策以遺充。一日，永見充，問其事，充曰：未暇讀也。永面數充曰：人有志而無才，好名而遺實，驕蹇自用而有虛聲，以此當大位，鮮不顛沛，公等足與治乎？充大慚。一日，天雨紙錢於軍營中，厚約厚寸許，人皆以爲不祥。翌日，與金人戰於城下，敗績。充遂閉門以守。至是宗澤卒，乃命充爲京城留守，張益謙爲北京留守，裴億爲轉運使。』

別録曰：『東京留守宗澤卒，杜充代之。澤方留守時，嘗有志經略河東、河北，故兩河豪傑皆保聚形勢，期以應澤。澤又招撫河南群賊，集城下，欲遣迎復兩宮。議既定，先以薛廣、張用、王善前驅，纔離城下，而澤已死。杜充無意於虜，盡反澤所爲，故河北諸屯豪傑皆散，而充又務誅殺，故城下兵復去爲盜，掠西南州縣，數歲不能止。』……

二十六日丁未，薛廣及金人戰於相州，被殺。初，京城留守宗澤命王善、張用、薛廣收復兩河前驅，纔離京城，而澤暴卒。杜充代爲留守，不善撫馭，務誅殺，善與用復叛去，而廣已渡河。時相州受圍，虜聞廣至，乃解圍相州。廣入相州境，遇金人，與戰，不勝，廣死，其衆皆散去，復爲盜。……

（十月二十六日丁丑）翟興、翟進及楊進戰伊川鳴皋山下，軍敗，翟進被殺。宗澤爲東京留守也，借楊進榮州防禦使，令知河南府，進未行，澤卒。杜充爲留守，進爲京城統制，其衆皆剽掠，百姓苦之。進不禁，引衆欲入京西路，聲言就駐捍賊。所過焚室廬，驅子女，殺戮無辜，開發墳塚，刺强壯充數，號稱七十萬，擅置官吏，凶暴日熾。翟進、翟興謀曰：『楊進凶賊，爲國家大患，當力除之。』遂率其衆迎楊進，與楊進遇於伊川之鳴皋山下，夾伊水而陣。楊進多騎兵，進、興皆步卒，望楊進騎兵，有懼心。

翟進激之戰，率衆渡伊水。翟進躍馬先登，馬爲流矢所中，馬驚，墜入塹中，遂爲賊所害，乘勢大呼，擊官軍，遂大敗。興麾餘衆，保固伊川。」

《建炎以來繫年要録》卷一六：「（建炎二年七月）甲辰，降充顯謨閣待制、北京留守、河北東路制置使杜充復樞密直學士，充開封尹、東京留守。且命充鎮撫軍民，盡瘁國事，以繼前官之美；遵稟朝廷，深戒妄作，以正前官之失。自宗澤薨，數日間，將士去者十五。都人憂之，相與請於朝，言澤子宣教郎穎嘗居戎幕，得士卒心，請以繼其父任。會充已除留守，詔以穎直秘閣，起復，充留守判官。充無意於虜，盡反澤所爲，由是澤所結兩河豪傑，皆不爲用。（吕中《（中興）大事記》曰：『此澤去，而東京之地不可守也。宗澤在則盜可使爲兵，杜充用則兵皆爲盜矣。充守東京，則虜至維揚；充守建康，則虜至明州。以充繼澤，何異以（戴）淵代（祖）逖，以姜維而續孔明之事功。李綱罷而汪、黄相於内；宗澤死而杜充守於外，天下事可知矣。』）」

又同書卷一七：「（建炎二年九月）甲申，武節大夫、閤門宣贊舍人、京城外巡檢使丁進叛，率衆犯淮西。進初受宗澤招，澤薨，乃去。……

丁未，東京留守司統制官薛廣及金人戰於相州，敗死。先是，宗澤命廣與統制官張用、王善會兵，收復兩河。用，湯陰縣射士也，乘民驚擾，聚而呼之，民之從之者甚衆，其後受澤招安。廣前驅，纔出城，而澤卒。杜充不善撫馭，專務誅殺，善復叛去，而廣已渡河。時相州受圍，廣往救之，入境，遇金人，與戰，廣敗死，其衆皆散。」

又同書卷一八：「（建炎二年十月癸酉）是日，閤門宣贊舍人、京西北路安撫制置使、知河南府翟進戰死。進與金人夾河而戰，屢破之。時東京留守杜充酷而無謀，士心不附，諸將多不安之。馬擴、王彦既還朝，餘稍稍引去。起復留守判官宗潁屢爭不從，力請歸持服。統制官、滎州防禦使楊進亦叛，以數萬衆攻殘汝、洛間。進謂其兄兵馬鈐轄興曰：『楊進凶賊，終爲國家大患，當力除之。』至是進率其軍，與楊進遇於鳴皋山下，夾伊水而軍。楊進多騎兵，興皆步卒，將士望騎兵，有懼色，翟進激之使戰。進渡水先登，爲流矢所中，馬驚，墜塹，進爲賊所害。賊乘勢大呼，擊官軍，官軍遂敗。興收餘兵，保伊陽山寨。詔贈進左武大夫、忠州刺史。初，宗澤之爲留守也，日繕兵，爲興復計。兩河豪傑皆保聚形勢，期以應澤。澤又招撫河南群盜，聚城下，欲遣復兩河，未出師而澤卒。充無遠圖，由是河北諸屯皆散，而城下兵復去爲盜，掠西南州縣，數歲不能止，議者咎之。」

又同書卷一九：「（建炎三年正月）乙未，京城留守杜充襲其統制官張用於城南，不克。用與曹成、李宏、馬友爲義兄弟，有衆數萬，分爲六軍。成，外黄人，因殺人，投拱聖指揮爲兵，有膂力，善戰，軍中服其勇。友，大名農家，始以巡社結甲，夾河守禦。（此據紹興元年五月辛亥友自陳功狀。）用與王善皆受宗澤招安，澤薨，乃去。」

《三朝北盟會編》卷一二〇：「又有王大郎者，名善，濮州人，亦有衆數十萬，分爲六軍。善初爲亂也，濮州弓兵執其父，殺之。善有衆既盛，乃以報父仇爲辭。攻濮州，不下；又攻雷澤縣，亦不下。與（張）用合軍，皆受留守宗澤招安，既而復反。」

《金史》卷七九《酈瓊傳》：「澤死，調戍滑州。時宗望伐宋，將渡河。戍軍亂，殺其統制趙世彦，而推瓊爲主，瓊因誘衆，號爲勤王。」按完顔斡离不（宗望）「渡河」乃靖康元年事，他比宗澤早死一年。

《宋史》卷四七五《杜充傳》：「（建炎）二年，宗澤卒，充代爲留守、兼開封尹。三年，以户部尚書、兼侍讀召，未至，改資政殿學士、節制淮南、京東、西路，依前京城留守，尋知宣武軍節度使。七月，以同知樞密院召還，至，即拜尚書右僕射、同平章事、御營使。初，宗澤要結豪傑，圖迎二帝。澤卒，充短於撫御，人心疑阻，兩河忠義之士往往皆引去。留守判官宗潁嘗疏其失。朝廷謂充有威望，可屬大事。吕頤浩、張浚亦薦之，故有是命。」

《朱子語類》卷一三〇：「天下不可謂之無人才，如靖康、建炎間，未論士大夫，只如盜賊中，是有多少人。宗澤在東京，收拾得諸路豪傑甚多，力請車駕至京，圖恢復。只緣汪、黄一力沮撓，後既無糧食供應，澤又死，遂散而爲盜，非其本心。自是當時不曾收拾得他，致爲饑寒所迫，以苟旦夕之命。後來諸將立功名者，往往皆是此時招降底人。所以成湯説：『萬方有罪，在予一人。』聖人見得意思直如此。（儒用。卓録云：『因言靖康、紹興間事，曰：天下不可謂之無人才，如高宗初興，天下多少人才，自是高宗不能盡舉而用之。未説士大夫，只盜賊中有幾箇人才，朝廷既不能用，皆散而爲盜賊，可惜！宗澤在東京，煞招收得諸路豪傑、盜賊，力請高宗還都，亦以圖恢復。被汪、黄讒譖，一面放散了，皆去而爲盜賊。當初高宗能聽宗澤、李伯紀輩，猶有少進步處。所以古人云：萬方有罪，在予一人。怪他不得，你既不能用他，又無糧食與他喫，教他何如得？其勢只得散爲群賊，以苟旦夕之命而已。其中有多少人才，可惜！可惜！』）」

又同書卷一三六：「曰：『元帝與王導元不曾有中原志，收拾吴中人情，惟欲宴安江沱耳。』問：『祖逖摧鋒越河，所向震動，使其不死，當有可觀。』曰：『當是時，王導已不愛其如此，使戴若思輩監其軍，可見如何得事成？』問：『紹興初，岳軍已向汴都，秦相從中制之。其事頗相類。』曰：『建炎初，宗澤留守東京，招徠群盗数百萬，使一舉而取河北数郡，即當時事，便可整頓。乃爲汪、黄所制，怏怏而死，京師之人莫不號慟。於是群盗分散四出，爲山東、淮南劇賊。』」

《黄氏日抄》卷三八《熙寧至靖康用人》：「宗澤在東京，收拾豪傑甚衆。澤死，散爲盗。後來諸將立功者，往往皆此時招降之人。」

《文獻通考》卷三二〇《輿地考》：「建炎元年，高宗即位於南京，命宗澤留守京師。二年，澤薨，命杜充、上官悟相繼留守。四年二月，卒陷於金。」

公爲人端方質直，平居不妄笑語，律已甚嚴，苟悖於禮，雖毫髮不犯，義所當爲，鼎鑊在前不恤。中間坐閑屢年，杜門却掃，賦詩自娱，或清坐終日，啜菽飲水，淡如也。晚年尊顯，禄饟稍厚，而自奉甚薄，所衣不過綈紵，經歲無所更製。親族故舊窶而無告者，多依公以活，養孤遺幾百人，故家無留儲。其爲文不事雕琢，渾然天成，豐約中度。於書無所不讀，尤邃於《左氏》，有文集藏於家。〔一〕

〔一〕《宗忠簡公墓誌銘》：「公爲人端方質直，平居不妄笑語，律己甚嚴，苟悖於禮，雖毫髪不犯，義所當爲，鼎鑊在前不恤。中間坐廢數年，杜門却掃，賦詩自娱，或清坐終日，啜菽飲水，淡如也。至聞人之急，則多方以周之。晚年尊顯，禄餼稍厚，自奉甚薄，無異往昔。親族故舊，窶而無歸，皆仰公以活，以故家無留儲。……其爲文不事雕琢，渾然天成，豐約中度。於書無所不讀，尤邃於《左氏》，有文集五十卷，藏於家。」

《宗忠簡公事狀》：「公爲人端方質直，平居不妄笑語，律己甚嚴，苟悖於禮，雖毫髪不犯，義所當爲，鼎鑊在前不恤。中間坐廢屢年，杜門却掃，賦詩自娱，或清坐終日，啜菽飲水，淡如也。晚年尊顯，禄餼稍厚，而自奉甚薄，所衣不過綈紵，經歲無所更製。親族故舊窶而無告者，多依公以活，養孤遺幾百人，故家無留儲。其爲文不事雕琢，渾然天成，豐約中度。於書無所不讀，尤邃於《左氏》，有文集藏於家。」

《宗忠簡公傳》：「公平生律己甚嚴，自奉甚薄。方謫居時，饘粥不繼，吟嘯自如。晚年俸入雖稍厚，食不重味，衣弊不易。曰：『君父方側身嘗膽，臣子乃安居美食邪！』親戚故舊貧者，輒予之，家無留儲。……公之急義如此者衆，依公活者幾百人。」

《宋史》卷三六〇《宗澤傳》：「澤質直好義，親故貧者，多依以爲活，而自奉甚薄，常曰：『君父側身嘗膽，臣子乃安居美食邪！』」

後穎乞謚於朝曰：「契勘先臣父澤知磁州日，主上在潛藩，以使事過郡。父力陳虜情叵測，因留不行。逮主上開元帥府，父實副之。虜合數國大入，二聖北狩，父上章，乞早登寶位，以定民志，至於再三。批答具存。又抗章以生靈徯望，天意有在，懇切推戴。至除京城留守，虜騎屢擁大兵過河，意欲深入。命將出師，特挫敵鋒，遂至遠遁，逾年不敢南向。秉志盡節，勤勞有爲，天下共知，無待縷陳。當是時，重以二聖遠在沙漠，主上巡幸淮甸，日夕憂勤。會集師旅，聲勢大振，自請身先士卒，收復兩河，尅日指期，冀成中興之功。憂鬱成疾，遽先朝露。竊緣父平日但秉孤忠，上酬知遇，不能阿附權臣，坐此痛遭阻抑，一時褒封，反不逮尋常恩數。伏念父頃司留鑰，而主上駐蹕淮甸，頗獲奠枕。及父棄世之後，虜騎長驅，遽自江、淮，直至二浙。以此較之，當日爲國屏翰，不爲無功。又念父忝預大元帥府僚屬，遭遇推戴之功。非特生前爲權臣所沮，不得盡其所長；至於身後亦無恤典，使天下之士，無以激勸。欲望特賜敷奏，矜念父勳績，優賜褒贈，以慰忠義之魂。」奉聖旨，與賜謚。禮部、太常寺擬謚「忠簡」。按謚法曰：「危身奉上曰『忠』，正直無邪曰『簡』。」告辭。（告見前。）〔二〕

〔一〕《宗忠簡公事狀》：「子穎上狀，乞謚於朝。（狀見前。）奉聖旨，與賜謚。下禮部、太常寺，擬謚

『忠簡』，加贈開府儀同三司。（二誥俱見前。）」

《宋會要輯稿》禮五八之一〇四：「資政殿學士、朝奉大夫宗澤謚忠簡。」

公一子穎，官終兵部郎中。五孫：嗣益，朝奉郎、通判福州，卒於官；次嗣尹，朝奉大夫、通判慶州，〔一〕死於家；次嗣旦，承議郎，浙東監司幹官，卒於家；次嗣良，承議郎、知汀州；次嗣安，文林郎，充沿海制置司幹官。曾孫合十八人，長普，迪功郎，邵武軍大寧縣尉，卒於家，餘未仕。壻左承議郎、知婺州金華余翱狀，顯謨閣學士曾懋銘公墓云。〔二〕

〔一〕按，陝西慶州被金朝所占，而於紹興九年、十年間一度歸宋，對照後引《宗忠簡公墓誌銘》所載宗嗣尹官銜，「慶」字疑誤。

〔二〕《宗忠簡公墓誌銘》：「娶陳氏，追封淑人。男一人穎，今右朝奉郎、直秘閣、主管華州雲台觀。女四人：長適右迪功郎、泉州司户參軍葉卞，次適右修職郎、和州司理參軍康協，三適迪功郎、河陽府教授詹聖，四適左通直郎、知婺州金華縣事余翱。孫嗣益右承務郎、知温州平陽縣丞，嗣尹承務郎、監臨安府鹽官縣税。

方公之在開德也，懋守濟陰，頗聞公趨事赴功，必先國後家，初不爲全身遠害之計。及造朝，懋適入侍班，殿外從容立語，然後益知公胸中磊落，謀慮素定，非僥倖一時之成者。穎知有雅，故以狀來請銘文，我不辭。

銘曰：『思皇多士，實欲庇民，拘攣循然，而誰不能。堂堂宗公，折衝之具，蹈水赴火，甚毅而武。往在靖康，王室阽危，元帥捍外，公左右之。太陽既升，如日之出，豈不欲公，運動樞極。京邑百萬，孰爲撫摩，謹守管鑰，賴吾蕭何。公亦遠圖，識上之意，掃除羶腥，號召精鋭。驊騮萬里，方行不息，過都一蹶，御者失色。將興而仆，疇使之然，宣力在我，成功在天。疆埸未寧，日月其逝，我作銘詩，以對忠義。』」

《宗忠簡公事狀》：「公一子穎，官終兵部郎中。五孫：嗣益，朝奉郎、通判福州，卒於官；次嗣尹，朝奉大夫、通判慶州；次嗣旦，承議郎，浙東監司幹官，卒於家；次嗣良，承議郎、知汀州；次嗣安，文林郎，充沿海制置司幹官。曾孫十八人，長普，迪功郎，邵武軍大寧縣尉；如圭，提轄端平監；遠，隨州通判；有中，明州通判，餘未仕。

承議郎、知婺州金華余翱拜手狀。」

《宗忠簡公傳》：「子穎，終兵部郎中。孫五人，嗣益、嗣尹、嗣旦、嗣良、嗣安。曾孫十有五人。曾懋誌其墓云。」

《甕牖閒評》卷八：「澤子五人，三人既已顯官，皆死於澤前。」

《宗忠簡公年譜》卷上：「紹聖元年甲戌，公年三十六歲。

是年在館陶。春正月，次子穎生。」

《建炎以來繫年要録》卷五二：「（紹興二年三月戊戌）吏部尚書李光充端明殿學士、江東安撫大使、知建康府、兼壽春府、滁、濠、廬州、無爲軍宣撫使，仍命光以親兵千人之任。光奏直秘閣宗穎參議官，迪功郎胡珵主管機宜文字，從之。」

又同書卷五八：「（紹興二年九月甲子）光又言：『本司參議官宗穎乃宗澤之子，以其父故，爲諸將所愛。又其人亦慨然有忠憤之氣，望假以制置或招撫使、副之名。』詔光別選文臣一員，充招撫使。」

《莊簡集》卷一一《乞差文臣屯兵廬州狀》：「本司參議官宗穎乃宗澤之子，以其父故，爲諸將所愛。又其人亦慨然有忠憤之氣，或蒙聖慈假以制置或招撫使、副之名，臣一面措置，乞賜速降指揮。（八月八日，奉聖旨，令李某別選文臣一員，充淮西巡撫使，仍差兵二千人，付所差官將帶前去，廬州屯駐。）」

《相山集》卷一四《上江東宣撫李端明書》：「之道固不敢期端明之必行，而幕中之賓，如參議宗公，實一時之英傑，忠誠憂國，不愧古人，其沈默有謀，人咸以爲有乃父留守之遺風。而留守之德在國家，如周人之思召公焉，愛其甘棠，而况其子乎？聞之道路，劇賊劉超願以所部聽命，立功補過，而都督前軍統制崔公增自鎮江來拜宗公於堂下，感泣嗚咽，久不能起。蓋留守所至，有以固結人心如此。」

《宋會要輯稿》職官四一之二六：「（紹興二年）七月十六日，江南東路安撫大使、兼知建康府、充壽春府、滁、濠、廬、和州、無爲軍宣撫使李光言：『合辟參議官二員，已辟宗穎外，更乞差中大夫盛旦。』從之。」

《景定建康志》卷二五《宣撫使》：「（紹興元年）七月十六日，江南東路安撫大使、兼知建康府、充壽春府、滁、濠、廬、和州、無爲軍宣撫使李光言：『合辟參議官二員，已辟宗穎外，更乞差中大夫盛旦。』從之。」

《建炎以來繫年要録》卷六三：「（紹興三年二月壬午）直秘閣、提舉廣南市舶宗穎添差都督府參議官。」據《宋史》卷二七《高宗紀》，孟庾於紹興二年十二月任「同都督江、淮、荆、浙諸軍事」。

又同書卷六八：「（紹興三年九月丙寅）詔都督府參議官、直秘閣宋孝先，降授右武大夫、和州防禦使馬擴，主管機宜文字、起復左承議郎范同等二人，幹辦公事、左朝議大夫張髦等七人，准備差遣、右迪功郎孫大雅等八人並留。參議官、直秘閣宗穎，主管機宜文字、左宣教郎李蕘，幹辦公事、直秘閣任直清等七人，准備差遣、右承直郎姚宏等六人並罷。大雅，近子，宏，舜明子也。先是，吕頤浩、孟庾皆置官屬，合三十有六人，及是減半。時擴在全州，未至也。既而以穎提舉廣南路市舶，直清通判荆南府。」

《宋會要輯稿》職官三九之六：「（紹興三年九月）十五日，詔都督府參議官（宋）孝先、馬擴，主管機宜文字許大年、范同，幹辦公事張髦、朱明，劉□老、許操、韓臨亨、趙公達、馬直之，准備差遣楊然、侯文仲、閻彦昭、李季、蘇之勤、王元翼、時洌、孫大雅並存留。參議官宗穎，主管機宜文字李蕘，幹辦公事蕭掄、馬永卿、任直清、李文中、程延年、韓隆胄、姚耆宗，准備差遣高需、董苹、姚宏、李益謙、杜絪、孫憲並罷。」

《建炎以來繫年要録》卷一一二：「紹興七年秋七月辛酉朔，直秘閣、提舉廣南市舶宗穎與宮觀，理作自陳。」

《宋會要輯稿》食貨六四之九六：「（紹興）十九年九月六日，詔右朝奉大夫、直秘閣、知合州宗潁，右承議郎、通判姜邦光，右奉議郎、添差通判朱習並放罷，以擅行借兑經制錢一萬餘貫，并拖欠原額，爲户部所劾也。」

《建炎以來繫年要録》卷一六一：「（紹興二十年三月）丙申，詔責授建寧軍節度副使、昌化軍安置李光永不檢舉，右承務郎李孟堅特除名，峽州編管。先是，孟堅以小史事繫獄，至是獄成。光坐主和議反覆，後在貶所，常出怨言，妄著私史，譏謗朝廷，意在播揚，僥倖復用，及與趙士僾於罷政後往來交結。孟堅亦爲父兄被罪責降，怨望朝廷，記念所撰小史，對人揚説，故有是命。

於是，前從官及朝士連坐者八人。徽猷閣直學士致仕胡寅坐與光通書，朋附交結，譏訕朝政。龍圖閣學士、提舉江州太平興國宫程瑀坐初除兵部侍郎日，以縑帛遺光，且貽書云：『比來無智愚皆以視前爲戒，可爲歎息！』徽猷閣待制、提舉江州太平興國宫潘良貴坐嘗以團茶寄光。光遺良貴書，其别紙云：『仲暉不敢作書，患難至，能出一隻手乎？』仲暉，樓炤字也。良貴答書曰：『參政患難至此極矣，更以道自處。仲暉别紙已付之，但恐時未可耳。』直秘閣宗潁坐嘗寄光書云：『孤寒寡援，方賴鈞庇，忽聞遠適，豈勝惶駭。本欲追路一見，失於探伺，不果如願。』寶文閣學士、提舉江州太平興國宫張燾，左承議郎、新知邵州許忻，左朝奉大夫、新福建路安撫司參議官賀允中，左奉議郎、福建路安撫〔司〕主管機宜文字吴元美坐各與光相知密熟，書劄往來，委曲存問，意光再用，更相薦引。詔寅特落職，瑀、良貴、穎並降三官，焘、忻、允中、元美並降二官。」

《宋會要輯稿》職官七〇之三四—三五：「（紹興）二十年三月十九日，責授建寧軍節度副使、昌化軍安置李光特永不檢舉，男右承務郎孟堅特除名，勒停，送〔峽〕州編管。徽猷閣直學士、左承議郎致仕胡寅特落職。左朝散郎、充徽猷閣待制、提舉江州太平興國宫潘良貴，龍圖閣學士、左太中大夫、提舉江州太平興國宫程瑀，右朝奉大夫、直秘閣宗穎各特降三官。寶文閣學士、左朝請大夫、提舉江州太平興國宫張焘，左承議郎、新差知邵州許忻，左朝奉大夫、新添差福建路安撫司參議官賀允中，左奉議郎、充福建路安撫司主管機宜文字吴元美各特降兩官。臣僚言，光主和議反覆，孟堅，光之子，寅等皆與光交相朋附故也。」

《建炎以來繫年要録》卷一七〇：「（紹興二十五年十二月甲申）右朝散大夫、直秘閣宗穎行尚書兵部郎中。」此爲秦檜死後不久之任命。

《宋史》卷三六〇《宗澤傳》：「穎官終兵部郎中。」

《直齋書録解題》卷七：「《宗忠簡遺事》三卷：不著名氏，録留守開封宗澤汝霖事，亦其家子孫所爲也。」

《文獻通考》卷一九九《經籍考》：「《宗忠簡公遺事》三卷：

陳氏曰：『不著名氏，録留守開封事，亦其家子孫所爲。』

後村劉氏序曰：『公《遺事》行世已久，今連帥寶謨王公鎔，公之外孫，復稍採摭舊聞，以傳翼之。』」

《金華黄先生文集》卷三《記先世墓誌銘》：「忠簡夢于汴數日，将士去者十五。汴人以穎嘗居戎幕，得士卒心，相率言于朝，請以繼其父任。時已除杜充留守，乃以穎直秘閣，爲其判官，尋與充議不合去。秦檜枋國，參政李光得罪免，穎坐貽光書，有『忽聞遠適，豈勝惶駭』等語，降三官。銘作於檜死之月，曰右朝奉大夫者，其元官也。又兩月，遂爲兵部郎中，終其官。後銘，居士黄公，夫人第三子，是爲溍之六世祖，公第二子諱紹祖，則溍之五世祖也，作銘者，公之甥喻良能。」

《至順鎮江志》卷一二《居宅》：「留守宗澤宅，在製錦坊西。」

《宗忠簡公事狀》：「虜人甚尊憚之，對南人言必稱宗爺爺。」

《宋史》卷三六〇《宗澤傳》：「澤威聲日著，北方聞其名，常尊憚之，對南人言，必曰宗爺爺。」

《老學庵筆記》卷一：「予在南鄭，見西陲俚俗，謂父曰『老子』，雖年十七、八有子，亦稱『老子』。乃悟西人所謂『大范老子』『小范老子』，蓋尊之以爲父也。建炎初，宗汝霖留守東京，群盜降附者百餘萬，皆謂汝霖曰『宗爺爺』，蓋此比也。」

《劍南詩稿》卷二七《書憤》：「山河自古有乖分，京洛腥膻實未聞。劇盜曾從宗父命，遺民猶望岳家軍。……（宗澤守東都，巨盜來歸百萬，號宗爺。岳家軍，蓋紹興初語。）」

《三朝北盟會編》卷一一八：「（建炎二年八月）二十一日癸酉，殿中侍御史馬伸上言，乞罷黄潛善、汪伯彦。殿中侍御史馬伸上言：『……又如張慤、宗澤、許景衡，公忠有才，皆可任重事，潛善、伯彦忌之，沮抑至死，其妨功害能有如此者。……』」此奏又見《建炎以來繫年要録》卷一七建炎二年八月庚申。

《宋史》卷四五五《馬伸傳》：「伸又進疏曰：『……張慤、宗澤、許景衡，公忠有才，皆可任重，潛善、伯彦忌之，沮抑至死，其妨功害能如此。……』」

《歷代名臣奏議》卷四七胡安國《時政論》曰：「若言潛善、伯彦措置乖方，人皆以爲馬伸，蓋伸自言官黜爲監當，而其言則有狀矣。不慎命令，則以下還都之詔也。廣布私恩，則以復祠宫、教官之闕也。黜陟不公，則以罷衛膚敏，而用孫覿不祥之人也。杜塞言路，則以貶吴給、張闡、邵成章也。妨功害能，則以沮宗澤與許景衡也。」

《歷代名臣奏議》卷八六胡寅奏：「昔宗澤留守京師，一老從官耳，猶能致誠，鼓動群賊，北連懷、衛之民，誓與同迎二帝，皆相聽許，尅期密應者無慮數十萬人。不幸爲黄潛善所惡，百方沮抑，憤悒而死，其志不就。群臣亦無敢以澤所謀，達於宸聽者。」此奏又見《建炎以來繫年要録》卷二七建炎三年閏八月庚寅，《斐然集》卷一六《上皇帝萬言書》。

《宋史》卷四三五《胡寅傳》：「建炎三年，高宗幸金陵，樞密使張浚薦爲駕部郎官，尋擢起居郎。金人南侵，詔議移蹕之所，寅上書曰：『……昔宗澤一老從官耳，猶能推誠，感動群賊，北連懷、衛，同迎二聖，尅期密應者無慮數十萬人。……』」

《三朝北盟會編》卷一二九《林泉野記》：「黄潛善，字懋和，登進士第。……宗澤以收復兩河，迎請二帝爲急。潛善大惡之，專爲諂佞固寵之計。……宗澤屢乞親征，迎請二帝，伯彦沮之。」

汪伯彦，字廷俊，徽州祁門縣人也。……

又同書卷一五三紹興二年十月六日癸巳劉嶸上萬言書：「昔宗澤留守京師，一老從官爾，然以至誠，鼓動群盗，北連懷、衛之民，誓與同迎二帝，皆相聽許，尅期而應者無慮數十萬人。不幸澤死，其志不就，復爲潛善、伯彦所深嫉，故無以澤所謀，達宸聽者。」

《北山小集》卷三八《論事劄子》：「如近者，奮不顧身，惟力是視，思赴國家之急者，如宗澤亦少矣。然而沮挫詰責之，曾不得舉首，雖以老病盡年，而不知者至以爲朝廷沮死，豈不傷忠義赴功者之心哉！至使論者以謂位高望隆，奮不顧死者，朝廷輒疑而憚之，此言尤不可使天下聞也。聖主豈有是哉！」

《宋史》卷四七三《黄潛善傳》：「潛善猥持國柄，嫉害忠良。李綱既逐，張慤、宗澤、許景衡輩相繼貶死，憲諫一言，隨陷其禍，中外爲之切齒。」

《宋宗忠簡公全集》卷一〇湯陰岳珂（鄂王裔，總餉）《重修忠簡宗公功德院記》：「當公之初授事也，先大父武穆公方任秉義郎而罷法，公一見，奇之，即授以兵，使立功自效，果大敗虜人。先武穆公由是顯名。於其殁也，奉敕同公子穎扶櫬歸葬於鎮江之京峴山。其後先武穆公功益高，位益崇，感公知遇之隆，而念公不置，乃於塋傍花山灣雲臺寺建功德院，以祠祀公。……嘉定十四年歲次辛巳　月　日記。」

據《寶真齋法書贊》卷二二《宗忠簡留守司二劄家書吾友三帖》，岳珂自述：「嘉定辛巳，予漕江東，嘗從公之孫有文，見公遺墨，跋而刻之籌思堂。」未提及撰此記。

又同書卷一〇安懿玉裔趙善湘（清臣，潤守）《宗忠簡公享堂記》：「公之葬，奉敕，岳武穆同公子潁扶柩，與夫人陳氏合葬於丹徒大慈鄉汝山灣之原，建功德院於雲臺寺，以守公墳，祠堂又別創，以藏廟像。……嘉定十四年辛巳　月　日立。」

《寶真齋法書贊》卷二二《宗忠簡留守司二劄家書吾友三帖》（二劄並楷書，各十行，三帖並草書，第一、第二帖各二十二行，第三帖八行）：「今差迪功郎、幹辨京城留守機宜文字、提振京城四壁一行事務等宗潁，朝奉郎、親賢宅講書、兼權太常寺丞呼延次升同捧表詣行在投進，迎請聖駕還闕，應合行事件及速施行。右劄付幹辨機宜文字宗迪功，準此。建炎二年三月六日押。

承節郎劉晟齎到皇弟信王𤏡封奏狀，並與留守諮目，遣差宗機宜齎𤏡封奏，恭詣行在投進，須至指揮。右劄付宗機（宜）照會，齎赴行在投進施行，準此。建炎二年三月初十日押。

五三機宜，得汝三月二十九日邵伯書，知在路一向平善，尤慰遠懷。今天氣正難將息，而汝在路，不勝思憶。四月初，必遠行在，兩遣人專寄書，必不一。（案『不一』及『何日』下俱有闕文，今並仍原本。）諸表不知何日，後來會有旨，許上殿否？曾有六書，與當塗諸公，功（公？）爲一一投之。後曾指麾回鑾未？馬廣（應作『擴』，蓋避宋寧宗御諱而改）去，料須見之。滑州番衆盡遁，橋亦斷之，見措畫過河，收復河西州軍。若得萬乘歸，即天下太平可必致矣。亦不知諸公自爲如是勞攘，何也？宋生者，既背後爲賊要，與人出錢，當時不欲收下禁，何故尚在船中，可怪！可怪！十一日，葉茂見人說，五三親婦已般入汴。此月二十前後，可到京，遂得見。□孫子與七二一房矣。汝若從駕回，尤幸！尤幸！未相見間，切好將息，不一一。押。送五三機宜收，四月十二日。

會呼延郎中，爲致意，以事多且懶，不果作書。澤批。

宋生即遺之，此人必作過，恐累汝。祝！祝！

叔澤書寄民師四一姪、承務，暑熱，計時奉姨姨、太孺人安佳，偕十六娘、四一親婦、七二秀才，以次一一平書。老叔自十二月十二日奔走將兵，無毫髪補，俯仰天地，尤可差媿也。今誤蒙朝廷録用，皆翁翁、婆婆與三哥積善所芘，但增慚媿而已。七五名目已奏上，并樓三六走到南京，得鄉中消息，亦補與一承信郎。吾姪但願老叔活得三、五年，次第亦可霑及骨肉。但願有功有德，有以仰報國恩耳。婆婆墳頭柴山與田地亦買些，所有價錢，老叔自還。翁翁墳已託觀民爲買，四面山種松也。投老了，得這些事，死亦瞑目。五三已差二十兵士并兩使臣去取之矣。七五纔得敕，便遺歸拜嫂嫂也。洪都行，略此報安，不一，不一。叔澤書寄民師四一姪承務。

七二姪、五一哥更不別書，好看孩兒。澤批。

澤悚息，來人備知不肖之冗也。撥忙，遺回，亦不暇一物爲左右問，可羞！可羞！李法言之姪前任信州，今在何處？後來吾友曾有郎娘否？自此後有書告，只用幅紙書，不必效俗爲累番圓書也。戴元質今尚未赴任，應亦窘矣。澤再拜。

右建炎觀文殿學士、東京留守宗忠簡公澤，字汝霖。家書吾友三帖真蹟一卷，留司迎請及齎信王蠟表劄子繫焉。方霸府開河朔，公實副元帥事，首議奪李固渡，以邀敵歸路。次復請屯澶淵，以解敵圍。

雖爲黄、汪輩排抵，不復與府中謀議，不恤也。

脽壇既啟，公居留于京，義旅百，響應雲合。又議迎清蹕，歸正京闕，汎掃龍德，改脩寶籙宮，以俟二聖之還，以神（伸）孝悌之義。次復請躬自渡河，乘人心未定，奪敵之氣，必期殄滅。及信王榛起兵河北，遣馬廣（應作『擴』，蓋避宋寧宗御諱而改）至行在，又申前請，凡二十餘上。最後言，丁進有衆數十萬，願爲陛下守京城，李成願扈從還闕，即渡河勦絶敵寇，没角牛楊進等領衆百萬，亦願渡河。兹三頭項人皆同寅協恭，共濟國事，願陛下速歸九重，盜賊、戎寇皆無足畏矣。繼又言，今不忠不義之臣，但知身謀，謂祖宗基業不足恤，謂宗廟、社稷不足顧，謂二聖、后妃、親王不足救，謂山陵園寢不足護，謂周室中興不足效，謂晉惠覆轍不足羞，效巡狩之名，守偏伯之地，儲金帛以爲敵資，椿器械以爲寇用，慮勇敢之殘敵，則禁守禦之招募，慮流移之安業，則揞保甲以助軍。凡誤國之事，靡不爲之。顧陛下以此章揭之朝堂，今（令）朝臣指摘。如臣言涉狂妄，乞明正典刑；不然，乞明告回鑾之期，以安天下之聽。蓋建炎二年之四月，正公遺子潁及呼延次升時也。

既而黄、汪輩益不合，公自度無與成功，憂憤，疽發背。七月癸未朔，遂薨，相去無三月。遺表猶贊上還京。先言已涓日渡河而得疾，其末曰：『屬臣之子，記臣之言，力請鑾輿，亟還京闕，大震雷霆之怒，出民水火之中。夙荷君恩，敢忘尸諫！』於虖！公之心，其與天通乎！使天不慭遺，卒公之志，吾知黍離之痛不復至于今日矣！

雖然，建炎距今幾百年，三尺童子稱忠者，莫先乎公。而或者猶以曰後之成敗疑公，雖盡力于宗社，猶有幸而不盡用之議。予不可以不辨，按李固之謀，黄、汪則曰此不量力也。還京之請，則又曰此不達時也。龍德、寶籙之建，河外元帥之授，則又曰有後慮也。丁進、李成、楊進等之用，則曰不可恃也。其後卒皆如言。故苟安者幸得以借其説，合爲牢不可破之談，以迄成紹興分裂之勢。

予則曰：是皆不然。劉備挾輜重以南，曹操固輕騎覆其軍矣，何患乎力弱。京索之戰，劉、項不肯失一寸土，而後大業卒定于一進一退之頃，何慮乎難守。肅宗群臣之表，固無害于趣還之誥。晉、鄭焉依之忠，抑何歉于過歷之永。殆非所當憂也。大業之群盜用之，太宗則爲功臣，五代之藩鎮用之，藝祖則爲良吏，固未嘗不足恃也。彼誤國者顧以此行其欺耳！公其能伈伈俔俔以從之乎？公之死，在公則無憾，而于中興之機，則可惜也。嘉定辛巳，予漕江東，嘗從公之孫有文，見公遺墨，跋而刻之籌思堂。後八載，予在京口，始得此帖于其兄有德。嗟乎！力扶大義，識洞大機，事擊（繫）大節，有如斯帖者，雖欲勿傳，其可也哉！

贊曰：『人心大義，不作不奮。楚、漢之間，較者尺寸。翼翼京邑，九聖所都。時方多艱，天下之樞。勢進則張，狃許作使，聚而遺毒。不人則已，一退則衄。彼莫我宗，子敵弗施，各逞其鋒。天方授吾，狼貪如罕。使乘其弊，隻輪不返。機夫于昨，何救匪今。方憤之人，未弱之心。京國有君，河外有統。如彼見開，孰不鼓勇？犖犖忠簡，蓍數龜陳。瞭其胸中。七十之身。黄、汪何知，愛以姑息，捐之中原，俾自爲敵，謂不可敵。公方渡河，連壁百萬，馬騰士歌，公心何憂。憤至于死，紐不在上。雖締易弛，滎陽勿守，漢業豈高，屠狗攷儈（噲），何吠不嘈。公之皇皇，意固有謂。究觀後來，公則知至。

人謂公身，如葛丞相，祁山屢出，竟沮凋喪。惟我謂公，人謂公跡，如祖豫州，河南晉土，未終其謀。人謂公身，如葛丞相，祁山屢出，竟沮凋喪。惟我謂公，特知所先，用公之言，必也萬全。三光其分，五岳其裂，天乎奈何？誰實爲孽？精衛往矣，所填者波，叫于九閽，公心不磨。』」

《朱子語類》卷一三〇：「因論人物，云：『浙人極弱，却生得一宗汝霖，至剛果。』某云：『明州近印《忠簡遺事》，讀之使人感憤流涕。如請駕還都之事，皆備載，當時只是爲汪、黄所沮。』曰：『宗公奏劄云，陛下於近處，偶得二人爲相。當時駕既南下，中原群盜四起。宗公使人招之，聞其名，皆來隸麾下。欲請駕還都，自將往河北討伐金虜。廟堂却行下問，所招人是何等色，以沮其策，遂至發病而死。」

《朱文公文集》卷七六《丞相李公奏議後序》：「建炎再造，首登廟堂，慨然以修政事，攘夷狄爲己任。誅僭逆，定經制，寬民力，變士風，通下情，改弊法，招兵買馬，經理財賦，分布要害，繕治城壁，建遣張所撫河北，傳亮收河東，宗澤守京城，西顧關、陝，南葺樊、鄧，且將益據形便，以爲必守中原，必還二聖之計。然在位纔七十餘日，而又遭讒以去。」

又同書卷七九《邵武軍學丞相隴西李公祠記》：「光堯太上皇帝受命中興，疇咨人望，首召公爲宰相。公亦痛念國家非常之變，日夜圖回，所以修政事，攘夷狄者，本末甚備。蓋方誅僭逆，以正人心，而建遣張所撫河北，傳亮收河東，宗澤守京城。遂將益據形便，大明紀律，以示必守中原，必還兩宫之勢；而小人有害公者，遂三謫以去，而不復還矣。」

《渭南文集》卷二〇《婺州稽古閣記》：「有仰高堂，舊祠資政宗公澤、尚書梅公執禮、中書舍人潘公良貴，三公皆郡人，有忠義大節。而祠庳陋，且弗葺，曾公（㮚）徹而大之，始奕奕與閣稱。」

《止齋先生文集》卷二四《奏乞褒録傅察宗澤婁寅亮子孫劄子》：「高宗中興時，則有宗澤以留行，爲翊載之功之首。」

《習學記言》卷四三《五代史》：「余嘗數李綱，世所謂有志；宗澤，世所謂有材。二人皆已位將相，使其盡河南而守，身當勞苦，而以安佚付黄潛善輩，國家之敗，宜不至酷烈如此。而朝廷競言和議，以爲得計，若猶不悟，則又將有甚焉者。」

《水心文集》卷二一《故知廣州敷文閣待制薛公墓誌銘》：「方艱難時，士無賢不肖，皆媮視苟息，惟宗澤未及成，忿鬱死，趙立、翟興不幸喪敗，以功名著者，陳規、胡世將、鄭剛中而已。」

《水心别集》卷一五《終論三》：「方靖康艱難時，唯宗澤不平此論。如澤，未足以見古之立功立事者；然使澤得用，二聖終不北狩矣，固可一戰而敗也。」

《敬鄉録》卷一〇陳炳《宗忠簡公畫像贊》：「諸葛孔明平生勳業，僅與吴、魏鼎峙，而君子每以伊、吕俎豆之，然亦獻疑者多矣。予嘗語人曰：『偏師一出，而三郡響應，留屯渭上，則軍民安堵，此其胸中凛凛三代規模矣。』忠簡宗公名在國史，事在天下，當靖康、建炎間，厮隸孩童，能道其出處。……自州縣脱謫籍，〔纔〕二年，遂爲當世社稷大臣。……常語子弟曰：『人誰不死，等死耳，有補于國，吾榮多矣！』其忠壯〔蓋天性〕。惟每出兵，必屈指計勝期。其亡也，兩河復危矣。予每評公，直孔明伯仲，不獨其心相似，迹亦偶類。雖然，孔明何如人哉！其子兵部嘗出公畫像示予，慕不能舍去，誰不知敬，公像獨于予心有感也，爲之贊曰：『平生孔明，稱慕莫及，像見忠簡，懦夫有立。橫流砥柱，萬里長城，欲奪空拳，以植危傾。猛將斂手，氣指目使，誰知此公，亦〔韋〕布士。』」

《龍川文集》卷一三《中興遺傳序》：「始欲纂集異聞，爲《中興遺傳》，然猶恨聞見單寡，欲從先生、故老詳求其事，故先爲之纂例，而以漸足之。其一曰大臣，若李綱、宗澤、吕頤浩、趙鼎、張浚；其二曰大將，若种師道、岳飛、韓世忠、吴玠、吴璘。」《陳亮集》（增訂本）卷二二《中興遺傳序》無「張浚」和「吴璘」兩個人名。

《陳亮集》（增訂本）卷三五《宗縣尉墓誌銘》：「靖康、建炎之間，故忠簡宗公澤起家，知磁州，當虜人長驅而南，迸散橫潰不可收拾之時，獨憑城死守，爲天下倡，遂副太上皇帝開元帥府於濟南。及太上膺命南京，公留守京師，能以忠義鼓百戰之群盜，以嬰方鋭無前之鋒，愯然如老羆之當道，餘民因得賈勇，從公以奮，而河北已没郡縣番爲國守。功雖不竟，江南卒賴以立國。是爲一代之人豪，中興之元勳也。

公世家婺之義烏，皇考某，累贈大中大夫。公兄沃之子稷，亦以公故，得官至修職郎。公守磁之歲，稷生子曰武，端整重厚，絶不類常兒。比長，能爲文章，有聲場屋間，三上，卒能取世科。釋褐，授饒州德興尉，便若素閑吏道者。平生與人交，樂於傾盡，不爲齟齬疑僞意態，有承平時士君子之氣。人以謂公耕之炊之，而其諸孫食之矣。然代滿甫及家，以淳熙丙申七月二十三日死，是果何理哉！

縣尉字成老，娶葉氏，子男二人：林、楷。女六人。何大辯，某某，其壻也。幼未行。楷将以戊戌十月丁酉，葬縣尉於去家十里熟水塘之原。大辯者，永康陳亮妻之弟，楷之妻又其女弟也。磨壙石，再三乞書之，銘曰：『我思忠簡，不數士穉，惟其血誠，聞者興起。中興姓名，與國同紀。從孫世科，家庭之美。不卒壯圖，以厚来祉。後不復究，其藏在此。」說宗澤「副太上皇帝開元帥府於濟南」，地點係誤。

《浪語集》卷一二《記夢》詩序：「宗澤不死，朝廷少假事權，究其施爲，國家決不至是。」

《南澗甲乙稿》卷一三《答陳亮書》：「比見宗忠簡公遺烈甚壯，而無狀之與傳之者。足下與其家子弟既善，又爲之銘墓。若其乃祖在仁里，名德不可一二數。自靖康以來，名臣巨公中亦不可一二數也。足下一爲紀述，何如？』」

《攻媿集》卷七一《書董資政（耘）元帥府事迹》：「公初爲《大元帥行軍録》，遇盜，亡失，既無復見。今讀此編，據一時見聞之實，以事繫日，炳炳如丹。扈從之久，亦云勞矣，曾不自言，止載二奏劄之可考者。若制、詔、書、檄及李綱、宗澤之表、奏，何烈之《小史》，徐偉之《忠謀録》及《痛定録》等，皆公以爲可信者，併裒而上之。然則此編是所謂實而不誣者，真可備史氏之採擇，以信後世，豈特爲董氏之家寶也。」

《澗泉日記》卷中：「宗澤、李綱，偉人也，不盡其才，而上下不一心矣。」

《羅氏識遺》卷五《西北豪傑所産》：「宗澤與汴爲終始，岳飛恢復不已，金主役檜死之。……岳飛，鄴人，獨宗澤婺州人，凡有志事功，多産西北。」

《歷代名臣奏議》卷一〇〇：「（吴）昌裔又論今日病勢六事狀曰：『……臣嘗讀國史，竊見靖康初，李綱以時望居省府，楊時以舊學居諫垣，許翰以耆德爲中司，胡安國以經術爲右掖，崔鷗、李光、余應求以直道爲臺諫，种師道、劉韐、宗澤以威重爲將帥，一時人才，不可謂之不聚。京師兵十餘萬，諸道兵二十萬，河南、北兵二十九萬，河東、北保甲三十五萬，延豐倉積粟四十萬碩，天駟監戰馬二萬匹，宣栶造車千餘兩，京師棄砲五百座，衲襖、棕衫之屬，一一皆有椿管，則兵儲不可謂之不豐。然常勝、義勝舉軍迎降，宗維、宗傑分道入寇，河水一渡，而中土横潰，遂不可支。是豈醜夷、叛卒果善戰耶？蓋自花石綱之擾，而江、淮之民怨，造作局之置，而二浙之民怨，輸燕山米，而兩河之民怨，科免夫錢，而諸路之民怨，本實先撥，人摇不寧，其所由來，非一日之故矣。……』」

《歷代名臣奏議》卷三二一牟子才奏：「方之崇、觀、宣、靖，諸臣時望之偉，亦有如李綱者乎？舊學之粹，亦有如楊時者乎？耆德之尊，亦有如許翰者乎？經術之奥，亦有如胡安國者乎？直亮自許，亦有如崔鷗、李光、余應求者乎？威望可倚，亦有如种師道、劉韐、宗澤者乎？是人才反不如崇、觀、宣、靖也。」

《滄洲塵缶編》卷一三《送軍器監丞秦侯入覲序》：「昔威愍宗公留守東京，經理有緒，異議中沮，憤不得伸，遂使王業偏安，中原淪没，遺恨千古，言之痛心。」

《至元嘉禾志》卷一七《報忠觀置田記》：「淳祐己酉，南湖趙公謚於朝，願以聽履坊居宅改創道觀，以伸區區報君忠國之微忱，乞錫『報忠』爲額。……義烏宗純一繼之，又以選爲金庭觀。去未幾，公亦蜕塵寰矣。二子法曹君崇烈、登仕君崇愁克念厥紹，匪懈益虔。亡何，登仕君遽早世，法曹君恪遵先志弗渝，謂純一疇昔從公遊最久，且經始預有勞，走介鄭重挽致，純一亦幡然以來。其再領衆也，觀事加治，主撮無私焉。純一，忠簡公五世孫，予外弟也。法曹君於是介純一，屬予爲之記。……咸淳五年秋七月，朝散大夫、行太常丞、兼樞密院編修官、兼權尚書右郎官黄夢炎記。」

《鶴山先生大全文集》卷五二《虞忠肅公奏議序》：「自吾有狄难，其是非利害，果孰在邪？讎耻所當雪，分義所當明，此萬世之正理，以是非斷也。持此説者，固不爲無人，惟宗忠簡、李〔忠〕定、張忠獻、胡忠簡，實首立正倫之幟，而能始終不渝者也。謂宴安可翫，謂屈辱無傷，謂畫江可以自全，謂得地不足以守，此一時之私意，以利害言者也。群而和之者，固不爲無人，惟耿南仲、秦檜、湯思退、史浩，實倡爲邪説之祖，而劫以必行者也。」

又同書卷六三《跋方宣諭宗卿（庭實）奏議》：「猶謂和戎可以暫安，辟狄可以亡患，至建炎中興，亦云極矣！而於是失河南、北，失京東、西，維揚而渡江，會稽而桴海，猶不敢與虜抗。其間徒賴宗忠簡、李忠定、張忠獻諸賢後先維持，僅僅自立，而權檜再用，則挾虜以扼君父矣。微公與王、胡、曾、李諸賢大聲疾呼，以立正論之幟，幾無以爲國。」

又同書卷六四《題蘄州儀曹范埙元帥府牒後》：「自古禍亂相尋於無窮者，類若此曹，器遠，辨紙尾三人，乃汪、黄、耿，非宗忠簡。此説甚善，使忠簡而在此位也，吾所謂某某者必有以用之，范公當不至流落秦、陜，待張忠獻之薦，而後受知于思陵也。」

《杜清獻公集》卷七《乞招用邊頭土豪劄子》：「昔宗澤之守東京，招降盜賊，願爲用者七十萬，見抑於黄潛善，竟以忠憤發疾而死，爲萬世痛恨。」

《李文簡公文溪存藳》卷六《端平丙申召除太博賜金奏劄》：「大臣開誠布公，鞠躬盡瘁，屏常程之碎務，以澄心静慮，移堂除於吏部，而一意籌邊，當如李綱，以去就争天下大計，毋徒曰鎮之静也。士大夫當如宗澤所謂『非臣子安居美食之時』，共攄主憂臣辱之忿，各辦趨事赴功之心，毋徒睹風景而感慨也。」

《後村先生大全集》卷九八《宗忠簡遺事》：「靖康之禍，略如永嘉，有張大女真可畏，如虎如蛟者，有勸河北諸郡清野者，有止勤王之師者，有秉汗馬牽羊之筆者，惟忠定李公、忠簡宗公、忠獻張公出，而以身當之，而宗公之事尤難。其領開封也，粘〔罕〕雖去，尚屯兵河上，都人懍懍，莫有固志。公至旬月，軍民按堵，拊凋瘵以思，馭豪猾以威。降胡潰卒，望風嚮附。兩河群盜百萬，號公宗爺，願效死力。山寨豪傑，皆自備糧械，聽公調發。公因人心奮激，尅期北向，二十四疏，請上回鑾，以繫衆心，臣當躬冒矢石，爲諸將先。優詔嘉歎，而有陰沮之者。公憂鬱，瘍生於背，諸將問疾，公曰：『吾固無恙，若等能滅讎虜，吾死無恨。』衆皆泣，屬纊，猶呼『過河』者三。忠臣義士，聞而痛之。初，虜不敢越汴而南，以公在焉；後使杜充代公，虜始越汴犯淮。大駕去淮幸浙，而中原遂幅裂矣。

余嘗論之，忠定初相，擢公尹京，遣傅亮、張所使兩河，譬之於弈，止此兩着，壞局可活矣。于是忠定僅七十餘日策免，公賫志以殁，忠獻亦不久定于位。檜相十九年，名臣良將皆死其手。烏乎！天也！公與汪、黄皆霸府舊僚，二人方希世用事，公奏記大元帥，以近剛正，遠柔邪爲先，若陰諷之者。

又顯斥之曰：『潛善，〔閩〕人，伯彦，〔徽〕人，朝夕贊〔陛〕下南幸，棄河南、北，京東、西，淮南，陝西七路千百萬生靈，如糞壤草芥，不知二三大臣，何故厚於賊虜，薄於國家如此。』二人見之，滋怒。初大元師偕王雲出使，非公守磁，遮留帳殿，幾墮虜計。汪、黄雖切齒于公，而不能害，天子保全之也。昔孔明論先漢以親賢臣而隆，後漢以親小人而頽。與公正邪之論合。古之人有讀樂毅書而泣者，有讀《出師表》而淚滿襟者。余于公奏篇亦云：公始辭吕參政惠卿辟書，中忤林靈素黜謫，晚稍見用，尹京時已六十九，明年而薨。世治則不識真卿之面，國難則能抗越石、士稚之志。使夫子復生，必有微管之歎矣。公《遺事》行世已久，今連帥寶謨王公鎔，公外孫也，稍採摭舊聞，以傅益之。寶謨公衣綉，授鉞於閩，劾大吏，繩巨猾，殲逋寇，條約清明，令行禁止，有公之風。」

又同書卷一三八《祭文·杜〔子昕〕尚書》：「烏乎！自夷狄亂華，南北分裂，而『畏虜』二字，遂爲士大夫膏肓骨髓之病。……女真初起，李鄴首張大其登山如虎，入水如蛟之勢，以沮國人。雖二种不能戰，劉韐、張孝純不能守，於時疆埸之臣，奮然以女真爲不足畏，而敢與之抗者，宗澤、陳規而已。」

《黄氏日抄》卷六二《志林》：「我朝當陽九之厄，所失纔河北三數郡，中原固自若也。汪、黄謀擁駕而南，宗忠簡二十五疏，力請還京，而不見聽。忠簡憂死，中原始失，可不痛哉！」

又同書卷六八《始議》：「靖康而後，中原尚有可復之機者三：宗忠簡肅清宫禁，結山東、河北義勇，以請聖駕還京，此一機也，中原可不煩兵而復；岳鄂王收復〔兩〕京，所向無前，此一機也，中原可乘勝而復；逆亮速禍，京東、西等處響應思歸，此一機也，中原可乘機而復。」

又同書卷八六《高宗賜宗忠簡公親札碑陰記》：「方翠華之未南渡，中原尚皆我有，時則有若故贈觀文殿學士忠簡宗公，實爲佐命元勳。當高宗以康王出使，獨公請無勤北行。虜圍既解，獨公請即位南京。位號既定，又獨公結忠義兵百八十萬，旁招四夷諸國，約尅日滅金。前後二十五表疏，力請車駕還京師。使當是時，無從中沮撓之者，則金甌無闕之天下，正自無所謂南渡，又安有南渡後事，可誇其爲盛，如今日所見者哉！然則以公視諸臣際遇之先後，其謀謨關繫之大又何如？而雲漢昭回之章，最初光粲於公之家者，反猶散逸，而未之顯。豈混一、偏安之數不同，故臣子家所遇盛衰之相反，亦勢然與？

景定五年冬，臣震官京口，識公之五世孫、忠翊郎、前知光山縣臣有大。一日，捧黄〔袱〕，焚香〔脱〕封，出龍章玉軸者二書，相與肅拜敬觀，則我高宗戒公速生還虜使及宣諭差舟事，且曰：『先忠簡蒙被之真蹟存者，僅此爾。先父提舉、朝奉公遺命，俾有大模而刻之，力不迨者，今又二十年，而有大亦老矣，所當遵先戒惟謹。幸子有以發其意。』臣震謹按，公以不共戴天之讎，械繫其使，乞斬之，此爲事君盡忠。高宗以二聖未還，投鼠有忌，戒勿殺，此爲事父盡孝。向若公親在君側，斬使釁鼓，以出兵，公固身任之有餘。奈何鑾輿未歸，大計未決，公即奉詔，釋其使八人，使《采葛》之譏無由興。此爲處君臣之際，盡義一舉，而關繫之大者有三。越今百三十有九年，而五世孫始得壽之石，是又忠之意，孝之事，且義之久，而不忘者也。」

又同書卷九一《跋宗忠簡行實》：「嗚呼！余讀公《行實》不能不爲天地之綱常哭之慟也。方虜兵圍京城不下，而以和紿我也，四方勤王之師，坐視不得進，公獨曰：『既曰通和，請亟退師。設有詭謀，吾兵已在城下。』遂發兵大名，至東平，至濟州，至衛南，直入重地，據韋城，而徙南華，轉戰無前矣。斯時也，使趙野、范訥協其謀，則二聖可以不北狩。而野也，訥也其不然。方金虜擁吾二聖而北，天下尚皆我有也。四方之勤王而不得遂者，紛紛無所向，公既尹京，尋兼留守，如王善、趙再隆、丁進、孔彦舟、馬皋、趙海、楊進、王大節之流，以兵附者百八十萬。契丹、九州日附中國，且議遣辨士，西使夏，東使高麗，以滅金。已二十五表疏請回鑾京師矣，斯時也，使黄潛善、汪伯彦不從中沮其謀，則中原固金甌無缺之天下；而潛善也，伯彦也，又不其然。攷論至此，則二聖本不至北狩，而終不免北狩者，公之謀不遂也。中原本未嘗淪没，而終不免淪没者，公之請不行也。嗚呼！惜哉！自時厥後，雖有英雄百戰，皆不過救敗扶傷，況偏安日久乎！故我宋中興與否，係公用舍間，他尚何言！雖然，非公守磁，我高宗已先入虜庭，雖江南誰與保。公雖身不及用，尚能爲我宋得一岳飛。（以下闕文）

孔明圖漢鼎於既失，忠簡保天下於尚存，故公呼吸變化之功，殆過孔明百倍。然孔明晚遇族屬疏遠之昭烈，尚能堂堂出陣；公遇我光堯，視一時將相最早，反一語之不見酬，天耶！人耶！洪邁、吴柔勝序公行事，乃皆以祖士稚爲比。嗚呼！彼亦見其不得志而死，其迹偶同耳。」黄震「非公守磁，我高宗已先入虜庭」之説不合史實，時康王雖以出使爲名，其實乃躲避金军而謀自身安全。

《題盧計議先世東坡竹》：「金華盧君曾大父從蘇文忠公於黄州，得其親題畫竹。忠簡宗公又爲親題其後。夫二公遺墨流落人間，富貴家千金博易，僅僅一、二，尚誇奇寶，況萃見盈尺間，而又皆爲盧君家世作者哉。咸淳辛未七月。」

《跋張北海手澤》：「建炎戊申正月十八日，知濰州北海縣張侯巷戰，死虜難，一室殲焉。獨其子將仕君，先是，以宣和癸卯歲生，外家趙氏，外家携之，逃入蜀，不與難，亦不相聞知。自是展轉訪求者三十有二年，始聞其事於族之南落臨川者。將仕驚慟，追服，痛無所寄，復又得族之南落金壇者，授之以侯舊所予太夫人書及侯之父朝奉公所予宗忠簡書，見之如見祖父。蓋凡世之阡隴松楸、家廟遺像，凡可追孝前人者，將仕望絶天涯，一不可復得。惟此二書之存，故將仕傳之子，子傳之孫，距今一百四十五年，寶此書，以寄此痛者，歷三世，一念如新。」

《困學紀聞》卷一：「清議廢，風俗壞，則有毀宗澤，而譽張邦昌者，有貶張浚，而褒秦檜者。觀民風設教，居賢德善俗，可不謹哉！」

又同書卷一五：「宗汝霖、李伯紀不見沮於耿、汪、黄三姦，則中原可復，讎耻可雪。」

《續宋中興編年資治通鑑》卷一引吕中《中興大事記》曰：「（李）綱在位，則必主幸襄、鄧之策，必從宗澤還京之疏。綱去，則維揚有警，而翠華南幸矣。當時猶以靖康京城之禍，建炎維揚之禍，歸咎於綱，小人之無忌憚，一至於此哉！」

《續宋中興編年資治通鑑》卷一引吕中《中興大事記》曰：「自古未有内外不相應而成功者。有張仲孝友主於内，而後吉甫得以專征於外。孔明欲出師於外，則必任禕、允於内。建炎之初，綱在内，澤在外，此正天擬二人，以開中興之治也。使二人得盡行其志，則必復君父之讎，雪宗廟之耻，伸神人之憤。惜夫！綱相則澤之志行，綱去則澤之計沮。蓋汪、黄二人既疑忌於中，則宗澤安能措手於外。二人既主幸東南之議，則宗澤還京之請，雖二十疏而何益！縱使渡河而北，指日成功，亦安能免後患哉！嗚呼！東京之地，宗廟在焉，陵寢在焉，爲人子孫，烏可置祖宗而不問？爲人父母，烏可棄遺黎而不思？且向也，元帥府方開之始，宗澤請解京城之圍，而伯彥等則謂不可使虜知元帥所在；今也，還京之請屢上，而汪、黃則謂上皇之子三十人，今所在者，惟聖體耳。自外而觀，汪、黃之計可謂忠矣，宗澤之計可謂危矣。以義而論，則君父不可視之如路人，中原不可棄之如土梗，天祚吾宋，則將有主矣。天所興者，誰能敗之？此豈汪、黃乳嫗護赤子之術所能爲哉？澤之志不獲伸於前，又不獲伸於後，徒使後之人聞『出師未捷身先死，長使英雄淚滿襟』之嘆，而爲之致無窮之恨。」

《宋史全文續資治通鑑》卷一七引《（中興）大事記》曰：「方上之在相州也，虜兵未退，此申包胥哭於秦庭之時也。時則當以宗澤進兵京城之請爲義，而黃潛善、汪伯彥沮之。迨上之次濟州也，虜兵已退，此晉大夫反首茇舍之時也。時則當以宗澤邀虜歸路之請爲義，而汪、黃又沮之。迨上之即位南京，此肅宗即位靈武，二年而復兩京之時也。時則當以李綱獨留中原之請爲義，而汪、黃又沮之。中興之初，綱在內，澤在外，此天擬二人，以開建、紹之業者也。而綱爲汪、黃所沮，纔七十五日而去位，豈非天邪！澤爲汪、黃所沮，未及一年而憤死，又豈非天邪！綱罷而汪、黃相於內，澤死而杜充繼於外，天下事一變矣！綱在位，則措置兩河，兵民稍集；綱去，則經制、招撫罷，而兩河無兵矣。綱在位，則僞臣、叛黨稍正典刑；綱去，則叛臣在朝，而政事乖矣。綱在，則澤之志行；綱去，則澤之志沮。澤在，則盜可爲兵；充守，則兵皆爲盜。澤在，則粘罕遁；充用，則虜至維揚矣。內無綱，外無澤，此建炎之失其機，則汪、黄二人爲之也。」

《類編皇朝中興大事記講義》卷二《金虜犯邊》：「天下之勢，不進則退。進則當主李綱經理兩河之議、宗澤留守之計，則不惟故疆可全，而讎耻亦可復也。退則不惟河北、河東不可保，而河南亦不可保，不惟淮甸不可保，退而渡江，退而航海矣！」

《類編皇朝中興大事記講義》卷二《視陵寢》：「還京之請，即宗澤計也。條兩河利害，即李綱計也。已爲黄潛善所逐，此李綱未入朝，宗澤未尹京之時。觀此，則二人之規模必不行於後日矣。」

《類編皇朝中興大事記講義》卷六《幸建康》：「未渡江前，宗澤請幸汴京，李綱請幸南陽。二議孰是？曰：『還京爲是。』蓋南陽城屋，鄰於盜區，不可建都，鄭慤已言之矣。然李綱所以主之者，以宗澤經理規模未就也。」

《宋史》卷三二《高宗紀》：「贊曰：『……然當其初立，因四方勤王之師，内相李綱，外任宗澤，天下之事，宜無不可爲者。顧乃播遷窮僻，重以苗、劉、群盜之亂，權宜立國，确虖艱哉！其始惑於汪、黄，其終制於姦檜，恬墮猥懦，坐失事機。……』」

又同書卷三六〇《宗澤傳》：「論曰：『夫謀國用兵之道，有及時乘鋭，而可以立功者，有養威持重，而後能有爲者，二者之設施不同，其爲忠一而已。

方金人逼二帝北行，宗社失主，宗澤一呼，而河北義旅數十萬衆，若響之赴聲，實由澤之忠忱義氣，有以風動之，抑斯民目睹君父之陷於塗淖，孰無憤激之心哉！使當其時，澤得勇往直前，無或齟齬牽制之，則反二帝，復舊都，特一指顧間耳。黄潛善、汪伯彦嫉能而惎功，使澤不得信其志，發憤而薨，豈不悲哉！』」

《劍南詩稿》卷二〇《感秋》（節録）：「君不見昔時東都宗大尹，義感百萬虎與狼。疾危尚念起擊賊，大呼過河身已僵。（宗汝霖垂死，尚部勒諸將北伐。忽大呼『過河』者三，隨即殞絶。」

又同書卷二五《夜讀范至能攬轡録言中原父老見使者多揮涕感其事作絶句》：「公卿有黨排宗澤，帷幄無人用岳飛。遺老不應知此恨，亦逢漢節解沾衣。」

又同書卷二七《書憤》：「山河自古有乖分，京洛腥膻實未聞。劇盗曾從宗父命，遺民猶望岳家軍。上天悔禍終平虜，公道何人肯散群。白首自知疏報國，尚憑精意祝爐熏。（宗澤守東都，巨盗來歸百萬，號宗爺。岳家軍，蓋紹興初語。）」

又同書卷三四《村飲示鄰曲》（節録）：「即今黄河上，事殊曹與袁。扶義孰可遣？一戰洗乾坤。西酹吴玠墓，南招宗澤魂。焚庭涉其血，豈獨清中原。吾儕雖益老，忠義傳子孫。征遼詔儻下，從我屬櫜鞬。」

《魯齋王文憲公文集》卷六《宗忠簡》：「雙龍遐驤，風埃帝邑。秉鉞齋壇，揮涕勠力。天聲外揚，臣姦内抑。忠憤莫紓，孔明、祖逖。」

《後村先生大全集》卷四《題繫年録》：「炎紹諸賢慮未精，今追遺恨尚難平。區區王謝營南渡，草草江徐議北征。往日中丞甘結好，暮年都督始知兵。可憐白髮宗留守，力請鑾輿幸舊京。」

匯注徵引書目

《宗忠簡公集》宋 宗澤 明崇禎刊本、《金華叢書》本、清刊本

《宋宗忠簡公全集》宋 宗澤 清康熙刊本

《宗澤全集》 黄碧華、徐和雍編校 華藝出版社本

《忠簡公年譜》 宋 喬行簡 《宋人年譜叢刊》標點本

《宗忠簡公年譜》 清 宗嘉謨 《宋人年譜叢刊》標點本

《宋史》元 脱脱 中華書局標點本

《續資治通鑑長編》宋 李燾 中華書局影印本

《續資治通鑑長編紀事本末》宋 楊仲良 臺灣《宋史資料萃編》影印本

《東都事略》宋 王稱 《宋史資料萃編》第一輯

《三朝北盟會編》宋 徐夢莘 上海古籍出版社影印本、清光緒刊本、文淵閣《四庫全書》本

《建炎以來繫年要録》宋 李心傳 中華書局標點本、文淵閣《四庫全書》本

《建炎以來朝野雜記》宋 李心傳 中華書局標點本

《靖康要録箋注》　宋　汪藻　四川大學出版社標點本

《中興小紀》　宋　熊克　文淵閣《四庫全書》本　福建人民出版社標點本

《皇朝中興紀事本末》　宋　佚名　清雍正景鈔宋本

《宋宰輔編年録校補》　宋　徐自明　中華書局校補本

《皇宋十朝綱要校正》　宋　李𡌴　中華書局標點本

《皇朝編年綱目備要》　宋　陳均　中華書局標點本

《續宋中興編年資治通鑑》　宋　劉時舉　中華書局標點本

《宋史全文續資治通鑑》　宋　明刻本

《宋名臣言行録》　宋　朱熹、李幼武　臺灣《宋史資料萃編》影印本

《金史》　元　脱脱　中華書局標點本

《宋會要輯稿》　中華書局影印本

《文獻通考》　宋　馬端臨　中華書局標點本

《京口耆舊傳》　宋　劉宰　文淵閣《四庫全書》本

《资治通鑑》　宋　司馬光　中華書局標點本

《元豐九域志》　宋　王存　中華書局標點本

《景定建康志》　宋　周應合　《宋元方志叢刊》本

《至元嘉禾志》　元　徐碩　《宋元方志叢刊》本

《至順鎮江志》　元　脱因、俞希魯　《宋元方志叢刊》本

《靖康稗史箋證》　中華書局標點本

《琬琰集删存》　宋　杜大珪　哈佛燕京學社本

《鄂國金佗粹編續編校注》　宋　岳珂　中華書局標點本

《宋朝南渡十將傳》　宋　章穎　《碧琳瑯館叢書》本

《宋朝諸臣奏議》　宋　趙汝愚　上海古籍出版社標點本

《歷代名臣奏議》　明　黄淮、楊士奇　上海古籍出版社影印本

《大金弔伐録》　金　《四部叢刊》本、中華書局標點本

《僞齊録》　宋　楊堯弼　《藕香零拾》本

《直齋書録解題》　宋　陳振孫　上海古籍出版社校點本

《類編皇朝中興大事記講義》　宋　吕中　上海人民出版社本

《梁谿全集》　宋　李綱　清道光刊本、岳麓書社《李綱全集》標點本

《横塘集》　宋　許景衡　文淵閣《四庫全書》本

《浮溪集》　宋　汪藻　文淵閣《四庫全書》本

《莊簡集》　宋　李光　《宋集珍本叢刊》本

《北山小集》　宋　程俱　《四部叢刊》本
《五峰集》　宋　胡宏　文淵閣《四庫全書》本、《宋集珍本叢刊》本
《斐然集》　宋　胡寅　中華書局標點本
《紫微集》　宋　張嵲　文淵閣《四庫全書》本
《盧溪文集》　宋　王廷珪　《宋集珍本叢刊》本
《湖山集》　宋　吴芾　《宋集珍本叢刊》本
《汪文定公集》　宋　汪應辰　《宋集珍本叢刊》本
《相山集》　宋　王之道　《宋集珍本叢刊》本
《朱文公文集》　宋　朱熹　《四部叢刊》本
《朱子語類》　宋　黎靖德　中華書局標點本
《浪語集》　宋　薛季宣　文淵閣《四庫全書》本
《周益國文忠公集》　宋　周必大　清道光刊本
《劍南詩稿》《渭南文集》　宋　陸游　中華書局《陸游集》本
《陳亮集》（增訂本）　宋　陳亮　中華書局標點本
《龍川文集》　宋　陳亮　《金華叢書》本
《止齋先生文集》　宋　陳傅良　《四部叢刊》本

《南澗甲乙稿》宋 韓元吉 文淵閣《四庫全書》本

《水心文集》《水心別集》宋 葉適 中華書局《葉適集》本

《昌谷集》宋 曹彦約 文淵閣《四庫全書》本

《攻媿集》宋 樓鑰 文淵閣《四庫全書》本

《滄洲塵缶編》宋 程公許 文淵閣《四庫全書》本

《鶴山先生大全文集》宋 魏了翁《四部叢刊》本

《杜清獻公集》宋 杜範 胡正武点校 上海古籍出版社本

《鶴林集》宋 吴泳《宋集珍本叢刊》本

《李文簡公文溪存藁》宋 李昴英《宋集珍本叢刊》本

《後村先生大全集》宋 劉克莊《四部叢刊》本、《宋集珍本叢刊》本、《後村集》《宋集珍本叢刊》本

《魯齋王文憲公文集》宋 王柏《續金華叢書》本

《黄氏日抄》宋 黄震 耕餘樓刊本、《全宋筆記》本

《金華黄先生文集》元 黄溍《四部叢刊》本

《兩宋名賢小集》宋 陳思編，元 陳世隆補《宋集珍本叢刊》本

《習學記言》宋 葉適《全宋筆記》本

《可書》宋 張行甫《全宋筆記》本

《老學庵筆記》 宋 陸游 《全宋筆記》本
《寶真齋法書贊》 宋 岳珂 文淵閣《四庫全書》本
《揮塵録》 宋 王明清 《全宋筆記》本
《澗泉日記》 宋 韓淲 《全宋筆記》本
《泊宅編》 宋 方勺 中華書局標點本
《春渚紀聞》 宋 何薳 中華書局標點本
《甕牖閒評》 宋 袁文 《全宋筆記》本
《舊聞證誤》 宋 李心傳 《全宋筆記》本
《羅氏識遺》 宋 羅璧 《學海類編》本
《賓退録》 宋 趙與旹 上海古籍出版社標點本
《玉海》 宋 王應麟 大化書局影印本
《困學紀聞》 宋 王應麟 《全宋筆記》本
《敬鄉録》 元 吴師道 《續金華叢書》本
《日損齋筆記》 元 黄溍 《金華叢書》本
《御定淵鑑類函》 清 文淵閣《四庫全書》本
《全遼文》 陳述 中華書局本
《金史拾補五種》 陳述 科學出版社本